Europäische Menschenrechtskonvention und antiterroristische Maßnahmen

Europäische Hochschulschriften
Publications Universitaires Européennes
European University Studies

Reihe II
Rechtswissenschaft

Série II Series II
Droit
Law

Bd./Vol. 3315

PETER LANG
Frankfurt am Main · Berlin · Bern · Bruxelles · New York · Oxford · Wien

Marcel Klugmann

Europäische Menschenrechtskonvention und antiterroristische Maßnahmen

Eine Untersuchung der Rechtsprechung des Europäischen Gerichtshofes für Menschenrechte am Beispiel des Nordirland- und des Kurdenkonfliktes

PETER LANG
Europäischer Verlag der Wissenschaften

Die Deutsche Bibliothek - CIP-Einheitsaufnahme

Klugmann, Marcel :

Europäische Menschenrechtskonvention und antiterroristische Maßnahmen : eine Untersuchung der Rechtsprechung des Europäischen Gerichtshofes für Menschenrechte am Beispiel des Nordirland- und des Kurdenkonfliktes / Marcel Klugmann. - Frankfurt am Main ; Berlin ; Bern ; Bruxelles ; New York ; Oxford ; Wien : Lang, 2002
(Europäische Hochschulschriften : Reihe 2, Rechtswissenschaft ; Bd. 3315)
Zugl.: Bonn, Univ., Diss., 2001
ISBN 3-631-38898-5

D 5
ISSN 0531-7312
ISBN 3-631-38898-5

www.peterlang.de

Inhaltsübersicht

Abkürzungsverzeichnis

AC	Appeal Cases (Entscheidungssammlung)
All ER	All England Law Reports
AJIL	American Journal of International Law
AVR	Archiv des Völkerrechts
BVerfGG	Bundesverfassungsgerichtsgesetz
BVerwG	Bundesverwaltungsgericht
BYIL	The British Yearbook of International Law
CLJ	Cambridge Law Journal
DÖV	Die Öffentliche Verwaltung
DR	Decisions and Reports of the European Commission on Human Rights
DVBl	Deutsches Verwaltungsblatt
EHRR	European Human Rights Reports
EJIL	European Journal of International Law
ELR	European Law Review
EMRK	Konvention zum Schutze der Menschenrechte und Grundfreiheiten (Europäische Menschenrechtskonvention)
EuGRZ	Europäische Grundrechte-Zeitschrift
FILJ	Fordham International Law Journal
GH	Europäischer Gerichtshof für Menschenrechte
HRLJ	Human Rights Law Journal
HRR	Human Rights Review
ICLQ	International and Comparative Law Quarterly
IPbürgR	Internationaler Pakt über bürgerliche und politische Rechte
IRA	Irish Republican Army
JA	Juristische Arbeitsblätter
JLS	Journal of Law and Society
JuS	Juristische Schulung
JZ	Juristenzeitung
KAS-AI	Auslandsinformationen der Konrad-Adenauer Stiftung
KB	King´s Bench (Entscheidungssammlung)
KOM	Europäische Kommission für Menschenrechte
MJ	Maastricht Journal of European and Comparative Law
MLR	Modern Law Review

NDL	Notre Dame Lawyer
NILQ	The Northern Ireland Legal Quarterly
NJW	Neue Juristische Wochenschrift
NLJ	New Law Journal
NQHR	Netherlands Quarterly of Human Rights
PKK	Partya Karkeren Kurdistan (Kurdische Arbeiterpartei)
PL	Public Law (Zeitschrift)
QB	Queen´s Bench (Entscheidungssammlung)
R.	Regina (die Krone in Gerichtsverfahren)
SAS	Special Air Services
Stat.L.R.	Statute Law Review
StV	Strafverteidiger
UK	United Kingdom of Great Britain and Northern Ireland
U.S.	United States Report (Entscheidungssammlung des Supreme Court)
VerfO	Verfahrensordnung des Europäischen Gerichtshofs für Menschenrechte
VerfO-KOM	Verfahrensordnung der Europäischen Kommission für Menschenrechte
WLR	The Weekly Law Reports (Entscheidungssammlung)
Yb	Yearbook of the European Convention on Human Rights
ZaöRV	Zeitschrift für ausländisches öffentliches Recht und Völkerrecht
ZAR	Zeitschrift für Ausländerrecht und Ausländerpolitik
ZfTS	Zeitschrift für Türkeistudien
ZRP	Zeitschrift für Rechtspolitik
ZStW	Zeitschrift für die gesamte Strafrechtswissenschaft

Erläuterung zur Zitierweise

1. Urteile des Europäischen Gerichtshofes für Menschenrechte (GH)

Bis Ende 1995 erschien die amtliche Sammlung der Urteile des GH in englischer und französischer Sprache in der sogenannten „Series A“ bzw. „Série A“. Diese Urteile werden unter der Angabe der Beteiligten, des Entscheidungsjahres und der Nummer der „Series A“ zitiert. Bsp.: *Irland./.UK*, (1978) GH 25.

Ab 1996 sind die Urteile in Jahresbänden abgedruckt, den „Reports of Judgments and Decisions“ (RJD) bzw. „Recueil des arrêts et décisions“. Diese Urteile werden mit Beteiligten, Entscheidungsjahr, Jahresband und Seitenzahl zitiert. Bsp.: *Akdivar./.Türkei*, (1996) RJD 1996, 1192.

2. Veröffentlichungen der Europäischen Kommission für Menschenrechte (KOM)

Veröffentlichungen der KOM werden mit Veröffentlichungsjahr, Beschwerdenummer und Fundstelle angegeben. „E“ bedeutet hierbei eine Entscheidung über die Zulässigkeit einer Beschwerde, „B“ einen verfahrensbeendenden Bericht der KOM. Als Fundstellen für Kommissionsveröffentlichungen dienen:

a) CD: Collections of Decisions, die amtliche Sammlung der KOM von 1960-1974,
b) DR: Decisions and Reports, die amtliche Sammlung seit 1975,
c) Yb: Yearbook of the European Convention on Human Rights,
d) EHRR: European Human Rights Reports.

§ 1: Einführung

„The Contracting States may not, in the name of the struggle against ... terrorism, adopt whatever measures they deem appropriate."[1]

Kein Zitat spiegelt so prägnant wie das genannte das Spannungsverhältnis wider, in dem sich diejenigen Mitgliedstaaten der Europäischen Menschenrechtskonvention[2] befinden, die mit terroristischen Aktivitäten auf ihrem Staatsgebiet, gegen die bestehende Staatsordnung, konfrontiert sind. Einerseits steht der Staat in der Pflicht, die innere Sicherheit zu gewährleisten. Die Bedrohung, die Terrorismus für Bürger und Staat darstellt, verleitet andererseits zu harten Reaktionen seitens der staatlichen Organe, die den Rechtsstaat an die Grenze seiner Belastbarkeit treiben können. Um zu dieser Erkenntnis zu gelangen, reicht bereits ein Blick in die jüngste deutsche Geschichte, als die „RAF" zum „Angriff auf das Herz des Staates"[3] angesetzt hatte und Begriffe wie „Kontaktsperre" oder „Stammheim" zu Synonymen für staatliche Gegenmaßnahmen wurden.

Wenn somit die Existenz terroristischer Aktionen somit stets die Gefahr staatlicher Überreaktionen mit sich bringt, stellt sich die Frage, ob und inwieweit bei der Bekämpfung des Terrorismus Menschenrechte und Grundfreiheiten eingeschränkt werden, und zwar nicht nur diejenigen der mutmaßlichen Terroristen, sondern auch der übrigen Bevölkerung. Wurde der sozialrevolutionäre Terrorismus etwa der „RAF" indes von der überwältigenden Mehrheit der Bevölkerung scharf verurteilt, erweist sich die öffentliche Beurteilung von Gewaltakten nationalistisch-separatistischer Bewegungen, die in den hier untersuchten Konfliktgebieten, Nordirland und dem kurdischen Teil der Türkei, über eine breite Unterstützungsbasis verfügen, seit jeher als weitaus diffiziler. Was dort für die eine Seite einen gerechtfertigten Kampf für mehr Selbstbestimmung und politische Partizipation darstellt, betrachtet die andere Seite, der Nationalstaat und die ihn tragende Bevölkerungsmehrheit, als Angriff auf die innere Sicherheit, den es mit

1 *Klass und andere./.Bundesrepublik Deutschland*, (1978) GH 28, Ziff. 49 = EuGRZ 1979, 278; s. hierzu Murswiek, JuS 1980, 29; Duffy, HRR 1979, 20.

2 Im folgenden: EMRK.

3 So der treffende Titel einer sozialwissenschaftlichen Studie über den linken Terrorismus in der Bundesrepublik (Frankfurt a.M. 1988), mit Beiträgen von Hess, Moerings, Paas, Scheerer und Steinert.

polizeilichen, notfalls auch militärischen Mitteln abzuwehren gilt: „*One man's terrorist is another man's freedom fighter*".[4]

Wenngleich Apologeten gewaltsamer Lösungen dieses Dilemmas versuchen, möglicherweise legitimen Befreiungskampf und zu ächtenden Terrorismus strikt auseinanderzuhalten, darf auf der anderen Seite nicht verkannt werden, daß der Begriff „terroristisch" stets ein Verdikt darstellt, mit dem der Staat eine Vielzahl an Handlungen belegen kann und mit dem gleichzeitig bereits eine theoretische Rechtfertigung für ihre Bekämpfung vorliegt, eine Rechtfertigung, die die heikle Balance zwischen legitimen Sicherheitsinteressen des Staates und seiner Bürger einerseits und invasivem Eingriff in Freiheitsrechte andererseits zu bedrohen vermag.

An dieser „heiklen Balance" setzt die vorliegende Arbeit an. Anhand der Analyse der Rechtsprechung des Europäischen Gerichtshofes für Menschenrechte und der Europäischen Kommission für Menschenrechte[5] soll untersucht werden,

- mit welchen legislativen Mitteln sowie präventiven und repressiven Maßnahmen die beiden untersuchten Staaten, das Vereinigte Königreich von Großbritannien und Nordirland und die Türkei, gegen terroristische Gewaltakte und -täter bislang vorgegangen sind, und
- ob bzw. inwieweit diese Mittel und Maßnahmen mit der EMRK vereinbar sind und vom GH bzw. der KOM gebilligt wurden.

Die beiden ausgewählten Staaten samt ihren diversen nationalistisch-terroristischen Gruppierungen bieten sich für eine exemplarische Untersuchung gleich aus mehreren Gründen an. Wenngleich im Geltungsbereich der EMRK noch mehrere nationalistische Bewegungen mit terroristischen Mitteln agieren (etwa im Baskenland und auf Korsika), existiert allein für das Vereinigte Königreich und die Türkei eine ausreichende Anzahl in Straßburg entschiedener Fälle. Auch ist die vergleichende Betrachtung zweier so unterschiedlicher Staaten, einer alten westeuropäischen Demokratie mit langer rechtsstaatlicher Tradition und ei-

---

4 Zitiert nach Waldmann, Terrorismus, S. 198.

5 Im folgenden in Anlehnung an Frowein/Peukert mit GH bzw. KOM abgekürzt. Mit Inkrafttreten des 11. Zusatzprotokolls zum 1.11.1998 ist das Rechtsschutzsystem der EMRK grundlegend umgestaltet worden. Der GH tritt nun als ständig tagendes Organ an Stelle des bisherigen, nicht ständigen GH und der KOM. Im verfahrensrechtlichen Teil der EMRK (Art. 19ff.) sind durch das 11.ZP Umnumerierungen vorgenommen worden. Wird die bis zum 1.11.1998 geltende Fassung zitiert, wird dies durch den Zusatz „a.F." kenntlich gemacht. Vgl. zur Neufassung und -organisation Meyer-Ladewig, NJW 1998, 512. Alle Artikel ohne Vertrags- oder Gesetzesangabe sind solche der EMRK.

ner eher jungen, mehrfach von Putschen erschütterten Republik in Randlage zu Asien, nicht ohne Reiz. Schließlich sehen sich beide Konflikte in Deutschland einem gesteigerten öffentlichen Interesse ausgesetzt, Nordirland wegen des aktuellen, Hoffnung machenden Friedensprozesses, der Kurdenkonflikt, weil er sich nach der Entführung des Kurdenführers Öcalan durch den türkischen Geheimdienst auch auf deutschen Straßen gewaltsam manifestierte.

I. Nationalistischer Terrorismus

Steht – wie in der Darstellung des Untersuchungsgegenstandes umrissen – die Vereinbarkeit antiterroristischer Maßnahmen mit der EMRK im Blickpunkt, besitzt der nationale Gesetzgeber das „Recht des ersten Zugriffs" hinsichtlich einer Terrorismusdefinition. Ob er davon Gebrauch macht und einen Sondertatbestand schafft, oder die Gewaltakte mit klassischen, geläufigen Strafgesetzen bekämpft, bleibt seiner Souveränität überlassen und ist für die spätere Prüfung durch KOM und GH vollkommen unerheblich.[6]

Dennoch kann dieses Ergebnis nicht von der Pflicht befreien, nationalistischen Terrorismus als Ziel der staatlichen Gegenmaßnahmen zumindest begrifflich zu skizzieren. Dabei vermag eine Darstellung der in den Politik- und Sozialwissenschaften vertretenen Definitionen des Begriffs „Terrorismus" hier dahinstehen. Denn auf eine allgemeine, alle Aspekte umfassende Festlegung des Begriffes "Terrorismus" haben sich Wissenschaft und Praxis bis heute ohnehin nicht einigen können.[7] Dieses möglicherweise unbefriedigende Resultat verwundert nicht: „Terrorismus" läßt sich nicht fassen, er nimmt ständig neue Formen an, er

---

6 Die Gesetzeslage der hier interessierenden Staaten Vereinigtes Königreich und Türkei ist indes Gegenstand eines eigenen Kapitels (s.u., § 2 I 3 bzw. § 2 II 3) zum juristischen Hintergrund der Konflikte. Die deutsche Rechtsordnung kennt keine Definition des Begriffes „Terrorismus" als solchen, stellt aber in § 129a StGB die Bildung terroristischer Vereinigungen unter Strafe. Gesetzestechnisch geschieht dies durch die Sanktionierung der Gründung, Beteiligung, Unterstützung und Werbung für eine Vereinigung, deren Tätigkeit auf die Begehung aufgeführter Katalogtaten gerichtet ist. Vgl. zur deutschen Gesetzgebung auch Rudolphi, JA 1979, 1ff. sowie Kühl, NJW 1987, 737ff. Mit dem internationalen Terrorismus und seiner völkerrechtlichen Behandlung, die vorliegend ebenfalls außer Betracht zu bleiben hat, befassen sich Oppermann, Der Beitrag des Internationalen Rechts zur Bekämpfung des internationalen Terrorismus, S. 495ff., Lacoste, Die Europäische Terrorismus-Konvention und Wehner, Europäische Zusammenarbeit bei der polizeilichen Terrorismusbekämpfung aus rechtlicher Sicht.

7 Siehe zum Definitionsproblem Waldmann, Terrorismus, S. 10; Herzog, Terrorismus; Walker, Prevention, S. 4ff.

basiert auf den verschiedensten Motiven. Der eigene ideologische Standpunkt und die jeweils gültigen Anschauungen der Zeit ersetzen eben oftmals einheitliche Begriffsdefinitionen und lassen die notwendige Trennschärfe vermissen.

Es kann hier demzufolge nicht darum gehen, den vielfältigen und letztlich unbefriedigenden Definitionen des Terrorismus im Sinne einer klaren Abgrenzung zu anderen makrokriminellen Phänomenen eine weitere hinzuzufügen. Vorliegend soll daher jede Handlung als terroristisch angesehen werden, mit der planmäßig unter Verstoß gegen die positive Rechtsordnung Gewalt für politische Ziele eingesetzt wird.

Für die folgende Untersuchung bedeutender ist vielmehr der nationalistische Charakter politischer Gewalt. Kennzeichen und Bedingungen des ethnisch-nationalistischen Terrorismus sind nach Waldmann[8]:

- Er findet vornehmlich in Peripherieregionen statt, die von Metropolen abhängig sind und wirtschaftlich schwach entwickelt sind (→ geographisch-gesellschaftliche Rahmenbedingungen),
- die jeweiligen Regional- bzw. Minderheitenkulturen stellen sich als gefährdet dar, sei es durch Modernisierung, Zu- und Abwanderung oder Hegemonisierung durch den Zentralstaat (→ sozio-ökonomische, institutionelle und mentale Ursachen),
- in der betreffenden Region herrscht ein eingeschränktes staatliches Gewaltmonopol, Konflikte wurden und werden oftmals durch gewaltsame Selbsthilfe gelöst (→ politische Kultur),
- Drang nach vermehrter Autonomie oder gar Gründung eines eigenen Staates unter Berufung auf eine historisch gewachsene Besonderheit (→ Ziel),
- Identifikation mit der bedrohten Eigengruppe, der Volksgruppe, ethnischen oder religiösen Minderheit (→ Adressat der Identifikation),
- Ziele und Gewaltanwendung sind für breitere Minderheitsschichten einsichtig (→ Vermittelbarkeit der Ziele und Aktionen),
- die Täter sind durch ein breites Bevölkerungssegment innerhalb der Volksgruppe bzw. Minderheit abgestützt, es herrscht ferner Generationenkontinuität (→ soziale Einbindung der Terroristen).

Wendet man diese Kriterien auf die in den hier untersuchten Staaten tätigen terroristischen Gruppierungen an, bereitet ihre Einordnung als (ethnisch-) nationalistisch keine Schwierigkeiten: Regelmäßig waren und sind den Medien Nachrichten über Bombenanschläge, Attentate und Ausschreitungen der hier in Rede stehenden Bewegungen zu entnehmen. Ob die nordirische IRA ("Irish Republican Army"), katholische Splittergruppen und ihre protestantisch-loyalistischen

8 Terrorismus, S. 91.

Gegenspieler im Nordwesten Europas oder die kurdische Arbeiterpartei PKK ("Partiya Karkeren Kurdistan") im Südosten des Kontinents: Gemein ist diesen Gruppen der Drang nach der Veränderung der staatlichen, zumindest aber politischen Struktur des jeweiligen Staates, in dem der Bevölkerungsteil wohnt, mit dem sie sich identifizieren, den sie vertreten und in welchem sie breite Unterstützung finden. Dieser stellt jeweils eine Minderheit dar. Liegt diese Erkenntnis bei den Kurden auf der Hand, bedarf sie für Nordirland einer Präzisierung: Die katholischen Nordiren bilden innerhalb Nordirlands eine Minderheit von etwa 1/3 der Bevölkerung. Die protestantischen Nordiren stellen dementsprechend zwar die Bevölkerungsmehrheit in Nordirland, sehen sich aber in gesamt-irischer Betrachtungsweise einer katholischen Mehrheit gegenüber. Daraus ergibt sich die paradoxe Situation, daß sich beide Bevölkerungsgruppen als bedrohte Minderheit wahrnehmen und damit terroristische Aktionen zu legitimieren suchen[9].

Die durch den Terror angestrebte politische Veränderung kann, wie im ursprünglichen Programm der IRA zu finden, durch Loslösung vom bisherigen und Anschluß an einen anderen, bereits bestehenden Staat, erfolgen. Sie kann sich aber auch in dem Wunsch nach einem neuen, eigenen Staat, etwa einem "Kurdistan", manifestieren. Sowohl das von Kurden besiedelte Gebiet im Südosten der Türkei als auch Nordirland stellen innerhalb des Nationalstaates geographisch, wirtschaftlich und kulturell Peripherieregionen dar. Bei allen Gruppen ist zu beobachten, daß sie ihrem Anliegen mit Radikalität Nachdruck verleihen. Trotzdem ist nationalistischer Terrorismus in manchen Ausprägungen systemkonform. Es geht der IRA vornehmlich um politische und territoriale Ansprüche, um mehr Autonomie; ein radikales Infragestellen des politisch-wirtschaftlichen Systems des Vereinigten Königreiches oder der Republik Irland findet nicht statt.[10] Anderes gilt für die PKK. Wenn auch in ihrer Ideologie viele Ziele im Dunkeln bleiben, stellt sie sich in ihrem Kern als marxistische Bewegung dar, deren Grund-

---

9 Breuer, Nordirland: Eine Konfliktanalyse, S. 26. Während bis 1990 die überwiegende Zahl von Mordanschlägen von katholischen (republikanischen) Gruppierungen verübt wurde, ist diese „Bilanz des Schreckens“ in den neunziger Jahren nunmehr weitegehend ausgeglichen, vgl. Breuer, a.a.O., S. 75. Folgt man der konzisen Einteilung der verschiedenen Erscheinungsformen des Terrorismus, die Waldmann, S. 75ff., vornimmt, könnte der protestantische Terrorismus auch als „vigilantistisch“, d.h. staatstragend in Verteidigung der bestehenden Ordnung, bezeichnet werden. Diese exakte sozialwissenschaftliche Klassifizierung ist indes für die vorliegenden Zwecke unerheblich, da der protestantische Terrorismus jedenfalls auch nationalistische Elemente beinhaltet.

10 S. zu ihrer Ideologie Guelke, Loyalist and Republican Perceptions of the Northern Ireland Conflict: The UDA and the Provisional IRA, insbesondere S. 107ff.

satzprogramm, das von Abdullah Öcalan mitverfasste „Manifest", die nationale und demokratische, das heißt hier sozialistische, Revolution fordert.[11]

II. Terrorismus und EMRK als Forschungsgegenstand

Weniger Beachtung als den nationalistischen Bewegungen selbst wird in den Medien dagegen der Art und Weise der Bekämpfung dieser Gewaltakte durch den jeweiligen Nationalstaat, den die betreffende ethnische bzw. religiöse Gruppe zum hauptsächlichen Ziel ihrer Terrorakte erklärt, zuteil. Korrespondieren diese Maßnahmen stets mit dem menschenrechtlichen Standard, den der Europarat mit Schaffung der EMRK und ihrer institutionalisierten Kontrollmechanismen in Gestalt des GH und, über mehr als vierzig Jahre, der KOM gesetzt hat?

Eine Untersuchung, die sich dieser Frage annimmt und die von den Straßburger Organen entschiedenen Fälle mit nationalistisch-terroristischem Hintergrund analysiert, existiert bis dato nicht. Eine Ursache ist sicherlich darin zu sehen, daß Terrorismus- und Antiterrorismusforschung in Deutschland sich seit dem Ende der sechziger Jahre und dem Aufkommen des revolutionären Linksterrorismus in Westeuropa (RAF, Action Directe, Rote Brigaden etc.) als eine sozial- und politikwissenschaftliche Domäne entwickelt hat, die den juristischen Kontext der Terrorismusbekämpfung hinter das Studium der Entstehungsgründe, Ursprünge und Entwicklung des Terrorismus zurücktreten ließ. Die blutige Spur, die insbesondere die "Rote Armee Fraktion" seit Anfang der siebziger Jahre durch Deutschland zog, lenkte das Augenmerk der deutschen Forschung auf den Linksterrorismus, was auf der anderen Seite in geringerer Beachtung ethnisch-nationalistischer Terrorgruppen resultierte.

Auch die Europäische Menschenrechtskonvention hat in Deutschland erst spät Beachtung gefunden. Der EMRK konnte früher in der deutschen juristischen Literatur lediglich eine äußerst untergeordnete, deutlich hinter dem europäischen Gemeinschaftsrecht zurücktretende Bedeutung attestiert werden.[12] Dazu hat sicherlich auch die Tatsache beigetragen, daß sich aufgrund des knappen Wortlauts des Konventionstextes die Rechtsordnung des Vertrags erst durch das Studium der Judikatur der KOM und des GH erschließt, wobei sämtliche Entscheidungen lediglich in englischer und französischer Sprache veröffentlicht werden. Alle

---

11 Zur Ideologie der PKK s. Aziz, Kurdistan und die Probleme um Öcalan, S. 79f. Gürbey, Die Europäisierung des Kurdenkonflikts, S. 404, 406, hält die PKK auch für bereit, eine Lösung innerhalb der türkischen Staatsgrenzen zu akzeptieren.

12 Den beiden Kommentaren von Gurazde und Schorn aus den 60er Jahren folgten erst Mitte der 80er Jahre der von Golsong herausgegebene Internationale Kommentar und die erste Auflage der Frowein/Peukert-Kommentierung.

Entscheidungen können wiederum nur vor dem Hintergrund des ihnen zugrundeliegenden Einzelfalls interpretiert werden, was Rückschlüsse auf allgemeine, aus den Entscheidungsgründen herauszulesende Aussagen erschwert. Schließlich stellt die Gestalt der Rechtsprechung eine Kombination englisch-französischer Rechtstraditionen dar: beim begründungsarmen, dezisionistischen Urteilsstil ist der französische Einfluß nicht zu übersehen, wohingegen die einzelfallbezogene Argumentation im Urteil die Traditionen des englischen case law nicht zu verleugnen vermag.[13] Beide Elemente sind der deutschen Methodik fremd.

In den letzten Jahren indes sieht sich die EMRK einem stetig steigenden Interesse der deutschen europarechtlichen Wissenschaft gegenüber. Dies ist vor allem auf zwei Gründe zurückzuführen: Zum einen ist eine immer engere rechtliche Interdependenz zwischen der EMRK und den Europäischen Gemeinschaften zu beobachten[14], zum anderen haben gerade in letzter Zeit etliche in Straßburg entschiedene Verfahren mit deutscher Beteiligung deutlich gemacht, daß trotz der hohen gerichtlichen Kontrolldichte in Deutschland der gewährte Grundrechtsschutz nicht in Karlsruhe endet.[15] In der deutschen Rechtsprechung insbesondere zum Strafverfahrensrecht (Problem der überlangen Verfahrensdauer) ist bereits seit Ende der 60er Jahre eine verstärkte Rezeption der Straßburger Judikatur zu

---

13 Hillgruber/Jestaedt, S. 23.

14 So hat die Kommission der Europäischen Gemeinschaften, mit Unterstützung des Europäischen Parlaments und der Parlamentarischen Versammlung des Europarates, zweimal, 1979 und 1990, den Europäischen Gemeinschaften den Vorschlag gemacht, der EMRK beizutreten. Hierzu wäre allerdings ein Änderungsprotokoll notwendig, weil de lege lata gemäß Art. 59 Abs. 1 nur Mitgliedstaaten des Europarates beitrittsfähig sind. Auch der Europäische Gerichtshof hat 1996 in einem Gutachten festgestellt, daß den Europäischen Gemeinschaften die Zuständigkeit zum Beitritt fehlt (EuGH, Gutachten 2/94, EuGRZ 1996, 197). Der EuGH berücksichtigt jedoch in seiner Rechtsprechung zunehmend Bestimmungen der EMRK (In neuerer Zeit etwa im Urteil *Familiapress* vom 26.6.1997 – Rs. C-368/95 = EuGRZ 1997, 344). Für weitere Nachweise vgl. Frowein/Peukert, Einführung, Rdn. 14; Herdegen, Europarecht, § 3, Rdn. 42. In der jüngsten Diskussion um einen Grundrechtskatalog für die Europäische Union ist der Beitritt der EU zur EMRK nochmals erwogen worden, jedoch scheint die Entwicklung eher in Richtung auf eine eigenständige Grundrechtscharta zu gehen; vgl. Losch/Radau, ZRP 2000, 84, 86.

15 Aus jüngerer Zeit etwa zur überlangen Verfahrensdauer vor dem Bundesverfassungsgericht *Pammel./.Deutschland*, EuGRZ 1997, 310 sowie *Probstmeier./. Deutschland*, EuGRZ 1997, 405; zum deutschen Wettbewerbsrecht siehe *markt intern./. Deutschland*, (1989) GH 165 = EuGRZ 1996, 302; *Jacubowski./.Deutschland*, (1994) GH 291-A = EuGRZ 1996, 306: In diesen beiden Fällen, in denen es um die Beschränkung von Äußerungen nach dem UWG ging, wurde kein Verstoß gegen Art. 10 festgestellt, dafür aber in *Vogt./.Deutschland*, (1995) GH 323 = EuGRZ 1995, 590 (Entlassung einer der DKP angehörenden Lehrerin).

beobachten.[16] Schließlich hat die mit dem Inkrafttreten des 11. Zusatzprotokolls eingeleitete institutionelle Reform des Straßburger Rechtsschutzsystems verstärktes Interesse auch in Deutschland hervorgerufen.[17]

16 Vgl. die Studie von Uerpmann, Die Europäische Menschenrechtskonvention und die deutsche Rechtsprechung, S. 137ff.; Uerpmann, der allerdings die inhaltliche Auseinandersetzung der deutschen Gerichte mit Straßburger Entscheidungen für oft oberflächlich hält (S. 169), weist zutreffend auch auf die Schwierigkeiten der Rezeption hin, wie etwa die Zugänglichkeit der Straßburger Rechtsprechung und das Sprachproblem.

17 Hierzu Schlette, JZ 1999, 219ff.; Meyer-Ladewig, NJW 1998, 512ff.

§ 2: Politischer Kontext der Konflikte in Nordirland und im kurdischen Teil der Türkei und ihre Reflexion im nationalen Recht und im Völkerrecht

Gegenstand der Prüfung, die die Organe der Europäischen Menschenrechtskonvention in den hier zu untersuchenden Fällen vornehmen, sind konkrete, gegen den nationalistischen Terrorismus gerichtete Maßnahmen der Türkei und des Vereinigten Königreiches. GH und KOM beziehen in ihre Entscheidung stets die Darstellung und Analyse des nationalen Rechts ein, auf dem die angegriffene Maßnahme beruht. Sie schenken schließlich auch regelmäßig den spezifischen Umständen des Landes bzw. der Region, in dem sich die angegriffene Handlung zugetragen hat, Beachtung. Daher ist es unerläßlich, den Kontext der beiden Konflikte – historisch, politisch, rechtlich – kurz darzustellen.

I. Nordirland

1. Historischer Abriß des Konflikts und die staatsrechtliche Stellung Nordirlands

Jede Suche nach exakten historischen Ursprüngen existierender Konflikte stößt auf die Frage, welche geschichtlichen Ereignisse als relevant für die Konfliktentstehung zu betrachten sind. Für Nordirland muß die Ära der Reformation, in der sich Heinrich VIII. von der römisch-katholischen Kirche lossagte und eine unabhängige Staatskirche gründete, jedenfalls als eine entscheidende Epoche betrachtet werden. Im 16. und 17. Jahrhundert waren königstreue, protestantische englische und schottische Siedler planmäßig nach Ulster ausgewandert (die sogenannte "Plantation") und hatten dort bald die Bevölkerungsmehrheit erlangt. Für die einheimische irische Bevölkerung hatte die Besiedlung meist den Abstieg vom freien Bauern zum wirtschaftlich abhängigen Pächter zur Folge. Doch erst durch die Reformation erreichte dieser bis dahin sozioökonomische Konflikt[18] zusätzlich die bis heute andauernde religiöse Dimension. Der Konflikt zwischen Landbesitzer und Pächter erweiterte sich um die Trennung zwischen protestantisch und katholisch. Die Konfliktlinie verläuft seit dieser Zeit also zwischen der katholischen Minderheit, die etwa ein Drittel der nordirischen Bevölkerung ausmacht, und der protestantischen Mehrheit. Die katholische Bevölkerungsgruppe

18 Ausführlich hierzu Elvert/Berlinke, S. 354ff.

wurde dabei über Jahrhunderte "von der Partizipation am politischen Willensbildungsprozeß weitgehend und systematisch ausgeschlossen"[19]. Die dadurch bewirkte Spaltung der Gesellschaft in zwei konfessionelle Gruppen, zwischen denen keine größeren institutionalisierten Kontakte bestehen, dauert bis heute an.[20]

Von der englischen Krone seit dem 12. Jahrhundert regiert, wurde ganz Irland im Jahre 1800 durch Vereinigungsbeschlüsse des britischen und irischen Parlaments (die sog. Acts of Union) mit Großbritannien vereinigt, wodurch die Existenz eines eigenen irischen Parlaments endete. Zum Parlament in Westminster wurden Katholiken erst 1829 zugelassen. In der zweiten Hälfte des 19. Jahrhunderts initiierten irische Nationalisten die Kampagne für ein Autonomiestatut („Home Rule“), das schließlich 1914 vom Parlament in Westminster gebilligt, aber – wegen des Krieges – zunächst ausgesetzt wurde. Gleichzeitig forderten radikalere Kreise eine völlige Loslösung von Großbritannien. Diese Bewegung eskalierte im Dubliner Osteraufstand von 1916, der jedoch nach wenigen Tagen zusammenbrach. Durch die Niederschlagung des Aufstands wurde die Spaltung zwischen dem nationalistischen Süden und dem unionistischen Norden der Insel letztlich unausweichlich. In den Parlamentswahlen von 1918 trug die sezessionistische Sinn Féin einen überwältigenden Sieg davon und konstitutierte sich als neues irisches Parlament, welches eine provisorische Regierung berief. Als Reaktion auf dieses Ereignis und auf fortdauernde paramilitärische Angriffe auf britische Einrichtungen erkannte London mittels des Government of Ireland Act 1920 die Existenz zweier getrennter Parlamente an.

Durch Vereinbarung vom Dezember 1921 erhielt Gesamt-Irland den Status einer selbständigen Kolonie (Dominion) innerhalb des Commonwealth. Der Süden wurde 1937 Republik mit dem Namen „Éire" und zog sich 1948 aus dem Commonwealth zurück. Die sechs Grafschaften im Nordosten Irlands, Antrim, Down, Armagh, Fermanagh, Tyrone und Derry, verblieben hingegen beim Vereinigten Königreich und bilden das heutige Nordirland. Die Verfassung für diesen Landesteil sah das Prinzip der dezentralisierten Regierung ("Devolved Government") vor, mit einem Zwei-Kammer-Parlament und einer Exekutive, an deren Spitze ein Gouverneur als Vertreter der Krone stand. Zwar behielt das Londoner Parlament die volle Souveränität über alle nordirischen Angelegenheiten, doch wurden legislative Befugnisse extensiv dem Parlament in Belfast, dem Stormont, übertragen. In der gesamten Periode zwischen 1921 und 1972 dominierte die Partei der Unionisten sowohl den Stormont als auch die kommunalen Vertretungen. Trotz seit 1968 erfolgter Verfassungsreformen hielt die Unterrepräsentie-

---

19 Breuer, Nordirland: Eine Konfliktanalyse, S. 27.

20 S. Neumann, IRA. Langer Weg zum Frieden, S. 13; Raatz, Der Nordirland-Konflikt und die britische Nordirland-Politik seit 1968, S. 34ff.

rung der nationalistischen, katholischen Bevölkerung an, die sich in sozialer, wirtschaftlicher, kultureller und politischer Benachteiligung widerspiegelte.[21] Diese manifestierte sich insbesondere in der wahlrechtlichen Manipulation der Grenzen der Stimmbezirke zu Lasten der katholischen Bevölkerung.

Nach schweren Unruhen wurden 1969 britische Truppen entsandt, wodurch der Konflikt – nach anfänglicher Beruhigung – schließlich noch verschärft wurde. Nach den Vorfällen des sogenannten "Bloody Sunday", an dem britische Truppen dreizehn unbewaffnete Demonstranten erschossen hatten, entschloß sich die britische Regierung im März 1972, die nationale Selbstverwaltung Nordirlands zeitweilig aufzuheben und die Provinz wieder der "direct rule" Londons zu unterwerfen, womit über 50 Jahre eigenständige Regierung („Home Rule") endeten.

Im Dezember 1973 wurde stattdessen in Sunningdale ein auf Machtteilung beruhendes Abkommen zwischen der britischen und der irischen Regierung beschlossen, das ausdrücklich die irische Dimension der Nordirlandproblematik anerkannte, letztlich aber am Widerstand der protestantischen Unionisten scheiterte. Nach vielen vergeblichen Lösungsversuchen wurde 1985 in Hillsborough ein umfassenderes Abkommen unterzeichnet, das eine Rückkehr zur nordirischen Selbstverwaltung empfahl und der Dubliner Regierung eine konsultative Funktion in nordirischen Angelegenheiten zuwies.[22] Dennoch hielten die bürgerkriegsähnlichen Zustände weiter an. Insgesamt verloren seit 1972 etwa 3000 Menschen ihr Leben.[23]

2. *Gegenwärtige politische Situation*

Nachdem der britische Nordirland-Minister seit 1990 mit den Vertretern der wichtigsten politischen Parteien über die Grundlagen künftiger Friedensgespräche geführt hatte (die „talks about talks"), erschienen 1993 erstmals Berichte über – zunächst heimliche – Kontakte zwischen Sinn Féin, dem politischen Arm der IRA, und der britischen Regierung.[24] Im Dezember desselben Jahres akzeptierte London in einer gemeinsamen Erklärung der britischen und der irischen Regierung offiziell Sinn Féin als Gesprächspartner. Auch Sinn Féin äußerte sich verhalten friedensbereit und erklärte im September 1994 einen Waffenstillstand. Trotz kurzzeitiger Wiederaufnahme terroristischer Aktionen und dem bis heute

---

21 S. hierzu Grote, ZaöRV 1998, 647, 656.
22 Ausführlich Elvert/Harkness, S. 223ff.
23 Breuer, Nordirland: Eine Konfliktanalyse, S. 63.
24 Elvert/Hartmann/Schumacher, S. 550.

ungelösten Streit über die Entwaffnung der paramilitärischen Gruppen fanden im Mai 1996 Wahlen in Nordirland statt; die hierin ermittelten politischen Gruppierungen nahmen an den Mehrparteiengesprächen teil, die – nach ursprünglichem Ausschluß – dann ab 1997 unter Beteiligung von Sinn Féin stattfanden. Am 10. April 1998 erreichten die Gesprächsteilnehmer eine Vereinbarung („Belfast Agreement")[25], ergänzt durch ein britisch-irisches Abkommen[26] vom selben Tag, welches das Hillsborough-Abkommen ersetzt und weitreichende verfassungsrechtliche Auswirkungen hat.[27] Das Belfast Agreement beinhaltet u.a. die Einrichtung folgender Institutionen:

- Einer Versammlung mit gesetzgebenden Befugnissen (Assembly),
- einer von der Assembly einzusetzenden Regionalregierung (Executive Authority) mit einem Ersten Minister an der Spitze,
- eines nordirisch-irischen Ministerrats, der die gesamt-irische Kooperation begleiten soll (North/South Ministerial Council),
- einer ständigen britisch-irischen Regierungskonferenz (British-Irish Intergovernmental Conference).

Wenngleich die Union Nordirlands mit Großbritannien fortbesteht – was die irische Regierung unter Verzicht auf ihre gesamt-irischen Hoheitsansprüche zum ersten Mal völkerrechtlich anerkennt – akzeptiert die britische Seite nun erstmals den Wunsch der katholischen Iren – im Norden und Süden der Insel – nach einem vereinigten Irland. Letzteres würde jedoch die Zustimmung der Mehrheit der Nordiren erfordern, die bei den gegenwärtigen Mehrheitsverhältnissen nicht zu erwarten ist. Das Friedensabkommen wurde durch die Bevölkerung ganz Irlands im Referendum vom 22. Mai 1998 mit großer Mehrheit angenommen. Die in der Folgezeit gebildete gemischt-konfessionelle nordirische Regierung scheiterte jedoch zunächst u.a. an der ungeklärten Frage der Entwaffnung der paramilitärischen Gruppen, so daß London im Februar 2000 wieder die Direktkontrolle übernahm.

---

25 „Belfast Agreement: An Agreement reached at the Multi-Party Talks on Northern Ireland", abgedruckt bei Grote, ZaöRV 1998, 647, 688ff. S. hierzu auch Moltmann, Nordirland: Von den Risiken, den Frieden zu wollen, S. 129ff., mit skeptischem Blick auf die zukünftige Entwicklung.

26 „Agreement between the Government of the United Kingdom of Great Britain and Northern Ireland and the Government of Ireland", abgedruckt bei Grote, ZaöRV 1998, 647, 699ff.

27 Ausführlich Grote, ZaöRV 1998, 647, 667ff.

3. *Juristischer Hintergrund*

a) *Das Vereinigte Königreich und die EMRK*

Die EMRK wurde im November 1950 vom Vereinigten Königreich unterzeichnet, bereits im Februar 1951 ratifiziert und trat schließlich im September 1953 in Kraft. Seit 1966 ist die Individualbeschwerde möglich. Die Ratifikation eines völkerrechtlichen Vertrages als außenpolitische Handlung gilt im Vereinigten Königreich nach wie vor als ein Vorrecht (Prärogative) der Krone, wodurch die Mitwirkung des Parlaments entbehrlich wird. Demgegenüber bedarf die Übernahme einer völkerrechtlichen Vertragsverpflichtung ins innerstaatliche Recht eines Parlamentsgesetzes, um die Souveränität des Parlaments bei der Rechtsetzung gegenüber der Exekutive zu wahren.[28]

Bis 1998 hatte das Vereinigte Königreich von einer Inkorporierung der EMRK in das innerstaatliche Recht abgesehen. Gehörte die EMRK früher demzufolge nicht zum von britischen Gerichten anzuwendenden Recht, konnten die in ihr garantierten Rechte und Freiheiten nicht vor Gerichten in Großbritannien und Nordirland eingeklagt werden.[29] Annehmen sollten die Gerichte jedoch "*...a prima facie presumption that Parliament does not intend to act in breach of international law, including therein specific treaty obligations*"[30]. Daraus folgt, daß im Falle von Unklarheiten oder Mehrdeutigkeiten im "statute law", also bei geschriebenen Gesetzen, die Gerichte gehalten waren, ihre dann notwendige Interpretation in Übereinstimmung mit den Konventionsrechten vorzunehmen, denn „*...the courts will presume that Parliament intended to legislate in conformity with the Convention, not in conflict with it*"[31], ja es sei die Pflicht der Gerichte, „*...to construe statutes in a manner which promotes, not endangers, those rights*"[32]. Es bleibt dennoch zu erinnern, daß diese "Einbruchstelle" der EMRK in das britische Gesetzesrecht erst dann ihre Wirkung entfalten konnte, wenn mehr als *eine* Auslegung eines Gesetzes möglich war.

Neben der "Interpretationshilfe" durch die EMRK bei Unklarheiten im Gesetzesrecht haben die britischen Gerichte seit den siebziger Jahren eine steigende Bereitschaft erkennen lassen, bei der Entwicklung des common law die Prinzipi-

---

28 Turpin, British Government and the Constitution, S. 257; Koch, Einführung, S. 67.

29 Siehe *R. v. Secretary of State for the Home Department, ex parte Brind*, (1991) AC 696.

30 *Salomon v. Commissioners of Customs and Excise*, (1967) 2 QB 116, 143.

31 *R. v. Secretary of State for the Home Department, ex parte Brind*, (1991) AC 696, 747f.

32 *R. v. Secretary of State for the Home Department, ex parte Phansopkar*, (1976) QB 606, 626.

en der Konvention zu berücksichtigen[33]: "*This House* (das House of Lords, M.K.)*, and other courts in the United Kingdom, should have regard to the provisions of the Convention for the Protection of Human Rights and Fundamental Freedoms...and to the decisions of the Court of Human Rights in cases,..., where our domestic law is not firmly settled.*"[34]

Nach langer politischer Diskussion um die Inkorporierung der EMRK verabschiedete das Unterhaus im Herbst 1998 den Human Rights Act 1998, der mit Wirkung ab dem 1. Oktober 2000 die EMRK in das britische Recht inkorporiert.[35] Welche Auswirkungen dieser historische Schritt, mit dem die EMRK zur Grundlage des ersten Grundrechtskatalogs der britischen Verfassungsgeschichte wird, auf das britische Rechtsschutzsystem zeitigen wird, bleibt abzuwarten.

Immer noch kommen aus dem Vereinigten Königreich europaweit die meisten Beschwerden gegen Menschenrechtsverletzungen, ca. 800 pro Jahr; in einer von drei Entscheidungen wurde die britische Regierung dabei verurteilt. Damit liegt das Vereinigte Königreich hinsichtlich der Verurteilungsquote an der Spitze aller Mitgliedstaaten.[36] Immerhin sind in der Folge Straßburger Richtersprüche etliche Änderungen im Recht des Vereinigten Königreichs infolge einer festgestellten Verletzung der EMRK ergangen, darunter so spektakuläre Fälle wie die Abschaffung der Prügelstrafe auf der Isle of Man[37], die Legalisierung homosexueller Handlungen in Nordirland[38] oder die Schaffung einer gesetzlichen Grundlage für das Abhören von Telefonen[39].

b) Spezialgesetzgebung betreffend Nordirland

Terroristischen Aktivitäten in Nordirland versuchte die britische Regierung im wesentlichen mit zwei Gesetzeswerken Herr zu werden: dem Northern Ireland (Emergency Provisions) Act (1973ff.)[40] und dem Prevention of Terrorism (Tem-

---

33 Dazu ausführlich Grote, ZaöRV 1998, 309, 313ff.

34 *Attorney-General v. British Broadcasting Corporation,* (1981) AC 303, 352; s. auch Turpin, British Government and the Constitution, S. 259 m.w.N.

35 S. hierzu ausführlich Grote, ZaöRV 1998, 309ff.

36 Sturm, Staatsordnung und politisches System, S. 207; Grote, ZaöRV 1998, 309, 323.

37 *Tyrer./.UK*, (1978) GH 26 = EuGRZ 1979, 162.

38 *Dudgeon./.UK*, (1981) GH 45 = EuGRZ 1983, 488.

39 *Malone./.UK*, (1984) GH 82 = EuGRZ 1985, 17 (führte zur Einführung des Interception of Communications Act 1985).

40 Im folgenden: NIEPA. Text des NIEPA 1991 abgedruckt und kommentiert bei Bailey/Harris/Jones, Civil Liberties, S. 271-282. Im Jahre 1996 ist der NIEPA neu gefaßt worden, für die von KOM und GH entschiedenen Fälle sind indes seine Vorläufergesetze maßgeblich gewesen.

porary Provisions) Act 1989[41]. Im erstgenannten Gesetz werden dem Militär die gleichen Eingriffsrechte wie der Polizei zugestanden; dies führt in der Praxis oft zu Kompetenzverwirrungen zwischen den Sicherheitskräften.[42]

aa) NIEPA

Bereits seit den 20er Jahren existierte Sondergesetzgebung für Nordirland, in der der Polizei weitreichende Kompetenzen im Bereich von Demonstrationsverboten, Durchsuchungen, Verhaftungen und Internierungen zugewiesen wurden (Civil Authorities [Special Powers] Act 1922, später zusätzlich Public Order Act [Northern Ireland] 1951). In einem Bericht unterzog der Richter Diplock 1972 die Terrorismusgesetzgebung einer Überprüfung. Auf seine Empfehlung hin wurde der erste NIEPA 1973 erlassen und mehrfach neu gefaßt.[43]

Teil I des aktuellen NIEPA, dessen Gültigkeitsdauer jährlich verlängert werden muß, enthält eine Auflistung von Terrorismus-typischen Straftaten („scheduled offences"), für deren Verhandlung in der Regel der Crown Court in Belfast zuständig ist. Das Gericht besteht in diesen Fällen nur aus einem Berufsrichter[44], die sonst bei Verfahren vor dem Crown Court anzutreffende Jury entfällt hier. Diese Verfahrensweise wurde im Diplock-Bericht vorgeschlagen (daher werden die Spruchkörper „Diplock Courts" genannt), um einerseits die Bedrohung und Einschüchterung von Jurymitgliedern bei solch brisanten Fällen zu vermeiden, andererseits aber auch, damit die konfessionelle Zusammensetzung der Juries nicht bereits ihren Schuldspruch präjudiziert.[45] Kritisiert wird an den Diplock Courts häufig, daß ein einzelner Richter die oft komplexen Verfahren nicht angemessen bewältigen kann. Die Statistik zeigt zudem, daß die Rate der Freisprüche seit Einführung des Systems drastisch sank.[46]

Teil II des NIEPA enthält umfangreiche Eingriffsrechte für die Sicherheitskräfte, so etwa betreffend Durchsuchung, Beschlagnahme und Sicherstellung. Ein Polizeibeamter darf nach Section 17 Abs. 1 NIEPA jeden verhaften, bei dem er

---

41 Im folgenden: PTA.

42 S. zu den verschiedenen Sicherheitsbehörden Guelke, Policing in Northern Ireland, S. 94ff.

43 Zu den Vorläufern des heutigen NIEPA s. Finn, Constitutions in Crisis. Political Violence and the Rule of Law, S. 86ff.

44 Eine aufschlußreiche Studie über die nordirische Richterschaft liefert Dickson, Northern Ireland's troubles and the judges, S. 130ff.

45 Ausführlich zur Entwicklung der Diplock Courts Carlton, Judging without Consensus. The Diplock Courts in Northern Ireland, S. 225ff; Hadden/Boyle/Campbell, Emergency Law in Northern Ireland: The Context, S. 13f.; Finn, Constitutions in Crisis. Political Violence and the Rule of Law, S. 110ff.

46 Bailey/Harris/Jones, Civil Liberties, S. 284f.

vernünftigerweise davon ausgehen kann, daß dieser eine Straftat nach dem NIEPA begangen hat oder dabei ist, zu begehen. Diese Ermächtigungsgrundlage wird zugunsten des Militärs noch um die Möglichkeit eines bis zu 4-stündigen Arrests und die Einbeziehung von Tatgehilfen erweitert.

Spezielle Straftaten gegen die öffentliche Sicherheit und Ordnung finden sich in Teil III des NIEPA, darunter die Leitung einer terroristischen Organisation, Mitgliedschaft in und Unterstützung einer verbotenen Vereinigung, Besitz von Gegenständen, die für terroristische Zwecke bestimmt sind und ein Vermummungsverbot.

bb) PTA

Nachdem der republikanische Terrorismus sich seit Anfang der 70er Jahre nicht mehr auf Nordirland beschränkte, sondern mit Anschlägen in England auf sich aufmerksam machte, sah sich die geschockte britische Öffentlichkeit wie auch die Politik plötzlich mit terroristischen Gefahren im englischen Mutterland konfrontiert. Da die zu diesem Zeitpunkt existierende Spezialgesetzgebung örtlich auf Nordirland beschränkt war, wurde nach zwei Anschlägen auf Gaststätten in Birmingham 1974, bei denen 21 Menschen starben, in einem Klima der Furcht innerhalb von nur 8 Tagen nach den Anschlägen ein neues Gesetz für Großbritannien durch das Unterhaus gebracht, der PTA 1974, dessen Eingriffsermächtigungen der damalige Innenminister selbst als „draconian“ und „unprecedented in peacetime“ bezeichnete.[47]

1989 neugefaßt[48], enthält der PTA in Section 20 Abs. 1 eine Terrorismusdefinition, wonach Terrorismus „*...means the use of violence for political ends, and includes any use of violence for the purpose of putting the public or any section of the public in fear*“. Neben den schon aus dem NIEPA bekannten Ermächtigungen und Straftaten gegen die öffentliche Sicherheit und Ordnung besteht mit dem PTA insbesondere die Möglichkeit, eine Person aus Großbritannien oder Nordirland auszuweisen oder die Einreise zu verweigern („exclusion orders“, Sections 4-8[49]). Nach Section 14 ist ferner ein Arrest nach Verhaftung ohne richterliche Kontrolle von bis zu fünf Tagen möglich, wenn der Innenminister zustimmt.

---

47 Walker, Terrorism, S. 31.

48 Hierzu ausführlich Bonner, PL 1989, 440ff.; Walker, Terrorism, S. 47ff. Das Gesetz soll übrigens nun auch gegen den internationalen Terrorismus eingesetzt werden.

49 Der zweifellos umstrittenste Teil des Gesetzes, s. Feldman, Civil Liberties, S. 348f.; Bailey/Harris/Jones, Civil Liberties, S. 309ff.; Walker, Terrorism, S. 71ff.

cc) Ergebnis

Mit dem NIEPA und dem PTA stehen den britischen Sicherheitskräften legislative Ermächtigungen zur Verfügung, die über die normalen polizeilichen Befugnisse im englischen Polizei- und Strafverfahrensrecht, wie es etwa im Police and Criminal Evidence Act 1984 niedergelegt ist, weit hinausgehen. Bekanntermaßen haben die Befugnisse nicht zu einem signifikanten Rückgang terroristischer Straftaten geführt. Ferner bleibt abzuwarten, inwieweit im Zuge des momentanen Friedensprozesses die britische Regierung einen „Rückbau" der Terrorismusgesetzgebung in Angriff nimmt.

II. Der Kurdenkonflikt in der Türkei

1. Kurze Geschichte des Konflikts

Schon die geographische Einordnung Kurdistans bereitet Schwierigkeiten, sind doch genaue Grenzen des Siedlungsgebietes der Kurden nicht definiert. Zwischen 23 und 26 Millionen Kurden leben jeweils als Minderheit in fünf verschiedenen Staaten, knapp die Hälfte davon in der Türkei, etwa ein Drittel im Iran und rund ein Sechstel im Irak.[50] Die übrigen Kurden verteilen sich auf Syrien und Armenien. Trotz gemeinsamer Geschichte, Sprache, Religion und Kultur gelang es den Kurden bis heute nicht, einen eigenen Nationalstaat zu gründen.

Die Besiedlung des heutigen Siedlungsgebiets durch die Kurden geht auf das frühe Mittelalter zurück, wobei sich zahlreiche lokale Fürstentümer herausbildeten. 1514 kam es zur ersten Teilung des kurdischen Siedlungsgebietes zwischen Persien und dem osmanischen Reich, die 1639 zugunsten des osmanischen Reiches modifiziert wurde. Nach dem 1. Weltkrieg und dem Ende des osmanischen Reiches wurde den Kurden 1920 im zwischen dem osmanischen Reich und den Alliierten ausgehandelten Frieden von Sèvres erstmals eine eigene Staatlichkeit zugesprochen, was zu einem kurzen Aufblühen der kurdischen Nationalbewegung führte. Doch die inmitten der Trümmer des osmanischen Reiches erstarkende türkische Bewegung der Kemalisten (unter General Mustafa Kemal, später als Kemal Atatürk bekannt geworden) hatte nach ihrem Sieg über die Griechen 1922 ihre Position so weit gefestigt, daß sie auch für die Alliierten die neue türkische Regierung repräsentierten. Autonomie oder gar einen eigenen Kurdenstaat lehnte Mustafa Kemal kategorisch ab. Eine Durchsetzung der Forderungen des Vertrags von Sèvres wäre danach allein mit militärischen Mitteln möglich gewesen, ein

50 O'Ballance, The Kurdish Struggle 1920-94, S. xxi.

Risiko, das die Alliierten nicht einzugehen bereit waren. Somit erkannten sie 1923 im Vertrag von Lausanne die Türkei als Staat an. Mit dem Vertrag wurden alle Kapitulationsbedingungen des osmanischen Reiches abgeschafft. Die Kurden fanden im Vertrag keine Erwähnung mehr, sie fanden sich lediglich als „türkische Staatsbürger" in ihm wieder, innertürkisch als „Bergtürken" bezeichnet, ohne daß ihre eigene Ethnizität und Kultur anerkannt und geschützt wurde.

Nach Ausrufung der Türkischen Republik am 29. Oktober 1923 setzte sich der Prozeß der politischen und kulturellen „Turkisierung" fort.[51] Zwischen 1925 und 1938 kam es zu mehreren Aufständen, die jedoch blutig niedergeschlagen wurden. Nach dem 2. Weltkrieg besserte sich die Situation der Kurden geringfügig als Folge der Annäherung der Türkei an den Westen. So wurde 1946 der Ausnahmezustand in den kurdischen Gebieten aufgehoben, 1950 fanden allgemeine Wahlen statt, bei denen die Kurden nun den Türken gleichgestellte Wähler waren. Ab 1952 bildete die Türkei die strategisch wichtige Südostflanke der NATO; im Gegenzug profitierte sie von westlicher Wirtschaftshilfe.

Infolge des Putsches kemalistischer Offiziere 1960 griff die neue Militärregierung unter General Kemal Gürsel wiederum hart gegen kurdische Politiker und Intellektuelle durch und setzte die „Turkisierung" fort. In der Staatsverfassung von 1961 wurde kurdischer Separatismus zum Staatsverbrechen erklärt. 1971 und 1980 folgten weitere Militärputsche, stets begleitet von neuen Repressionen gegen die Kurden. Aus diesem Nährboden, in Verbindung mit der damals desolaten wirtschaftlichen Lage in der Türkei, entstand 1978 die kurdische Arbeiterpartei PKK, gegründet von Abdullah Öcalan, die seitdem nicht allein in den kurdischen Gebieten einen Guerillakrieg gegen das türkische Militär führt, sondern auch in türkischen Städten mit Terroranschlägen auf ihr Anliegen aufmerksam macht.

2. *Gegenwärtige politische Situation*

Die seit der Gründung der PKK nahezu unveränderte bürgerkriegsähnliche Situation eskalierte mit der Entführung Abdullah Öcalans durch den türkischen Geheimdienst aus Kenia am 15. Februar 1999. Der Kurdenführer wurde dabei betäubt und mit verbundenen Augen in die Türkei geflogen, wo er auf die hermetisch abgeriegelte Gefängnisinsel Imraly verbracht wurde. In der Folge von Öcalans Verhaftung kam es zu zahlreichen gewalttätigen Demonstrationen auch in Westeuropa.

---

51 Hierzu (und auch zum folgenden) instruktiv, wenn auch gelegentlich tendenziös, Aziz, Kurdistan und die Probleme um Öcalan, S. 48ff.

Nachdem Öcalans Anwälte zunächst der Zugang zu seinen Anwälten verweigert wurde, durfte er erst am 25. Februar zwei Anwälte konsultieren, mit denen er jedoch lediglich für 20 Minuten in Anwesenheit eines Richters und maskierter Sicherheitskräfte sprechen durfte; diese Unterhaltung wurde aufgezeichnet und die Bänder dem Staatssicherheitsgericht vorgelegt. In den folgenden zwei Monaten durfte Öcalan noch zwölf weitere Male mit seinen Anwälten beraten, wobei kein Gespräch länger als 1 ½ Stunden dauerte. Am 24. April 1999 begann der Prozeß vor dem Staatssicherheitsgericht Ankara, das sich zu diesem Zweck auf die Insel begeben hatte.[52] In Übereinstimmung mit türkischem Recht[53] gehörte einer der drei Richter dem Militär an. Nach einer Gesetzesänderung, mit der die Türkei die Besetzungsvorschriften für Staatssicherheitsgerichte änderte und die Besetzung mit einem Militärrichter abschaffte, wurde der betreffende Militärrichter im *Öcalan*-Verfahren durch einen Zivilisten ersetzt. Dessen erste Sitzungsteilnahme erfolgte indes erst sechs Tage vor Urteilsverkündung, nach Ende der Beweisaufnahme und nachdem die Staatsanwaltschaft bereits plädiert hatte. Am 29. Juni 1999 wurde Öcalan zum Tode verurteilt. Dieses Urteil bestätigte das türkische Kassationsgericht im Rechtsmittelverfahren am 25. November 1999. Auf Ersuchen des GH vom 30. November 1999[54] wurde die Vollstreckung jedoch ausgesetzt, um die Entscheidung des GH in der Sache abzuwarten.

Denn bereits am 16. Februar 1999, einen Tag nach der Verhaftung, hatten Öcalans Vertreter Beschwerde beim GH eingelegt. Mit Beschluß vom 14. Dezember 2000[55] erklärte die Erste Kammer des GH Öcalans Beschwerde in nahezu vollem Umfang für zulässig. Ausführlich behandelte der GH insbesondere die behaupteten Verletzungen der Art. 2[56], 3[57], 5[58] und 6[59]. Nach kursorischer Prüfung erklärte er zudem die Rügen behaupteter Verletzungen der Art. 7, 8, 9, 10, 13, 14 und 18 für zulässig. Allein die Rügen der angeblich unterlassenen Mitteilung der Festnahmegründe (Art. 5 Abs. 2) und der angeblich fehlenden Möglichkeit, eine Entschädigung für rechtswidrige Haft zu erlangen (Art. 5 Abs. 5), wurden als unzulässig zurückgewiesen.

Wenngleich der *Öcalan*-Prozeß großes Aufsehen erregt hat und die Art und Weise seiner Verhaftung und Verurteilung der Türkei scharfe Kritik von europäi-

---

52 S. auch den Bericht der Abgeordneten der Parlamentarischen Versammlung des Europarates, die als Prozeßbeobachter den Prozeß verfolgt haben, in HRLJ 1999, 154f.

53 S. Punkt § 5 II.

54 S. EuGRZ 1999, 716.

55 *Öcalan./.Türkei*, Beschw.-Nr. 46221/99; Zusammenfassung in EuGRZ 2000, 672.

56 S. hierzu Punkt § 3 I 7.

57 S. hierzu Punkt § 4 I 3 c bb.

58 S. hierzu Punkt § 4 II 1 und § 4 II 3 d bb.

59 S. hierzu Punkt § 5 II.

scher Seite eingebracht hat, darf nicht übersehen werden, daß die Türkei in letzter Zeit in ihrer Kurdenpolitik auch etliche positive Signale gesetzt hat. Reuigen PKK-Kämpfern etwa wurde Strafmilderung angeboten und Entwicklungsprogramme für die kurdischen Siedlungsgebiete aufgelegt. Andererseits sind wiederum Bombardierungen kurdischer Stellungen im nordirakischen Grenzgebiet und willkürliche Festnahmen kurdischer Bürgermeister zu beobachten.[60] Die gegenwärtige türkische Kurdenpolitik kann somit als widersprüchlich bezeichnet werden. Eine klare Linie zum Frieden kann nicht erkannt werden, so daß zu befürchten ist, daß der Konflikt weiter andauern wird. Dies gilt insbesondere dann, falls das Todesurteil gegen Öcalan tatsächlich eines Tages vollstreckt werden sollte.

3. Juristischer Hintergrund

a) Die Türkei und die EMRK

aa) Der Weg der Türkei in das Rechtsschutzsystem der EMRK

Das Verhältnis der Türkei zur EMRK läßt sich am besten als ein Weg langsamer, schrittweiser Annäherung bezeichnen. Die politischen und ideologischen Differenzen zwischen der Türkei und den übrigen Mitgliedstaaten der EMRK schienen lange Zeit unüberwindlich. Trotz der seit den Reformen Kemal Atatürks erfolgten politischen und, seit dem Ost-West-Konflikt der Nachkriegszeit, auch militärischen Ausrichtung der türkischen Politik nach Westen ist die Türkei als Rechtsnachfolgerin des Osmanischen Reiches in historischer, kultureller – einschließlich religiöser- und auch geographischer Hinsicht dem islamisch geprägten Kulturkreis des Nahen und Mittleren Ostens naturgemäß mehr verbunden als den Staaten Westeuropas, die bis zum Ende des Ost-West-Konfliktes zahlenmäßig den Europarat dominierten. NATO-Mitgliedschaft und der Antrag auf Vollmitgliedschaft in der Europäischen Union sind zwar Zeugnis des Willens nach Verwestlichung der Gesellschaft, können jedoch nicht darüber hinwegtäuschen, daß der aus westlich-europäischer Tradition entstammende Universalitätsanspruch der Menschenrechtsidee, zu dem bei der EMRK noch die Beschwörung des gemeinsamen Erbes an "geistigen Gütern, politischen Überlieferungen, Achtung der Freiheit und Vorherrschaft des Gesetzes" (5. Absatz der Präambel) kommt, mit

---

60 S. Berliner Zeitung vom 26. April 2000, S.9.

der historisch gewachsenen Rechtskultur der Türkei nicht immer im Einklang steht.[61]

Im Mai 1954 wurde die EMRK durch die Türkei vorbehaltlos ratifiziert. Nach der Machtübernahme des Militärs durch einen unblutigen Staatsstreich im September 1980 verschlechterte sich die Menschenrechtssituation dramatisch, was sich in zahlreichen Entschließungen der Parlamentarischen Versammlung des Europarates sowie des Europaparlamentes widerspiegelte.[62] Nichtsdestoweniger erfolgte im Januar 1987 die Erklärung des türkischen Außenministers gegenüber dem Generalsekretär des Europarates, die Türkei anerkenne die Zuständigkeit der KOM, Individualbeschwerden nach dem damaligen Art. 25, jetzt Art. 34, entgegenzunehmen. Drei Jahre später, 1990, gab die Türkei auch die für die Anerkennung der Gerichtsbarkeit des GH nach Art. 46 a.F. erforderliche, zuständigkeitsbegründende Unterwerfungserklärung ab.

bb) Die Türkei vor den Straßburger Organen

Vor Anerkennung der Individualbeschwerde sah sich die Türkei bisher fünf Staatenbeschwerden gemäß Art. 24 a.F. gegenüber. Vier davon betrafen die türkische Invasion und Besetzung des Nordteils Zyperns. Die beiden ersten Beschwerden, die im Rahmen der Zulässigkeitsprüfung verbunden worden waren, resultierten in einer unbefriedigenden, von politischer Rücksichtnahme geprägten Entscheidung des Ministerkomitees, daß allgemein Verletzungen der Konvention begangen worden seien, ohne einzelne Aktionen auf bestimmte Artikel der EMRK anzuwenden.[63] In einem weiteren Verfahren, das die Besiedlung des nördlichen Teils Zyperns durch vom Festland stammende Türken betraf, stellte das Ministerkomitee keine Verletzung der EMRK fest.[64] Die gegen die Türkei erhobene Staatenbeschwerde Frankreichs, Norwegens, Dänemarks, Schwedens und der Niederlande[65], die die Mißachtung von Konventionsrechten, insbesondere des Folterverbots, unter dem Militärregime betraf, wurde 1985 mit einer gütlichen Einigung nach Art. 28 Abs. 1 b für erledigt erklärt, wobei die Türkei die aus Art. 3 resultierenden Verpflichtungen sicherzustellen versprach.[66]

---

61 Vgl. Kälin, EuGRZ 1987, 421, 422 m.w.N., Hirsch, Orient 1984, 95, 98ff.

62 Siehe Kälin, EuGRZ 1987, 421, Fn. 2.

63 *Zypern./.Türkei*, (1979) E 6780/74, 6950/75, Yb 1979, 440; dazu Jacobs/White, S. 53; Frowein/Peukert, Art. 24, Rdn. 13.

64 *Zypern./.Türkei*, (1992) B 8007/77, DR 72, 5 = EuGRZ 1992, 466.

65 Beschw.-Nr. 9940-9944/82.

66 Bericht in EuGRZ 1986, 186.

Seit Anerkennung der Individualbeschwerde erreichte eine ganze Flut von Beschwerden aus der Türkei Straßburg.[67]

b) Die türkische Gesetzgebung gegen den Terrorismus

Seit der Gründung der türkischen Republik 1923 existierten Gesetze, deren Anwendungsbereich klar auf den kurdischen Teil des Landes zugeschnitten wurde, angefangen mit dem „Gesetz zur Bekämpfung der Banditen" (1923).[68] Der Südosten des Landes wird auch heute mit Hilfe von Notstands-Dekreten regiert, deren bedeutendstes die Zuweisung strafrechtlicher Verfolgung von Sicherheitskräften zu den Verwaltungsbehörden statuiert („Dekret 285").[69]

Die türkische Verfassung von 1982 enthält einen umfangreichen Grundrechtskatalog.[70] Beschränkungen sind danach per Gesetz möglich.

1991 wurde das türkische Antiterrorgesetz[71] verabschiedet, das ebenfalls primär auf den Kurdenkonflikt zielt. Art. 1 Abs. 1 ATG definiert Terror äußerst umfangreich als

> „... jede Aktivität, die durch irgendeine Methode von Zwang, Gewalt, Versetzen in Angst und Schrecken oder Bedrohung durch eine oder mehrere zu einer Organisation gehörige Personen mit dem Ziel begangen werden, die in der Verfassung festgelegten Merkmale der Republik, ihre politische, rechtliche, soziale, laizistische oder wirtschaftliche Ordnung zu ändern,..., die Existenz des türkischen Staats und der Republik zu gefährden, die Staatsgewalt zu schwächen, zu zerstören oder an sich zu reißen, die Grundrechte und -freiheiten aufzuheben, die innere und äußere Sicherheit des Staats, die öffentliche Ordnung ... zu zerstören."[72]

Eine „Organisation" i.S.d. Art. 1 ATG gilt mit der Vereinigung von mindestens zwei Personen als zustandegekommen. Das ATG ist systematisch dergestalt aufgebaut, daß es terroristische Taten enumerativ aufzählt. Dabei werden drei Tatgruppen unterschieden, nämlich zunächst Taten, die eo ipso terroristisch sind (Art. 3 ATG) und Taten, zu deren Verwirklichung eine terroristische Absicht i.S.d. Art. 1 ATG erforderlich ist (Art. 4 ATG). Letztere werden dabei dem türkischen Strafgesetzbuch entnommen, dort insbesondere – aber nicht ausschließ-

---

67 Sehr instruktiv ist die Homepage des GH (www.echr.coe.int), von der abgeschlossene und laufende Verfahren abgerufen werden können.

68 Einen historischen Überblick bietet Keskin, Betrifft JUSTIZ Nr. 43 (1995), S. 142.

69 S. den Überblick des GH über die Notstandsgesetzgebung bei *Akdivar./.Türkei*, (1996) RJD 1996, 1192, Ziff. 28-43.

70 S. den Überblick bei Sabuncu, ZfTS 1989, 35, 38.

71 Gesetz Nr. 3713 vom 12. April 1991; im folgenden mit „ATG" abgekürzt.

72 Zitiert nach Tellenbach, ZAR 1991, 162, 163.

lich – den Staatsschutzdelikten (Art. 125-173 türkStGB); das ATG sorgt insofern für die Erhöhung der im türkStGB vorgesehenen Strafen um die Hälfte. Die dritte Kategorie bilden Taten wie Gründung, Organisation, Führung und Beitritt zu terroristischen Vereinigungen, Art. 7 ATG.

Ferner werden Unterstützungshandlungen unter Strafe gestellt. Darunter findet sich neben dem Verbot der proterroristischen Propaganda auch das Verbot der Preisgabe der Identität von Personen, die in der Terrorbekämpfung tätig sind (Art. 6 Abs. 1 ATG), eine Vorschrift, die eindeutig die Anprangerung gesetzeswidriger Handlungen der Sicherheitsbehörden erschweren soll.[73] Als besonders umstritten kann Art. 8 ATG bezeichnet werden. Dieses Delikt stellt den Rest eines bis zum Inkrafttreten des ATG umfangreichen reinen Gesinnungsstrafrechts dar. Hiernach sind jegliche Art von Propaganda und Demonstrationen für separatistische Ziele strafbewehrt, unabhängig von Motiven und eingesetzten Mitteln. Bei Begehung der Tat mittels Presseerzeugnissen droht Absatz 2 der Vorschrift den Verlagen hohe Geldstrafen[74], den verantwortlichen Redakteuren gar Haft bis zu zwei Jahren an. Art. 8 ATG wird von der Rechtsprechung extensiv angewendet; so werden etwa schon die Forderung nach einem Bundesstaat oder das öffentliche Sprechen von einem „Kurdistan“ als separatistische Propaganda angesehen.[75]

Auf verfahrensrechtlicher Seite regelt Art. 15 ATG, daß mit der Terrorbekämpfung befaßte Personen während eines Verfahrens, das gegen sie wegen einer Straftat im Amt läuft, nicht in Untersuchungshaft genommen werden dürfen und ihnen bis zu drei Strafverteidiger auf Staatskosten gestellt werden. Ferner werden die Ermittlungsverfahren in solchen Fällen nicht von der Staatsanwaltschaft, sondern der Verwaltung geführt. An diesem Haftprivileg wird insbesondere kritisiert, daß die Hemmschwelle für Sicherheitskräfte, Straftaten im Amt – vor allem Folterungen – zu begehen, erheblich herabgesetzt ist, droht doch nicht mehr eine vielleicht monatelange Untersuchungshaft.[76]

---

73 Tanör, ZfTS 1991, 153, 163.

74 Die für Kleinverlage schon als existenzbedrohend einzustufende Klausel, wonach bei nichtperiodischen Druckwerken die Geldstrafe bis zu 90% des durchschnittlichen, im Vormonat erzielten Verkaufserlöses der auflagestärksten Tageszeitung betragen kann, hat das türkische Verfassungsgericht 1995 aufgehoben; vgl. Rumpf, KAS-AI 2/96, 27, 53. Eine infolgedessen erfolgte Neufassung der Vorschrift hat keine wesentlichen tatbestandlichen Änderungen eingebracht, lediglich auf der Rechtsfolgenseite gab es Korrekturen.

75 Rumpf, KAS-AI 2/96, S. 27, 53f.

76 Tellenbach, ZAR 1991, 162, 167; Tanör, ZfTS 1991, 153, 158. Inwieweit das Gesetz Nr. 4483 vom 2. Dezember 1999 über Ermittlungsverfahren gegen Beamte hier Abhilfe schafft, kann noch nicht beurteilt werden.

Die maximal zulässige Dauer des Polizeiarrests (also ohne richterliche Kontrolle) beträgt nach Art. 11 ATG 15 Tage. Des weiteren existieren Regelungen zur Abschottung von Zeugen und zur Kontaktsperre.

Neben dem ATG ist für die Terrorismusbekämpfung noch das Gesetz Nr. 2845 von besonderer Bedeutung, das in Verbindung mit Art. 4 ATG bestimmte Straftaten der Zuständigkeit des Staatssicherheitsgerichtes zuweist, wenn sie mit terroristischer Absicht begangen wurden.

III. Exkurs: Der Nordirland- und Kurdenkonflikt: der völkerrechtliche Hintergrund

Trotz ihres durchsetzungsfähigen, „quasi-verselbständigten“[77] Rechtsschutzsystems ist und bleibt die EMRK ein Vertrag, der dem Völkerrecht untersteht. Insofern wäre die separierte Untersuchung des Konventionsrechts ohne eine völkerrechtliche Bewertung des Nordirland- und Kurdenkonfliktes im übrigen unvollständig. Anknüpfungspunkt hierfür soll zunächst die Einordnung der Bewohner der betrachteten Gebiete sein.

1. Volk und Minderheit

Eine einfache völkerrechtliche Formel besagt, daß Völker Träger des Selbstbestimmungsrechts, Minderheiten dagegen Subjekte des Minderheitenschutzes seien.[78] Demnach zielt das Selbstbestimmungsrecht der Völker konzeptionell auf Schaffung eines Staates durch das betreffende Volk als höchster politisch-rechtlicher Organisationsform, wohingegen der Minderheitenschutz Förderung und Schutz einer Minorität innerhalb bestehender staatlicher Strukturen bezweckt. Selbstbestimmungsrecht und Minderheitenschutz sind somit diametral ausgerichtet und nehmen unterschiedliche völkerrechtliche Schutzmechanismen in Anspruch.

Im völkerrechtlichen „Hard Law“ findet sich die Selbstbestimmung der Völker in zwei relevanten Passagen wieder. So sollen die Vereinten Nationen nach Art. 1 Ziff. 2 der UN-Charta *„freundschaftliche, auf der Achtung vor dem*

---

77 Die Mitgliedstaaten haben gemäß Art. 62 a.F. (jetzt Art. 55) auf sonstige Streitbeilegungsmechanismen verzichtet, um dem Verfahren nach der EMRK Vorrang zu verschaffen; s. Frowein/Peukert, Einführung, Rdn. 4.

78 Mohr, Abgrenzung zwischen Selbstbestimmungsrecht und Minderheitenschutz, S. 124.

Grundsatz ... der Selbstbestimmung der Völker beruhende Beziehungen ... entwickeln...".

Eine ähnliche Formulierung wird in Art. 55 der UN-Charta gebraucht. Während dieser Grundsatz indes wegen des vorherrschenden Prinzips der Souveränität der Mitgliedstaaten, der fehlenden Verrechtlichung (von einem Selbstbestimmungsrecht ist nicht die Rede) und der weitgehenden Gleichbedeutung von „Volk" und „Nation" in der UN-Charta nicht zur praktischen Anwendung taugte[79], erfolgte eine positiv-rechtliche Fixierung des Selbstbestimmungsrechts im gleichlautenden Art. 1 Abs. 1 der Internationalen Pakte über bürgerliche und politische (IPbürgR) sowie über wirtschaftliche, soziale und kulturelle Rechte.[80] Reichweite, Durchsetzung und Konsequenzen des Selbstbestimmungsrechts sind im einzelnen hoch umstritten.[81] Der IPbürgR enthält als Implementierungsmechanismen jedenfalls allein die Berichtspflicht nach Art. 40 IPbürgR und das Individualbeschwerdeverfahren nach Art. 1 des Fakultativprotokolls zum IPbürgR. Das letztere scheint jedoch als Individualrecht zur Durchsetzung des Kollektivrechts der Selbstbestimmung ungeeignet.[82]

Der Schutz von Minderheiten dagegen, der systematisch, aber letztlich erfolglos bereits zu Zeiten des Völkerbundes betrieben worden war[83], sah sich nach Gründung der Vereinten Nationen zunächst einer Prädominanz des Individualschutzes gegenüber. Schließlich fand er jedoch Eingang in Art. 27 IPbürgR, der Angehörigen ethnischer, religiöser oder sprachlicher Minderheiten das Recht zugesteht, gemeinsamen mit anderen Angehörigen ihrer Gruppe ihre Kultur und Sprache zu pflegen und ihre Religion zu praktizieren. Ein kollektiver Durchsetzungsmechanismus ist damit aber nicht verknüpft. Die Implementierung des Minderheitenschutzes ist zwar Gegenstand der Berichtspflicht der Vertragsstaaten nach Art. 40 IPbürgR.[84] Praktisch verbleibt den einzelnen Angehörigen der

---

79 S. Partsch, Die kurdische Frage im Kontext des Völkerrechts, S. 51; de Zayas, Selbstbestimmungsrecht und Vereinte Nationen, S. 146; Stuby, Zur Bedeutung des Völkerrechts für das kurdische Volk: Menschenrechte zwischen Recht auf Selbstbestimmung und Minderheitenschutz, S. 47; Incesu, Humanitäres Völkerrecht – Informationsschriften 4/1994, S. 174. Eine Ausnahme stellen insoweit Kapitel XI und XII der UN-Charta dar, bei deren Anwendung jedoch von vornherein allein an die nach dem 2. Weltkrieg anstehende Dekolonisierung gedacht wurde.

80 Hinzu kommen unzählige Erwähnungen im völkerrechtlichen „Soft Law" (insbesondere in Resolutionen); s. die Übersicht bei de Zayas, Selbstbestimmungsrecht und Vereinte Nationen, S. 147f.

81 Vgl. Ipsen/Heintze, § 27, Rdn. 18f.

82 Das ist wohl auch die Position der Rechtsprechung des IPbürgR-Menschenrechtsausschusses; s. Ipsen/Heintze, § 27, Rdn. 21.

83 Dazu Gütermann, Das Minderheitenschutzverfahren des Völkerbundes.

84 Ipsen/Heintze, § 27, Rdn. 20.

Minderheit indes allein die Individualbeschwerde nach Art. 1 des Fakultativprotokolls zum IPbürgR, falls der betreffende Nationalstaat Vertragspartei ist.[85]

Wie lassen sich nun Volk und Minderheit voneinander abgrenzen? Der Begriff des „Volkes", der völkerrechtlich nicht definiert ist, läßt sich rechtlich allein anhand von objektiven und subjektiven Kriterien bestimmen:[86] Zu den objektiven Kriterien zählen ein abgrenzbares Territorium sowie eigene Sprache, Kultur, Religion und Mentalität. Auf der subjektiven Seite kommt die Selbstidentifikation als Volk und der Wille nach Schaffung eines eigenen Staatsgebildes hinzu. Auch für den Begriff der Minderheit muß auf eine völkerrechtlich gesicherte Definition verzichtet werden.[87] Jedenfalls fehle es einer Minderheit, die wie ein Volk ethnische, sprachliche oder religiöse Besonderheiten aufweist, an einem gewissen territorialen Bezug; sie zeichne sich durch eine fehlende zahlenmäßige und politische Dominanz auf einem bestimmten Territorium und ein Sich-Einordnen in die bestehenden Mehrheitsstrukturen aus. Ihre – wie bei einem Volk vorhandene – Selbstidentifikation gehe nicht soweit, daß die Schaffung eines eigenen Staates angestrebt werde.[88] Ferner werde sie im Gegensatz zur Bevölkerungsmehrheit durch ihre andersartige Religion, Rasse, Sprache oder Ethnizität charakterisiert.[89]

2. *Die Anwendung der völkerrechtlichen Kriterien auf Nordiren und Kurden*

Es bereitet keine Schwierigkeiten, die katholischen Nordiren danach als Minderheit im völkerrechtlichen Sinne einzuordnen. Denn es existieren innerhalb Nordirlands keine in größerem Rahmen territorial abgrenzbaren rein katholischen Gebiete; die – zweifellos bestehenden – Separierungen gehen mitten durch Städte, ja Straßen. Die Identifikation der katholischen Nordiren bezieht sich überwiegend auf ein einiges Geamt-Irland. Ihre historisch gewachsene Minderheitenstellung beruht, wie oben gezeigt wurde, auf sozialen und religiösen Motiven.

Im Schrifttum umstritten ist dagegen die Klassifizierung der Kurden. Partsch[90] argumentiert, daß die Kurden in den jeweiligen Nationalstaaten, in de-

---

85 S. dazu – m.w.N. zur Rechtsprechung des IPbürgR-Menschenrechtsausschusses – Ipsen/Heintze, § 27, Rdn. 21.

86 Vgl. hierzu Mohr, Abgrenzung von Selbstbestimmungsrecht und Minderheitenschutz, S. 125f.; Gusy, AVR 1992, 390ff.

87 Eine größere Bedeutung hat wohl allein die Definition gefunden, die Francesco Capotorti für eine UN-Unterkommission erarbeitet hat (UN-Document E/CN.4/Sub.2/384/Rev.1 [1979]).

88 Zu den genannten Kriterien s. Mohr, Agbrenzung von Selbstbestimmungsrecht und Minderheitenschutz, S. 126; Ipsen/Heintze, § 28, Rdn. 15.

89 Incesu, Humanitäres Völkerrecht – Informationsschriften 4/1994, S. 176, 179.

90 Die kurdische Frage im Kontext des Völkerrechts, S. 44.

nen sie leben, stets ethnische und sprachliche Minderheiten seien, da sie im Verhältnis zu den Hauptstaatsvölkern weniger zahlreich seien und nirgendwo eine politische Führungsrolle innehätten. Folgte man dieser Ansicht, so käme den Kurden keinerlei völkerrechtlicher Gruppenschutz nach dem IPbürgR – also wenigstens im Wege des Berichtsverfahrens – zugute, da die Türkei nicht Mitgliedstaat des IPbürgR ist. Somit wären die Kurden in der Türkei auf das individualistische Verfahren der EMRK beschränkt.[91] Diese Ansicht, die die de facto-Situation wiedergibt, teilt im Grunde auch die türkische Regierung, die sich in einer Stellungnahme klar für den Vorrang einzelfallbezogener Menschenrechtsdurchsetzung aussprach.[92]

Dagegen spricht Incesu[93] den Kurden nach Subsumtion unter die genannten völkerrechtlichen Kriterien die Volksqualität zu. Stuby[94] sieht die Kurden zwar in ihrer Gesamtheit als Bevölkerungsgruppe, die kollektiv Träger des Selbstbestimmungsrechts sei. Die jeweiligen kurdischen Gruppen in den verschiedenen Siedlungsgebieten beschränkten sich indes mit ihren Autonomieforderungen auf ihr jeweiliges Gebiet; es fehle an einem einheitlichen Willen und gemeinsamer Organisation, auf einen kurdischen Gesamtstaat hinzuwirken.

Selbst wenn man die Kurden in ihrer Gesamtheit als „Volk" im völkerrechtlichen Sinne betrachten wollte, könnten kurdische Terrorakte dadurch keine völkerrechtliche Legitimation finden. Zwar hat Art. 1 Abs. 4 des Ersten Zusatzprotokolls zu den Genfer Abkommen über den Schutz der Opfer internationaler bewaffneter Konflikte vom 8. Juni 1977 (ZP I) Völkern das Recht zugestanden, Konfliktpartei internationaler bewaffneter Konflikte zu sein. Andererseits schränkt der Wortlaut des Art. 1 Abs. 4 ZP I die Anwendbarkeit ausdrücklich auf diejenigen Völker ein, die gegen „Kolonialherrschaft und fremde Besetzung so-

---

91 Zu beachten ist indes der Minderheitenschutz der KSZE (jetzt: OSZE), der sich insbesondere im Kopenhagener Dokument von 1990 (Europa-Archiv 1990, S. D 380) widerspiegelt. Dokumente des KSZE-Prozesses haben jedoch weder den Rang eines völkerrechtlichen „Hard Law", noch sehen sie feste Durchsetzungsmechanismen vor.

92 „According to the Turkish Constitution ... all Turkish citizens, without any exception, enjoy equal rights and status. Hence, it is impossible to make any discrimination in favour of or against any person or group based on ethnic, religious or linguistic criteria. Apart from that we believe that the rights of the persons having ethnic, religious or linguistic differences should be considered within the framework of individual human rights." (UN-Document E/CN.4/1992/48, S. 14). Interessant sind auch die ersten beiden Sätze dieser Stellungnahme, in denen das Prinzip des „Es kann nicht sein, was nicht sein darf" statuiert wird.

93 Humanitäres Völkerrecht – Informationsschriften 4/1994, S. 174, 176.

94 Zur Bedeutung des Völkerrechts für das kurdische Volk: Menschenrechte zwischen Recht auf Selbstbestimmung und Minderheitenschutz, S. 52f.

wie gegen rassistische Regimes" kämpfen – eine Bestimmung, die eindeutig auf den klassischen Kolonialismus und die gegen ihn gerichteten Befreiungskriege zugeschnitten wurde.[95] Die Anwendung der Vorschrift auf kurdische Aktionen wird daher zur Zeit nicht ernsthaft diskutiert.[96]

Als Ergebnis des kurzen völkerrechtlichen Exkurses läßt sich festhalten, daß ein wirksamer völkerrechtlicher Gruppenschutz gegenwärtig für keine der hier untersuchten Gruppierungen existiert.

3. Spezifischer Minderheitenschutz in der EMRK

Demzufolge verbleibt als wirkungsvoller völkerrechtlicher Schutz für Kurden und Nordiren allein das individualisierte System, das der Europarat mit der Schaffung der EMRK installiert hat.[97]

Der Antrieb, ein Menschenrechtsübereinkommen auf europäischer Ebene zu schaffen, entsprang aus der entsetzten Reaktion der unmittelbaren Nachkriegszeit auf die Schrecknisse und Grausamkeiten des Zweiten Weltkriegs, in dem wie in keinem Krieg zuvor fundamentale Menschenrechtsverletzungen und Bedrohungen politischer Freiheit an der Tagesordnung waren. Nicht zuletzt aufgrund dieser bitteren Erfahrung und dem prägenden Einfluß der 1948 von der Generalver-

95 Ipsen/Heintze, § 27, Rdn. 17; Incesu, Humanitäres Völkerrecht – Informationsschriften 4/1994, S. 174, 178.

96 Ausführlich Stuby, Zur Bedeutung des Völkerrechts für das kurdische Volk: Menschenrechte zwischen Recht auf Selbstbestimmung und Minderheitenschutz, S. 55f.; Incesu, Humanitäres Völkerrecht – Informationsschriften 4/1994, S. 174, 178f. Art. 1 Abs. 1 ZP II, der sicherlich auf den Kurdenkonflikt anwendbar ist, stellt allein den Schutz der Zivilbevölkerung in den Vordergrund, ohne Aussagen über die Anerkennung der Konfliktparteien zu treffen. Interessant auch die Formulierung des BVerwG (DVBl 1999, 1209, 1211) in einem Asylfall eines PKK-Funktionärs: „Die terroristische Betätigung der PKK steht ... außer Zweifel, ungeachtet der im vorliegenden Verfahren unerheblichen völkerrechtlichen Bewertung des bewaffneten separatistischen Kampfes der Kurden in der Türkei um die Errichtung eines unabhängigen Kurdenstaates unter Berufung auf ein ethnisches Selbstbestimmungsrecht".

97 Keine Beachtung sollen hier die diversen Entschließungen finden, in denen sich der Europarat mit der Lage in der Türkei befaßt hat (s. dazu Partsch, Die kurdische Frage im Kontext des Völkerrechts, S. 54). Am 1. Februar 1993 hat die parlamentarische Versammlung des Europarates den Entwurf eines Zusatzabkommens zur EMRK angenommen, welches sich mit nationalen Minderheiten befaßt (abgedruckt in EuGRZ 1993, 151ff.; vgl. hierzu Incesu, Humanitäres Völkerrecht – Informationsschriften 4/1994, S. 174, 184); eine Ratifizierung ist jedoch noch nicht in Sicht. Außer Betracht bleibt schließlich auch das Europäische Übereinkommen zur Verhütung von Folter und unmenschlicher oder erniedrigender Behandlung oder Strafe vom 26. November 1987.

sammlung der Vereinten Nationen angenommenen Allgemeinen Erklärung der Menschenrechte blieb die Entstehungsgeschichte der EMRK kurz: Schon gut ein Jahr, nachdem die Beratende Versammlung des Europarates einen ersten Entwurf angenommen hatte, wurde, nach Bericht und weiterem Entwurf einer Expertengruppe, die EMRK am 4. November 1950 in Rom unterzeichnet. Einige Artikel der Konvention spiegeln den historischen Kontext der Entstehung in besonderem Maße wider: Dem Folterverbot des Art. 3, Artikel 4, dem Verbot der Zwangsarbeit und Artikel 9, der Glaubensfreiheit, ist am deutlichsten die Reaktion auf Völkermord, Antisemitismus und Versklavung zu entnehmen.

Das neue, geradezu revolutionäre an der EMRK als einem völkerrechtlichen Vertrag indes war, daß durch sie nicht allein objektive Verpflichtungen der Mitgliedstaaten zum Schutz der Menschenrechte und Grundfreiheiten geschaffen wurden, sondern diese Verpflichtungen mittels der in der Konvention vorgesehenen Verfahren auch praktisch durchgesetzt werden konnten, so daß die Normen der EMRK eben nicht lediglich auf eine proklamatorische, appellative Funktion beschränkt waren. Obwohl gerade die historische Erfahrung des Zweiten Weltkrieges die Notwendigkeit des Kollektivschutzes von Volksgruppen und Minderheiten verdeutlichte, ist das Konzept der EMRK jedoch in seinem Kern individualistisch geprägt.

Denn im Unterschied zu Art. 27 IPbürgR enthält die EMRK keine materielle Minderheitenschutznorm. Im Wortlaut der Konvention wird nur an einer Stelle, in der Vorschrift des Art. 14, spezifisch der Minderheitenschutz erwähnt. Demzufolge darf keine Benachteiligung beim Genuß der Konventionsrechte in der Religion oder der Zugehörigkeit zu einer nationalen Minderheit begründet sein. Der Minderheitenschutz wird damit durch eine Verbindung einer einzelnen Freiheitsgewährleistung mit dem allgemeinen Diskriminierungsverbot des Art. 14 gewährleistet. Gerade der Diskriminierungsgrund der "Zugehörigkeit zu einer nationalen Minderheit" hebt den Wortlaut des Art. 14 vom ansonsten sehr ähnlichen Art. 2 Abs. 1 der Allgemeinen Erklärung der Menschenrechte ab, der Minderheiten nicht expliziert erwähnt[98]. Zu beachten ist jedoch, daß Art. 14 keine allgemeine Garantie gegen Diskriminierungen enthält, sondern vielmehr nur vor Diskriminierungen in bezug auf in der Konvention niedergelegte Rechte schützt. Mit dieser verfahrensrechtlichen Ausgestaltung ähnelt Art. 14 dem Beschwerderecht des Art. 13, der seinerseits eine wirksame Beschwerde bei einer nationalen Instanz nur bei Verletzung eines in der EMRK festgelegten Rechts vorsieht. Art.

---

98 „Jeder Mensch hat Anspruch auf die in dieser Erklärung verkündeten Rechte und Freiheiten, ohne irgendeine Unterscheidung, wie etwa nach Rasse, Farbe, Geschlecht, Sprache, Religion, politischer oder sonstiger Überzeugung, nationaler oder sozialer Herkunft, nach Eigentum, Geburt oder sonstigen Umständen."

14 ist demnach nur in Ergänzung zu den materiellen Gewährleistungen anzuwenden, wenn nämlich die diskriminierende Handlung gleichzeitig eine Verletzung der Rechte und Freiheiten darstellt.[99] Mit anderen Worten: Art. 14 ist auszulegen, als ob er ein wesentlicher Bestandteil eines jeden Artikels wäre, der ein Recht oder eine Freiheit schützt. Rein vom textlichen Befund ist der EMRK somit kein spezifischer Minderheitenschutz zu entnehmen[100], wie auch die KOM – hier explizit für sprachliche Minderheiten – feststellte:

> „...the Convention does not provide for any rights of a linguistic minority as such, and the protection of individual members of such minority is limited to the right not to be discriminated in the enjoyment of the Convention rights on the ground of their belonging to the minority."[101]

Die Rechtsprechung des GH erweiterte die Relevanz des Art. 14 im *Belgischen Sprachenfall* jedoch dahingehend, daß eine Anwendung des Art. 14 in Verbindung mit materiellen Konventionsrechten (hier: Art. 8 und Art. 2 ZP I) möglich sei, auch wenn letztere gar nicht direkt verletzt seien.[102] Damit vervollständigt Art. 14 die anderen normativen Konventionsbestimmungen und erhält einen quasi-selbständigen Anwendungsbereich.[103]

Im Terrorismus-Fall *Irland./.UK*[104] prüfte der GH, ob die nahezu ausschließlich gegen den katholisch-republikanischen Terrorismus, nicht aber gegen die protestantisch-loyalistische Seite, gerichtete Anwendung besonderer gesetzlicher Vollmachten (hier: zeitweilige Internierung) einen Verstoß gegen Art. 14 in Verbindung mit Art. 5 darstelle. Für die Feststellung einer Diskriminierung reichten dem GH die vorgelegten Fakten hingegen nicht; unter Berücksichtigung der Unsicherheit der Behörden, wie mit der Anfang der 70er Jahre eskalierenden Situation umzugehen sei, hielt der GH das Ziel der britischen Regierung, *„...an erster Stelle die schlimmste Organisation* (also die IRA, M.K.) *auszuschalten...*"[105], für legitim.

---

99 Robertson/Merrills, S. 178; Bils, Internationale Schutzmechanismen zur Durchsetzung von Minderheiten- und Volksgruppenrechten, S. 112.

100 Vgl. Hillgruber/Jestaedt, S. 11.

101 *X./.Österreich*, (1979) E 8142/78, DR 18, 88, 92.

102 (1968) GH 6 = EuGRZ 1975, 298; seitdem st. Rspr., vgl. Frowein/Peukert, Art. 14, Rdn. 10ff.

103 Vgl. auch *van der Mussele./.Belgien*, (1983) GH 70, 22 = EuGRZ 1985, 477, 485; Hillgruber/Jestaedt, S. 35.

104 (1978) GH 25 = EuGRZ 1979, 149; s.u. Punkt § 4 I 2.

105 Ebd., Ziff. 230 = EuGRZ 1979, 149, 158 (nichtamtliche Übersetzung).

§ 3: Präventive Maßnahmen der Terrorismusbekämpfung und die EMRK: Die grundlegenden Entscheidungen

Anknüpfungspunkt für die nunmehr zu untersuchende Spruchpraxis von GH und KOM über Maßnahmen des Vereinigten Königreiches und der Türkei gegen den nationalistischen Terrorismus soll das jeweilige (Verfahrens-) Stadium sein, an dem die staatlichen Gegenmaßnahmen ansetzen und Wirkung entfalten. Dabei wird die Entwicklung der Rechtsprechung chronologisch anhand der Darstellung und Analyse der maßgeblichen Entscheidungen verfolgt.

Die mit der Terrorismusbekämpfung befaßten Sicherheitskräfte können demzufolge zunächst präventiv tätig werden, indem sie die Begehung terroristischer Akte zu verhindern suchen. In diesem Zusammenhang werden zuvorderst diejenigen staatlicherseits durchgeführten antiterroristischen Maßnahmen als präventiv bezeichnet, bei denen im Vorfeld oder während der Begehung einer Straftat die Sicherheitskräfte Terroristen oder des Terrorismus Verdächtigte tödlich verletzten (Erste Fallgruppe: die Fälle *Stewart, Farrell, Kelly, McCann und andere, Kaya*). Auch bei den Fällen, bei denen die Pflicht des Staates zum aktiven Schutz seiner Bürger vor terroristischen Taten erörtert wurde (Zweite Fallgruppe: die Fälle *X* und *W* sowie neuere Entwicklungen), geht es um präventive Maßnahmen zur Verhütung von Straftaten mit terroristischem Hintergrund.

Ferner dienten auch die Maßnahmen, mit denen türkische Sicherheitskräfte gegen kurdische Dörfer vorgingen (Dritte Fallgruppe: die Fälle *Akdivar und andere* sowie *Selçuk und Asker*), zumindest auch der Verhinderung zukünftiger geplanter (oder – nach Auffassung der Sicherheitsbehörden- angeblich geplanter) terroristischer Akte und können somit als präventiv bezeichnet werden.

Gleiches gilt für die mittelbare Bekämpfung des Terrorismus mit Hilfe von Sende- oder Demonstrationsverboten (Vierte Fallgruppe: Die Fälle *McLaughlin* und *Rai, Allmond and "Negotiate Now"*).

I. Erste Fallgruppe: Das Recht auf Leben nach Art. 2 und die Tötung (mutmaßlicher) Terroristen

1. Der Schutzbereich des Art. 2

Art. 2 schützt das Recht auf Leben als das fundamentalste Menschenrecht. Der GH hat das Recht auf Leben, zusammen mit dem Folterverbot des Art. 3, als eines der Grundwerte demokratischer Gesellschaften bezeichnet.[106] Seine Bedeutung ist zunächst aus der systematischen Stellung der Vorschrift innerhalb des Menschenrechtskatalogs zu ersehen: Der Schutz des Lebens steht am Anfang des Kataloges materieller Konventionsrechte, gleich nach der in Art. 1 erfolgten Bestimmung des sachlichen, örtlichen und personellen Geltungsbereichs. Zum anderen ist gemäß Art. 15 Abs. 2 – außer im Rahmen von Kriegshandlungen- keine Derogation von Art. 2 möglich. Die im Rahmen von Kriegshandlungen durch Derogation von Art. 2 gerechtfertigten Tötungen müssen sich jedoch – nach Frowein[107]- gegen fremde Kombattanten im Sinne des völkerrechtlichen Rechts des bewaffneten Konfliktes richten.[108] Rechtmäßige Kriegshandlungen können somit nicht gegen die eigene Bevölkerung vorgenommen werden. Die aus der EMRK erwachsenden Verpflichtungen der Mitgliedstaaten ihrer Bevölkerung gegenüber bleiben daher auch in Zeiten eines Krieges oder anderen öffentlichen Notstands bestehen.

Art. 2 zeigt – für ein Abwehrrecht- einen ungewöhnlichen Aufbau: Während Art. 2 Abs. 1 S. 1 die Verpflichtung zum Lebensschutz durch Gesetz enthält, erlaubt Satz 2 die Todesstrafe als Ausnahme vom Verbot absichtlicher Tötung. Schließlich sind in Abs. 2 drei Ausnahmetatbestände aufgezählt, in denen die Tötung eines Menschen nicht als Verletzung des Art. 2 angesehen wird, nämlich Notwehr, Festnahme und Verhinderung einer Flucht sowie Aufruhr oder Aufstand. Eine zu enge Interpretation des ersten Satzes "Das Recht eines jeden Menschen auf das Leben wird gesetzlich geschützt" würde lediglich dem Staat auferlegen, kein Leben zu nehmen. Darüber hinaus ist heute unbestritten, daß Art. 2 dem Staat auch eine Pflicht zum angemessenen aktiven Lebensschutz auferlegt.[109]

2. *Stewart./.UK*[110]

a) Sachverhalt

Die Beschwerdeführerin war die Mutter eines 13-jährigen Jugendlichen, der 1976 durch ein von einem britischen Soldaten abgefeuertes Plastikgeschoß getötet worden war. Gummi- und später Plastikgeschosse werden seit 1970 von den Sicherheitskräften in Nordirland verwendet. Versuche haben ergeben, daß sie

---

106 *McCann und andere./.UK*, (1995) GH 324, Ziff. 147.
107 Frowein/Peukert, Art. 15, Rdn. 12.
108 Zum Kombattantenstatus s. Ipsen/Ipsen, Völkerrecht, § 68, Rdn. 34ff.
109 S. Robertson/Merrills, S. 33.
110 (1984) E 10044/82, DR 39, 162.

schwere Verletzungen, bis hin zum Tod, hervorrufen können, insbesondere wenn sie aus kurzer Entfernung abgefeuert werden. Für den Gebrauch von Plastikgeschossen bestehen Richtlinien der Sicherheitsbehörden. Vor Brian Stewarts Tod war bereits ein anderes Kind ums Leben gekommen, und zwischen 1976 und 1982 wurden weitere neun Menschen, darunter vier Kinder, durch Plastikgeschosse getötet. Dies resultierte im Mai 1982 in einer mehrheitlichen Verurteilung dieser Methode durch das Europäische Parlament.

Die Beschwerdeführerin war zunächst gerichtlich gegen das britische Verteidigungsministerium vorgegangen, aber sowohl erstinstanzlich als auch in der Berufung erfolglos geblieben. Dabei hatte der Berufungsrichter konstatiert, daß der Vorfall im Verlauf von Unruhen passiert war, an denen der getötete Junge teilgenommen hatte; das Feuern von Plastikgeschossen war seiner Auffassung nach ein angemessenes Mittel ("reasonable") gemäß Section 3 (1) des Criminal Law Act (Northern Ireland) 1967 zur präventiven Verhinderung von Straftaten. Der innerstaatliche Rechtsweg war damit erschöpft.

Die Beschwerdeführerin brachte bei der KOM vor, daß der Tod ihres Sohnes das Resultat einer Gewaltanwendung sei, die gegen Artikel 2 verstieße.

b) Entscheidung der KOM

Zunächst betonte die KOM die Bedeutung von Artikel 2 im Kontext der übrigen Konvention. Wie oben festgestellt, ist selbst in Fällen öffentlichen Notstands keine Derogation von Artikel 2 möglich.

Eine zentrale Frage in *Stewart./.UK* war, ob der durch Artikel 2 gewährte Schutz nur für Fälle absichtlicher, vorsätzlicher ("intentional") oder aber auch fahrlässiger, unbeabsichtigter ("unintentional") Tötung Anwendung findet, eine Frage, die im Konventionstext nicht beantwortet wird:

> "In paragraph 2 no express mention is made of whether the provision covers only intentional or unintentional or both types of deprivation of life. This question has been raised, in the present case, by the respondent Government who submit that Art. 2 extends only to intentional acts and has no application to negligent or accidental acts."[111]

In einem früheren Fall, *X./.UK*[112], hatte die KOM eine weite Auslegung getroffen, indem sie entschied, daß Artikel 2 dem Staat nicht nur auferlegt, kein Menschenleben vorsätzlich zu verletzen, sondern auch, es aktiv zu schützen. Im genannten Fall ging es um ein staatliches Impfprogramm, bei dem einige Todesfälle unter Kindern in Folge von Impfschäden zu beklagen waren. Dort konnte

111 Ebd., Ziff. 13.
112 (1979) E 7154/75, DR 14, 31; s. auch Warbrick, ICLQ 1983, 82, 102.

jedoch nach Ansicht der KOM von einer absichtlichen Tötung seitens des Staates nicht die Rede sein.

Die Einbeziehung der aktiven Pflicht des Staates zum Schutz des Lebens wurde von der KOM in *Stewart./.UK* aus dem Wortlaut des Art. 2 abgeleitet, insbesondere aus den in Absatz 2 enumerierten Ausnahmen. Diese Ausnahmen indizieren eine weitergehende Interpretation, die sich nicht auf Fälle der absichtlichen Tötung seitens des Staates beschränkt:

„... the text of Art. 2, read as a whole, indicates that paragraph 2 does not primarily define situations where it is permitted intentionally to kill an individual, but defines the situation where it is permissible to 'use force' which may result, as the unintended outcome of the use of force, in the deprivation of life. The use of the force – which has resulted in a deprivation of life- must be shown to have been 'absolutely necessary' for one of the purposes in subparagraphs (a), (b) or (c) and, therefore, justified in spite of the risks it entailed for human lives."[113]

Der in Art. 2 Abs. 2 formulierte Begriff "absolutely necessary" ("absolument nécessaire" in der französischen, "unbedingt erforderlich" in der deutschen Fassung) ist mit der "Necessity" vergleichbar, die für einen Eingriff in die Artikel 8 bis 11 vorausgesetzt wird. Der Begriff "Necessity" findet seine erste Interpretation in den Fällen, die die Meinungsfreiheit, Art. 10, betreffen. Im Fall *Handyside./.UK* stellte der GH fest, daß der Eingriff, um den Anforderungen des Art. 10 Abs. 2 zu genügen, einem dringenden sozialen Bedürfnis ("pressing social need") entspringen müßte und eine Bewertung der Verhältnismäßigkeit zwischen Eingriff und damit verfolgtem Ziel erforderte[114], eine Interpretation, die in *The Sunday Times./.UK*[115] wiederholt wird. Dieser Auslegung folgte die KOM auch in *Stewart./.UK*:

„...Art. 2 (2) permits the use of force for the purposes enumerated in subparagraphs (a), (b) and (c) subject to the requirement that the force used is strictly proportionate to the achievement of the permitted purpose. In assessing whether the use of force is strictly proportionate, regard must be had to the nature of the aim pursued, the dangers to life and limb inherent in the situation and the degree of risk that the force employed might result in loss of life. The Commission's examination must have due regard to all the relevant circumstances surrounding the deprivation of life."[116]

---

113 *Stewart./.UK*, (1984) E 10044/82, DR 39, 162, Ziff. 15.

114 (1976) GH 24, Ziff. 48 = EuGRZ 1977, 38.

115 (1979) GH 30 = EuGRZ 1979, 386.

116 *Stewart./.UK*, (1984) E 10044/82, DR 39, 162, Ziff. 19.

Die hier in Frage kommende Ausnahme vom Schutz des Lebens ist die Tötung als Folge einer unbedingt erforderlichen Gewaltanwendung zur Unterdrükkung eines Aufruhrs oder Aufstandes, Art. 2 Abs. 2 c.

Während Frowein "Aufruhr" ("riot") als Situation ansieht, bei der von einer Menschenmenge Gewalttaten in größerem Umfang begangen werden oder drohen[117], sah die KOM in *Stewart* keine Veranlassung, den Begriff der Aufruhr näher oder gar abschließend zu definieren, da im konkreten jedenfalls von einem Aufruhr auszugehen war:

„In the present case, the Commission considers that an assembly of 150 persons throwing missiles at a patrol of soldiers to the point that they risked serious injury must be considered, by any standard, to constitute a riot."[118]

Auch die von Art. 2 Abs. 2 c für die Bekämpfung von Aufruhr vorausgesetzte gesetzliche Grundlage wurde von der KOM als unproblematisch angesehen, da die Handlung der Soldaten, wie schon die nordirischen Gerichte festgestellt hatten, nach nordirischem Recht (Section 2 des Criminal Law Act (Northern Ireland) 1967) rechtmäßig war.

Schließlich prüfte die KOM die Verhältnismäßigkeit des Gebrauchs der Plastikgeschosse unter Berücksichtigung der damaligen Situation, mit der die Soldaten konfrontiert waren, der Art der Gewaltanwendung und des Risikos einer tödlichen Folge. Auch wurde das Fortdauern schwerer öffentlicher Ausschreitungen in Nordirland mit in die Überlegungen einbezogen. Vor diesem Hintergrund gelangte die KOM zu folgendem Ergebnis:

„...the use of the plastic baton round in Northern Ireland has given rise to much controversy and that it is a dangerous weapon which can occasion serious injuries and death, particularly if it strikes the head. However, information provided by the parties concerning casualties, compared with the number of baton rounds discharged, shows that the weapon is less dangerous than alleged...

...It recalls that the group of soldiers were confronted with a hostile and violent crowd of 150 persons who were attacking them with stones and other missiles, and, further, that the soldier's aim was disturbed at the moment of discharge when he was struck by several missiles.

...The Commission is of the opinion, taking due account of all the surrounding circumstances, referred to above, that the death of Brian Stewart resulted from the use of force which was no more than 'absolutely necessary' 'in action lawfully taken for the purpose of quelling a riot...' within the meaning of Art. 2 (2)(c)."[119]

Die Beschwerde wurde daher als unbegründet abgelehnt.

---

117 Frowein/Peukert, Art. 2, Rdn. 15.

118 *Stewart./.UK,* (1984) E 10044/82, DR 39, 162, Ziff. 25.

119 Ebd., Ziff. 28-30.

c) *Kommentar*

Die KOM vermied in ihrer Entscheidung Überlegungen und Anmerkungen zu der Frage, ob die Verwendung von Plastikgeschossen generell ein zulässiges Mittel bei der Niederschlagung von Aufruhr ist. Sie schätzte Plastikgeschosse jedenfalls als weniger gefährlich ein, als die Beschwerdeführerin vortrug. Vielmehr untersuchte sie anhand der spezifischen Umstände des Einzelfalles, ob das Maß an Gewalt, das die Sicherheitskräfte anwendeten, noch in Übereinstimmung mit Artikel 2 zu sehen war. Dies bejahte die KOM zwar in *Stewart* eindeutig, wich aber in ihrer Vorgehensweise deutlich von ihrer früheren Rechtsprechung in *X./.Belgien*[120] ab. In diesem Fall war im Gefolge eines Streiks bei Unruhen ein Arbeiter durch einen Schuß getötet worden, der, wie die Witwe des Arbeiters als Beschwerdeführerin vorbrachte, von einem Polizisten abgefeuert worden sei. Während die belgischen Gerichte es noch als wahrscheinlich, wenn auch nicht sicher, angesehen hatten, daß ein bestimmter Polizist in Notwehr gehandelt habe, stellte die KOM lapidar fest, daß jedenfalls kein Grund für die Annahme einer absichtlichen Tötung bestehe. Somit kam sie gar nicht erst zur Prüfung der in Art. 2 Abs. 2 niedergelegten Ausnahmetatbestände und hatte demgemäß nicht zu untersuchen, ob die Gewaltanwendung "unbedingt erforderlich" im Sinne des Art. 2 Abs. 2 war. Ferner beschränkte die KOM in *X./.Belgien* den Schutzbereich des Art. 2 auf die absichtliche Herbeiführung des Todes, ohne die Schutzpflicht des Staates auch bei unbeabsichtigter Tötung anzuerkennen.[121] Gerade in den Fällen des Art. 2 Abs. 2 wird jedoch in der Mehrzahl der Fälle gerade von unbeabsichtigten Tötungen auszugehen sein. Dieser Tatsache trug die KOM schließlich in *Stewart* Rechnung und bezog auch unbeabsichtigte Tötungen in die Auslegung des Art. 2 Abs. 2 ein.[122]

Die KOM zeigte ferner in *Stewart* Verständnis für die spezifischen Umstände, denen sich die Sicherheitskräfte in Nordirland gegenübersahen. So wurde besonders hervorgehoben, daß die mit Aufruhr verbundene chaotische Lage oft von Terroristen genutzt werde, aus dem Hinterhalt die Sicherheitskräfte anzugreifen. Bereits 1975 war ein vergleichbarer Fall der KOM vorgetragen worden, in dem bei Unruhen in Belfast ein Mann von Soldaten erschossen worden war; die Beschwerde wurde jedoch seinerzeit wegen Nichterschöpfung des innerstaatlichen Rechtswegs abgewiesen.[123]

---

120 (1969) E 2758/66, Yb 12 (1969), 174.

121 S. auch Jacobs/White, Kap. 4, S. 45; Frowein/Peukert, Art. 2, Rdn. 5, 15; Robertson/Merrills, S. 35.

122 S. auch Clements, European Human Rights, S. 107; van Dijk/van Hoof, S. 223.

123 *X./.UK*, (1975) E 6861/75, DR 3, 147.

3. *Farrell./.UK*[124]

a) Sachverhalt

Farrell, dessen Witwe als Beschwerdeführerin auftrat, und zwei andere Männer waren 1971 vor einer Bank in Nordirland von einer auf dem Dach des gegenüberliegenden Hauses liegenden Armeepatrouille erschossen worden, als sie im Begriff standen, zwei Geldbriefträger zu berauben. Geheimdienstliche Informationen hatten zuvor die Sicherheitskräfte vermuten lassen, auf die Bank werde ein terroristischer Bombenanschlag verübt werden. Als Farrell und seine Mittäter auf die Aufforderung, stehen zu bleiben, mit Flucht reagierten, schossen die Soldaten im Glauben, die Fliehenden seien die vermuteten Terroristen.

Im nachfolgenden Zivilverfahren gegen das Verteidigungsministerium wurde vom High Court in Nordirland entschieden, daß die Gewaltanwendung durch die Soldaten unter den gegebenen Umständen als gerechtfertigt gemäß Section 3 Abs. 1 des Criminal Law Act (Northern Ireland) 1967 anzusehen war, um eine rechtmäßige Verhaftung zu ermöglichen und eine Straftat zu verhindern. Das Hauptargument für diese Entscheidung war, daß die Soldaten, die zum Zeitpunkt der Aktion über keine Funkverbindung zu ihrer übergeordneten Stelle verfügten, sich in einer Situation befanden, in der sie den Schußwaffengebrauch als einzige Möglichkeit sahen, Farrell und seine Mittäter von einer Flucht abzuhalten:

> "And in the ultimate result if there isn´t any other way open to a man it´s reasonable to do it in the circumstances. Shooting may be justified as a method of arrest."[125]

Während der daraufhin angerufene Court of Appeal in Nordirland in der nächsten Instanz zugunsten der Beschwerdeführerin eine Zurückverweisung anordnete, lehnte das House of Lords eine Neuverhandlung letztinstanzlich ab.

Die Beschwerdeführerin brachte vor der KOM vor, das Recht auf Leben sei im britischen Strafrecht mangelhaft geschützt und die Tötung ihres Mannes nicht gerechtfertigt nach Art. 2 Abs. 2.

b) Der Fall vor der KOM

Die KOM deutete an, daß die Beschwerde durchaus prüfenswert war und diverse Zweifel hinsichtlich des Rechtfertigungsgrundes der Tötung aufkommen ließ. Insbesondere die Frage der Erforderlichkeit der Gewaltanwendung zum Zwecke

---

124 (1982) E 9013/80, DR 30, 96.

125 Lord Justice Gibson, zitiert nach Jennings, Shoot to Kill: The Final Courts of Justice, S. 112.

einer ordnungsgemäßen Festnahme müsse aufgrund ihrer Komplexität einer genauen Untersuchung unterzogen werden. Sie erklärte die Beschwerde daher für zulässig.

Eine weitere Prüfung des Falles fand jedoch nicht statt, da die KOM 1984 eine gütliche Einigung zwischen den Parteien gemäß Art. 28 a.F. initiierte.[126] In einer Erklärung bezeichnete die britische Regierung den Tod Farrells als "unfortunate mistake" – ohne jedoch eine Verletzung der Konvention zuzugestehen- und erklärte sich zur Zahlung von £ 37.500 an die Witwe Farrells bereit.

c) Kommentar

Wenngleich die gütliche Einigung nach Art. 38/Art. 28 a.F. ein häufig angewendetes Mittel der Streitbeilegung darstellt[127], muß die KOM bei jeder Einigung darauf achten, daß die erreichte Regelung, wie dem Wortlaut des Art. 28 Abs. 1 b a.F. zu entnehmen ist, auf der "Grundlage der Achtung der Menschenrechte, wie sie in dieser Konvention niedergelegt sind", erfolgt. Bei der Annahme der gütlichen Einigung ließ sich die KOM offensichtlich vom Eingeständnis eines "unfortunate mistake" beeinflussen[128]; zudem war die Entschädigungssumme ungewöhnlich hoch.[129]

Eine spätere Entscheidung der KOM zur Frage der Erforderlichkeit der Gewaltanwendung bei der gescheiterten Festnahme von Bankräubern findet sich in *Wolfgram./.Bundesrepublik Deutschland*[130]. In diesem Fall kam es bei der Festnahme zu einem Schußwechsel, da einige der Täter – nicht jedoch der im Verlauf des Schußwechsels tödlich getroffene Sohn der Beschwerdeführer- der Aufforderung der Polizei, die Hände zu erheben, nicht nachkamen und eine Handgranate zündeten. Die KOM hielt die Gewaltanwendung sowohl aus Notwehr als auch zum Zwecke einer ordnungsgemäßen Festnahme für gerechtfertigt. Hauptkriterium in *Wolfgram* und entscheidender Unterschied zu *Farrell* waren jedoch die schwere Bewaffnung und Gewaltbereitschaft der Täter, wohingegen Farrell und seine Mittäter unbewaffnet waren. Insofern wäre eine Sachentscheidung der KOM in *Farrell* möglicherweise zugunsten der Beschwerdeführerin ergangen.

---

126 (1984) B 9013/80, DR 38, 44.

127 Bis zum 31.12.1995 kam es so zu 278 Vereinbarungen nach Art. 28 Abs. 1 b a.F.; s. Frowein/Peukert, Art. 28, Rdn. 5.

128 (1984) B 9013/80, DR 38, 44, Ziff. 13.

129 Harris/O'Boyle/Warbrick, S. 601, Fn. 13.

130 (1986) E 11257/84, DR 49, 213.

4. *Kelly./.UK*[131]

a) *Sachverhalt*

Paul Kelly, der 17-jährige Sohn des Beschwerdeführers John Kelly, war in Belfast von Soldaten bei dem Versuch erschossen worden, mit einem Auto eine Straßensperre der Armee zu durchbrechen, nachdem er auf Zurufe und Zeichen hin nicht angehalten hatte. Die Errichtung von Straßensperren ist eine Routinemaßnahme von Armee und Polizei zur Durchführung stichprobenartiger Personenkontrollen, bei denen speziell des Terrorismus Verdächtige herausgefiltert werden sollen. Paul Kelly und seine drei ebenfalls jugendlichen Mitfahrer waren in einem gestohlenen Auto unterwegs, das sie rein zum Zweck einer Spritztour (das sogenannte "joyriding") entwendet hatten.

Der Beschwerdeführer machte zivilrechtliche Ansprüche aus unerlaubter Handlung („tort“) gegen das britische Verteidigungsministerium geltend und brachte vor, daß der Tod seines Sohnes das Ergebnis übermäßiger, unangemessener Gewaltanwendung sei. Diese Klage scheiterte erstinstanzlich im High Court, da die Gewaltanwendung als rechtmäßiges und angemessenes Mittel zur Verhinderung einer Straftat gemäß Section 3 (1) Criminal Law Act (Northern Ireland) 1967 eingestuft wurde. Der erstinstanzliche Richter räumte ein, daß die Soldaten glauben konnten, die Insassen des flüchtigen Autos seien Terroristen, die sich einer Festnahme entziehen wollten. Die einzige Möglichkeit, das Fahrzeug zu stoppen, sei der Schuß auf den Fahrer mit dem Ziel, in zu verwunden oder zu töten, gewesen. Wäre das Auto entkommen, so die vom nordirischen Richter nachvollzogene Argumentation der Soldaten, hätten die Insassen später vermutlich terroristische Handlungen begangen:

> „...Ex hypothesi the driver at least out of those occupants was regarded by the soldiers as a person who was so intent on escaping capture that he was prepared to break through a checkpoint by knocking vehicles out of his path, reckless of injury to any persons who might be in the way. A person so determined to escape capture, and probably his associates, would be likely to be active and committed terrorists, who would very probably continue to commit terrorist crimes if allowed to go free... The harm to which the occupants of the car were exposed when the soldiers aimed at the driver was predictable and grave and the risk of its occurrence was high. But in my opinion the kind of harm to be averted (as the soldiers reasonably thought) by preventing their escape was even graver – the freedom conferred on active and dangerous terrorists to resume their activities of dealing in death and destruction...
>
> ...the act of the soldiers in firing...was the use of such force as was reasonable in the circumstances in the prevention of crime..."[132]

---

131 (1993) E 17579/90, DR 74, 139.

Die Berufung zum Court of Appeal in Nordirland scheiterte. Der Beschwerdeführer argumentierte danach vor der KOM, die Tötung seines Sohnes verstieße gegen das Recht auf Leben, da die Gewaltanwendung nicht als "unbedingt erforderlich" zur Erreichung eines in Art. 2 Abs. 2 genannten Zweckes angesehen werden könne. Insbesondere warf Kellys Vater den nationalen Gerichten vor, sie rechtfertigten eine rein präventive Gewaltanwendung, ohne daß bereits eine Straftat begangen worden sei und ohne daß begründeter Verdacht einer künftigen Straftat bestanden hätte. Die britische Regierung, die mit dem Antrag, die Beschwerde mangels Erschöpfung des innerstaatlichen Rechtswegs nicht zuzulassen, gescheitert war, trug dagegen vor, daß die Gewaltanwendung das Ziel verfolgte, eine rechtmäßige Festnahme zu ermöglichen, und zu diesem Ziel nicht außer Verhältnis stünde.

b) Entscheidung der KOM

Die KOM verwies zunächst auf den strengen Maßstab, der bei der Interpretation der eine Gewaltanwendung rechtfertigenden Gründe anzulegen sei. Der Wortlaut des Art. 2 Abs. 2 ("unbedingt erforderlich"/"absolutely necessary") indiziere, daß der Test der Erforderlichkeit strenger vorzunehmen sei als bei allen anderen Vorschriften der Konvention, wobei alle relevanten Umstände der einzelnen Gewaltanwendung in die Bewertung mit einzubeziehen seien.

Daraufhin kam die KOM zum Ergebnis, daß die Soldaten von der Schußwaffe mit dem Ziel Gebrauch gemacht hätten, eine "ordnungsgemäße Festnahme" im Sinne des Art. 2 Abs. 2 b durchzuführen ("in order to effect a lawful arrest"). Nachdem sich die KOM einmal auf diesen Rechtfertigungsgrund festgelegt hatte, wurde die vom nationalen Gericht vorgenommene Rechtfertigung nach nordirischem Recht, nämlich die oben erwähnte Gewaltanwendung zur Verhinderung einer Straftat, keiner weiteren Untersuchung unterworfen. Dieser Rechtfertigungsgrund findet sich nicht in Art. 2 Abs. 2.

Die Gewaltanwendung könne jedoch nach Art. 2 Abs. 2 b als zur Durchführung einer ordnungsgemäßen Festnahme unbedingt erforderlich angesehen werden, da

„...the shooting in this case was for the purpose of apprehending the occupants of the stolen car, who were reasonably believed to be terrorists, in order to prevent them carrying out terrorist activities. Accordingly, the action of the soldiers in this case was taken for the purpose of effecting a lawful arrest within the meaning of Article 2 (2)(b) of the

132 Zitiert in Farran, The UK before the European Court of Human Rights, S. 34f. Siehe auch Smith, NLJ 1994, 354; Harris/O'Boyle/Warbrick, S. 51; zur nordirischen Justiz allgemein Dickson, Northern Ireland's troubles and the judges.

Convention. It is unnecessary in view of this finding to examine the judge's application and interpretation of the concept 'prevention of crime', being a justification for the use of force under domestic law which does not appear in Article 2."[133]

Eine andere Möglichkeit, den Wagen zu stoppen, sah auch die KOM nicht. Im speziellen blieb aber zu prüfen, inwieweit die erforderliche Gewaltanwendung streng verhältnismäßig war, unter Berücksichtigung der Situation, in der sich die Soldaten befanden, des Grades an Gewalt und des Risikos, daß die Gewaltanwendung einen tödlichen Ausgang zur Folge haben könnte.

„In this regard, the applicant has submitted that the use of force was disproportionate and excessive, given the possibility that a car which goes through a checkpoint could be driven by joyriders or by drunken, inadvertent or frightened motorists. The Commission recalls, however, that the High Court judge expressly addressed this issue and found that the soldiers reasonably believed the occupants to be terrorists. This finding is supported by the suspicion already existing with regard to the car, which was known to have been stolen and had been seen in questionable circumstances in the vicinity of the house and car of a member of the security forces. It was reinforced by the determined and even desperate efforts made by the driver of the car to escape the checkpoint, which was not found to be indicative of joyriders or drunken motorists.

...The Commission notes that the High Court judge commented that there was a high probability that shots fired at the driver would kill him or inflict serious injury. The situation facing the soldiers, however, had developed with little or no warning and involved conduct by the driver putting them and others at considerable risk of injury."[134]

Nachdem die speziellen Umstände nach Auffassung der KOM also stark einen terroristischen Hintergrund vermuten ließen und Paul Kelly darüber hinaus ein hohes Maß an Mitschuld attestiert worden war, wurde schließlich die besonders angespannte Situation in Nordirland den Soldaten zugute gehalten, denn ihr Verhalten

„...must be assessed against the background of the events in Northern Ireland, which is facing a situation in which terrorist killings have become a feature of life. In this context the Commission recalls the judge's comments that, although the risk of harm to the occupants of the car was high, the kind of harm to be averted (as the soldiers reasonably thought) by preventing their escape was even greater, namely the freedom of terrorists to resume their dealing in death and destruction."[135]

---

133 *Kelly./.UK*, (1993) E 17579/90, DR 74, 139, 146.

134 Ebd., S. 147.

135 Ebd., S. 147.

Nach diesen Ausführungen kam die KOM zum Resultat, daß die Gewaltanwendung im vorliegenden Fall durch Art. 2 Abs. 2 b gerechtfertigt war. Die Beschwerde wurde somit als offensichtlich unbegründet angesehen.

c) Kommentar

Die Entscheidung hat vor allem im Vereinigten Königreich aus zwei Gründen Kritik hervorgerufen.

aa) Der Rechtfertigungsgrund

Insbesondere beim Problem des Rechtfertigungsgrundes wurde der KOM ein gravierender Fehler vorgeworfen: Während die Rechtfertigung nach nordirischem Recht den Zweck der Verhinderung von Straftaten erfordert, sah sich die KOM gezwungen, auf den Grund der ordnungsgemäßen Festnahme, Art. 2 Abs. 2 b, zurückzugreifen, da Art. 2 Abs. 2 die Verhinderung von Straftaten nicht als Rechtfertigungsgrund zuläßt. Nach dem Wortlaut ist Voraussetzung der Rechtfertigung, daß die Festnahme "ordnungsgemäß" ("lawful", in diesem Zusammenhang vielleicht besser mit "rechtmäßig" übersetzt) durchgeführt wird.

Problematisch ist nun, ob die Festnahme "ordnungsgemäß"/"lawful" nach nationalem, nordirischem Recht hätte durchgeführt werden müssen, oder ob diese Frage zusätzlich nach Konventionsrecht zu beurteilen ist.

(a) Geht man davon aus, daß die Frage der Rechtmäßigkeit der Festnahme allein nach nationalem Recht zu prüfen ist, hätte die KOM das geltende nordirische Recht falsch angewendet: Zwar kann gemäß Section 2 Criminal Law Act (Northern Ireland) 1967 jedermann eine andere Person festnehmen, die eine Straftat begangen hat oder sich gerade in der Ausführung einer solchen befindet, aber nur ein Polizist darf eine Person verhaften, bei der der begründete Verdacht besteht, daß sie im Begriff ist, eine Straftat zu begehen ("...about to commit an arrestable offence"). Als Rechtsgrundlage für die Soldaten käme danach nur noch Section 14 des Northern Ireland (Emergency Provisions) Act 1978[136] in Betracht. Sowohl Smith[137] als auch Harris/O'Boyle/Warbrick[138] kommen jedoch übereinstimmend zum Ergebnis, daß diese Vorschrift sich nicht auf noch nicht spezifizierte Straftaten in ungewisser Zukunft erstrecke. Gerade diese Situation im Fall *Kelly* war es aber, der sich die Soldaten gegenübersahen. Gab es somit in der ge-

136 „1. A member of Her Majesty's Forces on duty may arrest without warrant, and detain for not more than four hours, a person whom he suspects of committing, having committed or being about to commit any offence."

137 NLJ 1994, 354, 356.

138 S. 51f.

schilderten Lage nach nordirischem Recht keine Rechtsgrundlage für eine Verhaftung, konnte die Gewaltanwendung nicht durch diesen Rechtfertigungsgrund gerechtfertigt werden. Die KOM traf demzufolge ihre Entscheidung aufgrund der falschen Annahme, der von ihr bemühte Rechtfertigungsgrund der Verhaftung könne auch im nordirischen Recht angewendet werden, obwohl, wie gezeigt, schon der High Court einen anderen Weg der Rechtfertigung, nämlich Rechtfertigung aufgrund Verhinderung einer Straftat, gewählt hatte.

(b) Nimmt man an, daß das Merkmal "ordnungsgemäß"/"lawful" des Art. 2 Abs. 2 b nach Konventionsrecht zu interpretieren sei[139], ist die geplante Festnahme an Art. 5 zu messen, der die Freiheit der Person schützt. Nach Art. 5 Abs. 1 c kann jemand "*... zum Zwecke seiner Vorführung vor die zuständige Gerichtsbehörde...*" verhaftet werden, wenn "*... begründeter Anlaß zu der Annahme besteht, daß es notwendig ist, den Betreffenden an der Begehung einer strafbaren Handlung oder an der Flucht nach Begehung einer solchen zu hindern*". Schon am Zweck der Vorführung vor Gericht darf in *Kelly* gezweifelt werden, da die Soldaten in der konkreten Situation wohl kaum die Absicht hatten, Kelly unverzüglich (siehe Art. 5 Abs. 3) vor Gericht zu bringen. Zudem muß die Straftat, die durch die Verhaftung verhindert werden soll, unmittelbar bevorstehen und hinreichend bestimmt sein.[140] Es sollten jedoch mit der Verhaftung, die durch die Schüsse zu erreichen versucht wurde, unbestimmte terroristische Taten in der Zukunft verhindert werden, so daß auch nach Konventionsrecht die geplante Festnahme nicht "ordnungsgemäß"/"lawful" gewesen wäre.

(c) Somit muß der KOM hier eine Fehlentscheidung attestiert werden. Interessant ist zudem, daß der Court of Appeal in Nordirland in einem späteren, ähnlich gelagerten Fall in der Abwägung die Gewaltanwendung für nicht gerechtfertigt hielt.[141] Dies mag, trotz der im Ergebnis unbefriedigenden Entscheidung, auch auf den „Warnschuß" der *Kelly*-Entscheidung zurückzuführen sein.

bb) Die Berücksichtigung der speziellen Situation Nordirlands

Obwohl es Ziel der Straßburger Organe ist, einen einheitlichen Standard für den Schutz der Menschenrechte zu entwickeln, zeigt *Kelly* mehr noch als *Stewart*, wo jedoch einige Ansätze sichtbar sind, deutlich die Bereitschaft der KOM, außergewöhnliche Umstände in einem Mitgliedsland in die Prüfung einer eventuellen

---

139 Die zum Vergleich heranzuziehende Interpretation von "lawful" in Art. 5 deutet nicht darauf hin; vielmehr muß danach die Verhaftung sowohl mit nationalem als auch Konventionsrecht in Übereinstimmung stehen; s. Harris/O´Boyle/Warbrick, S. 119, sowie *Bozano./.Frankreich*, (1986) GH 111.

140 Frowein/Peukert, Art. 5, Rdn. 81.

141 *R. v. Clegg and Another* (1994, unveröffentlicht), zit. in Joseph, NQHR 1996, 5, 10.

Konventionsrechtsverletzung miteinzubeziehen. Gerade Terrorismus wird als eine große Gefahr für die Demokratie angesehen. Immerhin hielt es die KOM für vertretbar, daß Soldaten mit dem Ziel schießen, zu töten oder zumindest eine schwere Verletzung zuzufügen, wenn dies die einzige Möglichkeit ist, das Entkommen von Personen zu verhindern, die im begründeten Verdacht stehen, in Zukunft terroristische Taten gegen eine demokratische Gesellschaft zu begehen. Dieses Ergebnis ist nur schwerlich mit der in *Stewart* geäußerten Ansicht der KOM in Einklang zu bringen, daß Ausnahmetatbestände vom in Art. 2 niedergelegten Recht auf Leben äußerst eng zu interpretieren seien.[142]

Zudem darf bei allem Verständnis für die diffizile Situation in Nordirland nicht außer acht gelassen werden, daß von Art. 2 keine Derogation möglich ist, selbst nicht in Zeiten eines öffentlichen Notstands im Sinne des Art. 15, was wiederum die zentrale und fundamentale Bedeutung der Vorschrift hervorhebt. Aus den vorgenannten Gründen ist der Entscheidung der KOM in *Kelly* daher nicht zuzustimmen.[143]

5. McCann, Farrell und Savage./.UK[144] ("Gibraltar-Fall")

Der Fall *McCann und andere* kann mit Fug und Recht als "leading case" für den Sektor der Terrorismusbekämpfung bezeichnet werden, denn zum ersten Male erkannte der GH in seinem Urteil vom 27. September 1995 eine Verletzung von Art. 2 durch antiterroristische Maßnahmen. Die äußerst knappe Entscheidung des GH rief heftige Reaktionen in Regierung und Öffentlichkeit Großbritanniens hervor.[145]

a) Sachverhalt

Die Beschwerdeführer waren die Vertreter dreier aktiver Mitglieder der IRA, Daniel McCann, Mairead Farrell und Sean Savage, die am 6. März 1988 in Gibraltar von Angehörigen der britischen Eliteeinheit SAS (Special Air Services) erschossen worden waren. Die SAS, eine Einheit der Luftstreitkräfte mit Hauptsitz im englischen Hereford, wurde von 1969-1974 sporadisch und seit 1976 gezielt in Nordirland für die Terrorismusbekämpfung eingesetzt. Zum einen erscheint die besonders harte Ausbildung der SAS ihre Mitglieder für Einsätze in

---

142 *Stewart./.UK*, (1984) E 10044/82, DR 39, 162, Ziff. 13.

143 So im Ergebnis auch Harris, MJ 1994, 122, 137, Harris/O'Boyle/Warbrick, S. 53, Joseph, NQHR 1996, 5, 10.

144 (1995) GH 324.

145 S. hierzu Hentschel, Forum Recht 1996, 97, 99; Joseph, NQHR 1996, 5, 6.

Nordirland zu prädestinieren, zum anderen verfolgte die britische Regierung mit der Entsendung der Spezialtruppe das politische Ziel, allen am Terror beteiligten Gruppierungen ihre Entschlossenheit zu demonstrieren.[146]

Seit 1987 befürchteten britische Geheimdienste einen spektakulären Anschlag der IRA auf ein militärisches Ziel in Gibraltar. Aufgrund konkreterer Informationen wurde vermutet, daß der Wachwechsel des Royal Anglian Regiment am 8. März 1988 attackiert werden sollte. Behörden in Spanien und Gibraltar waren ebenfalls informiert. Die drei IRA-Mitglieder, allesamt wegen diverser terroristischer Akte vorbestraft, überschritten ungestört die Grenze von Spanien nach Gibraltar am 6. März 1988 und wurden seitdem von Sicherheitskräften, darunter Soldaten der SAS, in einer großangelegten Operation überwacht. Sean Savage wurde beobachtet, wie er ein Auto nahe des vermuteten Anschlagortes abstellte. Am späteren Nachmittag wurden die Drei gesichtet, wie sie andauernd in Richtung des Autos schauten. Da eine Bombe im Fahrzeug vermutet wurde, wurde entschieden, die drei Iren zu verhaften. Diese trennten sich und wurden verfolgt. Als sich die in Zivil gekleideten SAS-Soldaten McCann und Farrell näherten, machten diese unvorhergesehene plötzliche Bewegungen, worauf die Soldaten das Feuer eröffneten. Savage, der die Schüsse gehört hatte, starb kurze Zeit später unter ähnlichen Umständen. Die Untersuchung der Toten ergab, daß sie weder Waffen noch Fernzünder für eine Bombe bei sich trugen. Auch im Auto fand sich kein Sprengstoff. Kurz darauf entdeckte die spanische Polizei jedoch in Marbella ein Fahrzeug mit 64kg Semtex-Plastiksprengstoff, Sprengvorrichtungen und Munition, das von Farrell unter falschem Namen gemietet worden war.

Darauf folgte im September 1988 ein "Coroner's Inquest", also eine gerichtliche Examination seitens des örtlichen Beamten, der für die Untersuchung der Todesursache in Fällen unnatürlichen Todes zuständig ist. Die in diesen Fällen zwingend hinzuzuziehende Jury, die sich aus Bürgern Gibraltars zusammensetzte, erklärte die Tötungen für gerechtfertigt, wobei aufgrund der äußerst heiklen Implikationen des Falles für die britische Regierung Effektivität und Unparteilichkeit dieser Untersuchung schon früh von den Beschwerdeführern, aber auch von neutraler Seite, in Zweifel gezogen wurden.[147] Daher strengten die Beschwerdeführer, unzufrieden mit dem bisherigen Verlauf der juristischen Aufarbeitung der Ereignisse, vor dem High Court in Nordirland Verfahren gegen das britische Verteidigungsministerium an. Dieses Verfahren wurde prompt von der britischen Regierung unterbunden, indem sie – verkürzt gesagt- eine Befreiung der Krone (und damit des von ihr eingesetzten Ministers) von gegen sie begonnenen Verfahren dekretierte – eine dem englischen Verfassungsrecht innewoh-

---

146 Urban, Big Boys' Rules, S. 6f.

147 S. dazu Tweedie/Ward, JLS 1989, 464.

nende Besonderheit.[148] Der Versuch, gegen dieses Dekret verwaltungsgerichtlich (im Wege des "judicial review") vorzugehen, scheiterte ebenfalls, worauf gemäß Art. 25 a.F. Beschwerde zur KOM erhoben wurde.

b) Der Fall vor der KOM

aa) Der Bericht der KOM

1993 erklärte die KOM die Beschwerde für zulässig. In ihrem Bericht[149] wiederholte sie ihre schon früher geäußerte Auffassung, daß nur in wenigen, eng einzugrenzenden Fällen eine Tötung legitimiert werden kann, und daß die Gewaltanwendung, aus der die Tötung resultierte, "unbedingt erforderlich" zur Erreichung eines der im zweiten Absatz des Art. 2 niedergelegten Zwecke gewesen sein muß. Der Test der Erforderlichkeit darf sich dabei, wie das Adverb "unbedingt" indiziert, nicht auf eine reine Verhältnismäßigkeitsprüfung beschränken, sondern muß besonders strenge Maßstäbe anlegen.

Der Untersuchung, die der zuständige Beamte und die Jury in Gibraltar durchgeführt hatten, attestierte die KOM, daß sie den Fall bezüglich der Zusammentragung der Fakten detailliert und genau aufgearbeitet hätte. Auch prozedural hielt die KOM die Untersuchung für umfassend, unabhängig und im höchsten Maße öffentlich. Dagegen hatte die KOM zu bemängeln, daß die Jury sich in ihrer Entscheidung darauf zu beschränken hatte, das Problem der Rechtmäßigkeit der Tötung zu prüfen, ohne die Frage nach staatlicher Verantwortlichkeit vorgelegt bekommen zu haben, die nun die KOM beschäftigte.

Diese Verantwortlichkeit liegt im Wortlaut des Art. 2 begründet. Denn der erste Satz des Art. 2 erlegt, wie bereits ausgeführt, den Staaten eine Pflicht auf, nicht nur nicht absichtlich Leben zu nehmen, sondern auch Schritte zum Schutz des Lebens zu unternehmen. In dieser Hinsicht stimmte die KOM den Beschwerdeführern zu und stellte fest, daß diese positive Schutzpflicht

---

148 Die Krone wird verfassungsrechtlich mit der zentralen Exekutivgewalt assoziiert. Die wichtigen Kompetenzen sind ihr zugeordnet, wobei die Minister als "servants of the Crown" gelten. Die zivilrechtliche Verantwortlichkeit der Krone unterliegt, vor allem bei Verfahren, die sich auf Rechtsinstitute des ungeschriebenen Common Law stützen, immer noch der speziellen Regelung des Crown Proceedings Act 1947. Danach kann die Verantwortlichkeit der Krone durch Erlaß eines "certificate excluding proceedings against the Crown" eingeschränkt werden. Vgl. Turpin, British Government and the Constitution, S. 510ff. und Ingman, The English Legal Process, S. 418ff.

149 (1993) B 18984/91; abgedruckt als Annex (Ziff. 172ff.) zu GH 324.

„...requires that the domestic law of a State regulates, in a manner compatible with the rule of law, the permissible use of lethal force by its agents."[150]

Das hier anzuwendende Recht zur Regelung staatlicher Gewaltanwendung wurde in Art. 2 der Verfassung von Gibraltar gefunden, wobei die KOM in dieser Norm keine Anhaltspunkte für eine mangelhafte Regelung zum Schutz gegen willkürlichen Gebrauch tödlicher Gewalt seitens des Staates entdeckte. Zur Ausgestaltung solcher Regelungen stellte die KOM folgendes fest:

„...it is essential both for the relatives and for public confidence in the administration of justice and in the State's adherence to the principles of the rule of law that a killing by the State is subject to some form of open and objective oversight."[151]

Ob die Tötung der mutmaßlichen Bombenleger gerechtfertigt war, hing zunächst davon ab, inwieweit die Gewaltanwendung als "unbedingt erforderlich" im Sinne des Art. 2 Abs. 2 zu qualifizieren war. Zu dieser Frage führte die KOM aus:

„First, a policy of shooting to kill terrorist suspects in preference to the inconvenience of resorting to the procedures of criminal justice would be in flagrant violation of the rights guaranteed under the Convention. A terrorist who is suspected of having committed or of intending to commit an act of violence continues to enjoy the protection of the right to life guaranteed by Article 2 of the Convention and the right to a fair trial in the determination of any criminal charges brought against him or her as guaranteed under Article 6 of the Convention.

...Second, the Commission recognises that the United Kingdom owed a responsibility not only to the three terrorist suspects but was also under a positive obligation with respect to safeguarding the lives of the other people in Gibraltar. The existence of any risk and the extent of such risk to other persons must therefore be given particular significance when assessing the necessity for the use of lethal force in this case, and whether the action taken was strictly proportionate to that risk."[152]

Die von den Beschwerdeführern vorgebrachte Behauptung, die Tötungen seien von vornherein ausgemacht gewesen, wurde von der KOM zurückgewiesen. Vielmehr war die KOM von der Absicht der Soldaten überzeugt, die mutmaßlichen Terroristen, die sie im Verdacht hatten, eine Bombe zünden zu wollen, festzunehmen. Das Beweismaterial, das die britische Regierung als Beleg für den bevorstehenden Anschlag bei der Untersuchung in Gibraltar vorgelegt hatte, erschien der KOM dafür als ausreichend.

---

150 Ebd., Ziff. 187.
151 Ebd., Ziff. 192.
152 Ebd., Ziff. 206f.

Dennoch beunruhigte es die KOM, daß die Soldaten letztlich mit dem Ziel der Tötung schossen, als die drei Verdächtigen unvorhergesehene Bewegungen machten (und eine Verhaftung nicht mehr möglich schien). Obwohl aus der Perspektive der Soldaten vor Ort die tödlichen Schüsse als unbedingt erforderlich für das legitime Ziel des Schutzes anderer, unbeteiligter Personen, angesehen werden konnten, darf die Frage der hinter der Operation stehenden organisatorischen Verantwortlichkeit nicht außer acht gelassen werden:

„...the United Kingdom bears a wider responsibility for the way in which the operation was planned and executed. This case may be distinguished from the Kelly case...where the situation at the roadblock developed without any warning. In the present case, the authorities had been aware of the threat posed by the ASU (Active Support Unit, eine Einsatzeinheit der IRA, M.K.) and had been planning for months their response.

...In these circumstances, the use of lethal force would be rendered disproportionate if the authorities failed, whether deliberately or through lack of proper care, to take steps which would have avoided the deprivation of life of the suspects without putting the lives of others at risk."[153]

Somit wurde die Frage eines Organisationsverschuldens im Vorfeld der Operation aufgeworfen, die von den Beschwerdeführern bereits angesprochen worden war. Diese hatten die gesamte Operation als schlecht vorbereitet, falsche Annahmen voraussetzend und falsche Bewertungen vornehmend kritisiert. Dennoch reichte der KOM aus, daß die diversen Alternativgeschehen, die die Sicherheitskräfte im Vorfeld der Operation entwickelt und durchgespielt hatten, allesamt nicht außerhalb des Möglichen lagen und kam daher zum Ergebnis, daß die Gewaltanwendung unbedingt erforderlich war und somit keine Verletzung des Art. 2 gegeben war:

„Having regard therefore to the possibility that the suspects had brought in a car bomb on 6 March, which if detonated would have occasioned the loss of many lives and the possibility that the suspects could have been able to detonate it when confronted by the soldiers, the Commission finds that the planning and execution of the operation by the authorities does not disclose any deliberate sign or lack of proper care which might render the use of lethal force against McCann, Farrell and Savage disproportionate to the aim of defending other persons from unlawful violence. Consequently, the Commission is satisfied that the deprivation of life resulted from the use of force that was no more than 'absolutely necessary' for that purpose.“[154]

Im Mai 1994 rief die KOM daraufhin den GH an.

153 Ebd., Ziff. 234f.

154 Ebd., Ziff. 250f.

bb) Abweichende Meinungen

Die Entscheidung in der KOM, auf keine Verletzung des Art. 2 zu erkennen, wurde nur mit knapper Mehrheit gefällt. Eine Reihe abweichender Meinungen wurde geäußert. Die Kommissionsmitglieder Trechsel und Ermacora hielten den Schutz der Leben der Verdächtigen für nicht ausreichend berücksichtigt; insbesondere wurde ihrer Ansicht nach die Alternative, die Verdächtigen nur zu verletzen, nicht erörtert. Drei Kommissionsmitglieder[155] vertraten die Auffassung, daß in der Vorbereitung der Operation diverse Handlungsmöglichkeiten der mutmaßlichen Terroristen gar nicht in Erwägung gezogen worden seien: Wie hätte die Aktion der Soldaten ablaufen sollen, wenn die Verdächtigen gar nicht das Material für eine Bombe gehabt hätten, wenn sie die Bombe vor ihrem Tod gerade noch gezündet hätten oder wenn die Verdächtigen nur einen Erkundungsauftrag gehabt hätten?

Daher wurde zu bedenken gegeben, daß

„...the planning and execution of the operation disclosed a failure properly to balance the possible risks represented by the suspects on 6 March against their right to life. The three suspects could have been arrested without the use of lethal force and insufficient care was taken to ensure that that was the course adopted. The use of lethal force against the three suspects was disproportionate to the aim of defending other persons from unlawful violence. The deprivation of life was consequently not the result of the use of force which was no more than 'absolutely necessary' for that purpose."[156]

Ein interessanter Aspekt wurde schließlich vom Kommissionsmitglied Loucaides vorgebracht. Er nahm Bezug auf Art. 1, der den sachlichen, personellen und örtlichen Geltungsbereich der Konvention umgrenzt.[157] Die Tatsache, daß den Soldaten eine falsche Einschätzung der Situation unterlaufen sei, ändere nichts an der Verantwortung des Staates, das durch Art. 1 i.V.m. Art. 2 garantierte Recht auf Leben sicherzustellen.

c) Der Fall vor dem GH

aa) Entscheidung des GH

Der GH traf zu Beginn seiner Ausführungen grundsätzliche Feststellungen zur Auslegung der EMRK. Danach sollen die Schutz gewährenden Rechte und Frei-

155 Darunter das irische Kommissionsmitglied Mrs. Liddy.

156 Ebd., Dissenting Opinion of Mrs. Liddy, joined by Mr. Reffi and Mr. Nowicki, Ziff. 17.

157 Zu Art. 1 siehe Jacobs/White, S. 15-19; Robertson/Merrills, S. 25-31.

heiten in einer praktischen, lebensnahen und effektiven Weise interpretiert und angewendet werden. Daraufhin betonte der GH die spezielle, grundsätzliche Bedeutung des Rechts auf Leben. Nach aus früherer Rechtsprechung bekannten Bemerkungen zum Begriff "unbedingt erforderliche Gewaltanwendung", Art. 2 Abs. 2, deutete der GH erstmals die aus Art. 2 resultierende besonders scharfe und strenge Prüfungspflicht an, die nicht nur die Tötungshandlung selbst, sondern auch alle Umstände der Handlung unter Einbeziehung ihrer vorbereitenden Planung und ihrer Durchführung mit einbeziehen müsse:

„In this respect the use of the term 'absolutely necessary' in Article 2 § 2 indicates that a stricter and more compelling test of necessity must be employed from that normally applicable when determining whether State action is 'necessary in a democratic society' under paragraph 2 of Articles 8 to 11 of the Convention. In particular, the force used must be strictly proportionate to the achievement of the aims set out in subparagraphs 2(a), (b) and (c) of Article 2.

In keeping with the importance of this provision in a democratic society, the Court must, in making its assessment, subject deprivations of life to the most careful scrutiny, particularly where deliberate lethal force is used, taking into consideration not only the actions of the agents of the State who actually administer the force but also all the surrounding circumstances including such matters as the planning and control of the actions under examination."[158]

Als wichtigste streitige Frage sah der GH die Verhältnismäßigkeit der staatlichen Reaktion auf die von ihm wahrgenommene Bedrohung durch terroristische Angriffe der IRA an. Wie die KOM zuvor hielt auch der GH fest, daß das Verbot willkürlicher Tötung angemessener, exakter und effektiver juristischer Verfahren bedürfe, um den Gebrauch tödlicher Gewalt zu überprüfen. Die in Gibraltar durchgeführte Untersuchung des örtlichen Coroner genügte dabei den Anforderungen des GH. Aus <u>diesem</u> Grund war demnach keine Verletzung des Art. 2 herzuleiten.

Bevor der GH darauf die Vorfälle rund um die Erschießung einer näheren Prüfung unterzog, unterstrich er, daß Feststellung und Überprüfung der Tatsachen einer Beschwerde primär Aufgabe der KOM seien, wenngleich der GH nicht an die Feststellungen der KOM gebunden sei und selbstverständlich eine eigene Einschätzung der Tatsachen vornehmen könne. Im vorliegenden Fall wurden die Tatsachen, deren Feststellung durch die KOM der GH uneingeschränkt akzeptierte, zwar als unstrittig angesehen, nicht aber die juristischen Schlußfolgerungen, die daraus zu ziehen waren:

158 (1995) GH 324, Ziff. 149f.

„...the jury (im Untersuchungsverfahren auf Gibraltar, M.K.) had the benefit of listening to the witnesses at first hand, observing their demeanour and assessing the probative value of their testimony.

Nevertheless, it must be borne in mind that the jury's finding was limited to a decision of lawful killing and, as is normally the case, did not provide reasons for the conclusion that it reached. In addition, the focus of concern of the Inquest proceedings and the standard applied by the jury was whether the killings by the soldiers were reasonably justified in the circumstances as opposed to whether they were 'absolutely necessary' under Article 2 § 2...

Against this background, the Court must make its own assessment whether the facts as established by the Commission disclose a violation of Article 2 of the Convention."[159]

Die Behauptung der Beschwerdeführer, die Tötung der Verdächtigten sei von vornherein geplant gewesen, wies der GH als unsubstantiiert zurück:

Bezüglich der Planung und Durchführung der gesamten antiterroristischen Operation hatten die Beschwerdeführer vorgebracht, daß die Tötungen Folge von Unfähigkeit und Nachlässigkeit auf Seiten der Sicherheitskräfte seien und auf einer falschen Abwägung zwischen der staatlichen Reaktion auf die Bedrohung und dem Recht auf Leben der Verdächtigen beruhten. Die britische Regierung dagegen hielt die getroffenen Maßnahmen angesichts der geheimdienstlichen Erkenntnisse über einen geplanten Anschlag für unbedingt erforderlich, um die Bürger Gibraltars zu schützen. Bei der Bewertung dieser beiden Behauptungen stellte der GH fest, daß

„...the Court must bear in mind that the information that the United Kingdom authorities received that there would be a terrorist attack in Gibraltar presented them with a fundamental dilemma. On the one hand, they were required to have regard to their duty to protect the lives of the people in Gibraltar including their own military personnel and, on the other, to have minimum resort to the use of lethal force against those suspected of posing this threat in the light of the obligations flowing from both domestic and international law.

Several other factors must also be taken into consideration.

In the first place, the authorities were confronted by an active service unit of the IRA composed of persons who had been convicted of bombing offences and a known explosives expert. The IRA, judged by its actions in the past, had demonstrated a disregard for human life, including that of its own members.

Secondly, the authorities had had prior warning of the impending terrorist action and thus had ample opportunity to plan their reaction and, in coordination with the local Gibraltar authorities, to take measures to foil the attack and arrest the suspects. Inevitably, however, the security authorities could not have been in possession of the full facts and were obliged to formulate their policies on the basis of incomplete hypotheses."[160]

159 Ebd., Ziff. 170f.
160 Ebd., Ziff. 192f.

Vor dem Hintergrund dieses "Dilemmas", wie der GH es ausdrückte, oblag ihm nicht allein die Prüfung der Verhältnismäßigkeit der tödlichen Gewaltanwendung, sondern vor allem, welche Vorkehrungen bei Planung und Durchführung seitens der Sicherheitsbehörden getroffen worden waren, um das Risiko eines tödlichen Ausgangs der beabsichtigten Verhaftung zu minimieren.

Das Hauptaugenmerk wurde – hinweg von den tödlichen Schüssen der Soldaten- somit nun der Planung, Durchführung und Kontrolle der Operation zugewandt. Alle im Vorfeld bekannten Fakten waren den Soldaten und sonstigen beteiligten Einsatzkräften in einer Lagebesprechung am Tag vor dem Ereignis zugänglich gemacht worden. Zur Planung bemerkte der GH:

„...the use of force by agents of the State in pursuit of one of the aims delineated in paragraph 2 of Article 2 of the Convention may be justified under this provision where it is based on an honest belief which is perceived, for good reasons, to be valid at the time but which subsequently turns out to be mistaken. To hold otherwise would be to impose an unrealistic burden on the State and its law enforcement personnel in the execution of their duty, perhaps to the detriment of their lives and those of others.

It follows that, having regard to the dilemma confronting the authorities in the circumstances of the case, the actions of the soldiers do not, in themselves, give rise to a violation of this provision.

The question arises, however, whether the anti-terrorist operation as a whole was controlled and organised in a manner which respected the requirements of Article 2 and whether the information and instructions given to the soldiers which, in effect, rendered inevitable the use of lethal force, took adequately into consideration the right to life of the three suspects."[161]

Trotz nun erfolgter Andeutung einer – möglicherweise- falschen Unterrichtung der beteiligten Soldaten akzeptierte der GH, daß die Absicht bestand, die Verdächtigen zu einem günstigen Zeitpunkt festzunehmen. McCann, Farrell und Savage direkt beim Grenzübertritt von Spanien nach Gibraltar zu verhaften, so argumentierte die britische Regierung, hätte zur Folge haben können, daß man sie eventuell aufgrund unzureichender Beweislage wieder hätte freilassen müssen. Diese Argumentation konnte der GH indes nicht nachvollziehen:

„...the danger to the population of Gibraltar – which is at the heart of the Government's submissions in this case- in not preventing their entry must be considered to outweigh the possible consequences of having insufficient evidence to warrant their detention and trial. In its view, either the authorities knew that there was no bomb in the car – which the Court had already discounted ... – or there was a serious miscalculation by those responsible for controlling the operation. As a result, the scene was set in which the fatal shooting, given the intelligence assessments which had been made, was a foreseeable possibility if not a likelihood.

---

161 Ebd., Ziff. 200f.

The decision not to stop the three terrorists from entering Gibraltar is thus a relevant factor to take into account under this head."[162]

Trotz relativ sicherer Hinweise darauf, daß der terroristische Anschlag mittels einer Autobombe erfolgen sollte, stellten sich etliche Einschätzungen und Bewertungen der Sicherheitsbehörden als völlig falsch heraus, wenngleich die Operation sich hypothetisch durchaus im Sinne dieser Vorstellungen hätte ereignen können. So traf der GH die Feststellung, daß

„...insufficient allowances appear to have been made for other assumptions. For example, since the bombing was not expected until 8 March when the changing of the guard ceremony was to take place, there was equally the possibility that the three terrorists were on a reconnaissance mission. While this was a factor which was briefly considered, it does not appear to have been regarded as a serious possibility...

In addition, at the briefings or after the suspects had been spotted, it might have been thought unlikely that they would have been prepared to explode the bomb, thereby killing many civilians, as Mr McCann and Ms Farrell strolled towards the border area since this would have increased the risk of detection and capture...It might also have been thought improbable that at that point they would have set up the transmitter in anticipation to enable them to detonate the supposed bomb immediately if confronted...

Moreover, even if allowances are made for the technological skills of the IRA, the description of the detonation device as a 'button job' without the qualifications subsequently described by the experts at the Inquest, of which the competent authorities must have been aware, over-simplifies the true nature of these devices."[163]

Das Problem mit der Vielzahl an Hypothesen war jedoch, daß sie den Soldaten als sichere Fakten vermittelt wurden. Vorkehrungen für abweichende Eventualverläufe der Operation wurden erst gar nicht getroffen. Angesichts der Ausbildung der Spezialeinheit, deren Training auf den finalen Todesschuß, nicht auf Warnschüsse, gerichtet ist wurde die Anwendung tödlicher Gewalt somit nahezu unvermeidlich.

„Against this background, the authorities were bound by their obligation to respect the right to life of the suspects to exercise the greatest of care in evaluating the information at their disposal before transmitting it to soldiers whose use of firearms automatically involved shooting to kill. "[164]

Obwohl Planung und Durchführung der Operation im Mittelpunkt der konventionsrechtlichen Würdigung standen, kam der GH schließlich nicht umhin, die

---

162 Ebd., Ziff. 205.
163 Ebd., Ziff. 208.
164 Ebd., Ziff. 211.

Handlung der Soldaten scharf zu kritisieren, wenngleich er auch in den Schüssen selbst letztlich ein Versagen in der organisatorischen Vorbereitung erkennt:

„Their reflex action in this vital respect lacks the degree of caution in the use of firearms to be expected from law enforcement personnel in a democratic society, even when dealing with dangerous terrorist suspects, and stands in marked contrast to the standard of care reflected in the instructions in the use of firearms by the police which had been drawn to their attention and which emphasised the legal responsibilities of the individual officer in the light of conditions at the moment of engagement.

This failure by the authorities also suggests a lack of appropriate care in the control and organisation of the arrest operation."[165]

Somit kam der GH abschließend zu folgendem Ergebnis:

„...having regard to the decision not to prevent the suspects from travelling into Gibraltar, to the failure of the authorities to make sufficient allowances for the possibility that their intelligence assessments might, in some respects at least, be erroneous and to the automatic recourse to lethal force when the soldiers opened fire, the Court is not persuaded that the killing of the three terrorists constituted the use of force which was no more than absolutely necessary in defence of persons from unlawful violence within the meaning of Article 2 § 2(a) of the Convention."[166]

Mit einer Mehrheit von 10 zu 9 Stimmen erkannte der GH daher auf eine Verletzung des Art. 2.

Der GH ging jedoch nicht soweit, den Beschwerdeführern gemäß Art. 50 eine gerechte Entschädigung zuzusprechen, da die Getöteten schließlich einen Bombenanschlag geplant hätten (!). Lediglich eine Kostenerstattung wurde gewährt.

bb) Abweichende Meinungen

Neun Richter gaben ihre gemeinsame abweichende Meinung kund, die interessante Ausführungen über die Terrorismusbekämpfung im allgemeinen enthalten. Zwei Aspekte verdienen nähere Beachtung. Der erste Kritikpunkt richtete sich gegen die Bewertung der Planung durch den GH. Danach dürfe die Möglichkeit der Sicherheitsbehörden, eine solche Aktion nahezu perfekt zu planen, nicht überschätzt werden, denn die Behörden

„...had at the time to plan and make decisions on the basis of incomplete information. Only the suspects knew at all precisely what they intended; and it was part of the purpose, as it had no doubt been part of their training, to ensure that as little as possible of their

165 Ebd., Ziff. 212.
166 Ebd., Ziff. 213.

intentions was revealed. It would be wrong to conclude in retrospect that a particular course would, as things later transpired, have been better than one adopted at the time under the pressures of an ongoing anti-terrorist operation and that the latter course must therefore be regarded as culpably mistaken."[167]

Zum zweiten sahen die neun Richter die Eigenverantwortlichkeit, wenn nicht "Mitschuld", der Verdächtigen am Ausgang der Operation unzureichend gewürdigt. Auch bedeute die Pflicht der Behörden zum gesetzmäßigen Handeln einen taktischen Rückstand gegenüber Terroristen. Schließlich bestehe auch die Pflicht des Mitgliedstaates, das Leben aller Bürger bestmöglich vor Terrorismus zu schützen.

„...the need for the authorities to act within the constraints of the law, while the suspects were operating in a state of mind in which the members of the security forces were regarded as legitimate targets and incidental death or injury to civilians as of little consequence, would inevitably give the suspects a tactical advantage which should not be allowed to prevail... Of course the obligation of the United Kingdom under Article 2 § 1 of the Convention extended to the lives of the suspects as well as to the lives of all the many others, civilian and military, who were present in Gibraltar at the time: But, quite unlike those others, the purpose of the presence of the suspects in Gibraltar was the furtherance of a criminal enterprise which could be expected to have resulted in the loss of many innocent lives if it had been successful. They had chosen to place themselves in a situation where there was a grave danger that a irreconcilable conflict between the two duties might arise."[168]

Nach näherer Ausführung der beiden vorgenannten Aspekte lehnten die neun Richter somit das Urteil des GH ab.

d) Kommentar

In Folge des *McCann*-Urteils sind mehrere Punkte als diskussionswürdig zu bezeichnen.

aa) Die Vereinbarkeit des Rechts von Gibraltar mit Art. 2

Art. 2 der Verfassung von Gibraltar (GV), der hier als innerstaatliche Eingriffsnorm heranzuziehen war, ist dem Wortlaut des Art. 2 vergleichbar. Die Anwendung tödlicher Gewalt muß danach „reasonably justifiable“ sein, wohingegen Art. 2 Abs. 2 von „absolutely necessary“ spricht. Der GH bemerkt richtigerweise, daß der Standard der EMRK hier höher liegt, ohne jedoch die mögliche Konse-

167 Ebd., Joint Dissenting Opinion, Ziff. 8.
168 Ebd., Joint Dissenting Opinion, Ziff. 9.

quenz zu ziehen, daß die GV in diesem Punkt die positive konventionsrechtliche Vorgabe, Leben zu schützen, nur unzureichend national implementiert. Von Seiten der Literatur wurde daraufhin kritisiert, es sei durchaus vorstellbar, daß ein Mitglied der Sicherheitskräfte eine „angemessene" Gewaltanwendung vornehme, die nicht „unbedingt erforderlich" sei.[169] Eine solche Fallkonstellation ist indes kaum denkbar. Denn Art. 2 GV ist dem englischen Strafrecht nachgebildet (Section 3 Abs. 1 Criminal Law Act 1967), der wie Art. 2 Abs. 2 eine objektive Sichtweise der Erforderlichkeit in der konkreten Situation einnimmt. Bei objektiver Betrachtungsweise können – im Gegensatz zu einer subjektiven ex-ante Prüfung – „Angemessenheit" und „Erforderlichkeit" nicht auseinanderfallen. Der GH ging darauf nicht weiter ein, sondern hielt den Unterschied zwischen den zwei Standards schlicht für bedeutend genug, um eine Verletzung des Art. 2 an diesem Punkt anzunehmen.

bb) Die Vereinbarkeit der Untersuchung des Vorfalls in Gibraltar mit Art. 2

An diesem Punkt hat sich der GH leichthin über die vielfältig geäußerten Bedenken an der Rechtmäßigkeit der Untersuchung in Gibraltar (Coroner's Inquest) hinweggesetzt. Er stellt selber fest, daß ein Tötungsverbot wie Art. 2 Abs. 1 ohne verfahrensrechtliche Überprüfungsmöglichkeiten ins Leere ginge[170], ein Argument, daß sich auch aus der Konvention herleiten läßt, wenn man Art. 2 in Verbindung mit Art. 1 liest. Bei oberflächlicher Betrachtung scheint die Untersuchung ordnungsgemäß abgelaufen zu sein, da sie öffentlich war, die Beschwerdeführer anwaltlich vertreten waren und sie die Zeugen vernehmen konnten. Die Mängel der Untersuchung liegen indes unter der Oberfläche. So wurde den Beschwerdeführern keine Kostenunterstützung gewährt; ein Teil der Zeugen wurde erst gar nicht geladen, die spanischen Behörden stellten Beweismaterial nicht zur Verfügung. Die Jury setzte sich aus Einwohnern einer Garnisonsstadt zusammen, die mit und vom Militär lebte. Den symbolischen Höhepunkt der Veranstaltung bildete ein geladener Zeuge, der beruflich als Gerichtsdiener der Untersuchung beiwohnte.[171] Angesichts dieser unumstrittenen Umstände von einer „thorough, impartial and careful examination"[172] zu sprechen wie es der GH tat, erscheint etwas zu kurz gegriffen.

169 Joseph, NQHR 1996, 5, 11.

170 *McCann und andere./.UK*, (1995) GH 324, Ziff. 161.

171 Tweedie/Ward, JLS 1989, 464, 473; s.a. Ewing/Gearty, Freedom under Thatcher: Civil Liberties in Modern Britain, S. 234f.

172 *McCann und andere./.UK*, (1995) GH 324, Ziff. 163.

cc) Der Ausschluß des Zivilrechtswegs in Nordirland für die Angehörigen

Außer der Untersuchung in Gibraltar hat keine andere behördliche oder gerichtliche Aufarbeitung des Vorfalls stattgefunden. Zivilverfahren wurden mittels sogenannter „Crown exemption certificates", also einer Art Immunitätserklärung, ausgeschlossen. Der GH ließ dahinstehen, ob der Ausschluß von Zivilverfahren einen Verstoß gegen die positive Schutzpflicht aus Art. 2 darstellen könnte, da für diesen Vorwurf Art. 6 und 13 einschlägig seien, welche die Beschwerdeführer indes nicht vorgebracht hätten. Damit erweckte der GH den Eindruck, als könne er nur die Verletzung solcher Konventionsbestimmungen prüfen, die ein Beschwerdeführer explizit nennt. Demgegenüber steht seine frühere Rechtsprechung, wo er sich selbst aufgibt,

> „...to examine in the light of the Convention as a whole the situation impugned by the applicant. In the performance of this task they (KOM und GH, M.K.) are, notably, free to give to the facts of the case ... a characterisation in law different from that given to them by the applicant."[173]

Mit anderen Worten: Da mihi facta, dabo tibi ius. Oder: Dem GH obliegt eine umfassende ex officio-Prüfung des Rechts.[174] Der Ausschluß des Zivilverfahrens hätte demzufolge vor allem an Art. 6 gemessen werden müssen.

dd) Das „Organisationsverschulden" bei Planung und Durchführung der Aktion

Entscheidender und in der Rechtsprechung bahnbrechender Punkt des Urteils ist die Annahme eines „Organisationsverschuldens" bei Planung und Durchführung der Aktion in Gibraltar. Zwar liegt die Vermutung nahe, der GH habe nolens volens den Konventionsverstoß in dieses Stadium verlegen müssen, um die einzelnen Soldaten zu exkulpieren, jedoch stellen die strengen Maßstäbe an die Sorgfältigkeit behördlicher Planung und Aufklärung eine Abkehr von der bisherigen Rechtsprechung dar. Im Unterschied zum *Kelly*-Fall, wo die KOM der Tatsachenfrage, ob die Soldaten sicher sein konnten, es mit Terroristen zu tun zu haben, kaum Raum gab, unterzieht der GH nun die einzelnen Schritte der Operation einer peinlich genauen Untersuchung. Schon im Vorfeld einer Maßnahme, die auch nur potentiell zur Tötung eines Menschen führen kann, müssen alle Vorkehrungen getroffen werden, um nicht „unbedingt erforderliche" Gewaltanwendungen auszuschließen. Darüber hinaus muß der Staat künftig Provokationen unterlassen und Situationen vermeiden, in denen eine lebensgefährdende Gewaltan-

---

173 *Guzzardi./.Italien*, (1980) GH 39, Ziff. 63 = EuGRZ 1983, 633.
174 S. auch van Dijk/van Hoof, S. 80.

wendung für die – dann zu exkulpierenden – Sicherheitskräfte unvermeidbar wird.[175] Man kann hier also von einer Vorverlagerung des Sorgfaltsmaßstabes „von der Straße an den grünen Tisch“ sprechen.

Diese Neukonzeption der Rechtsprechung wurde in der Folgezeit erstmals im Fall *Andronicou und Constantinou./.Zypern*[176] angewendet. Hier waren bei einer mißglückten Geiselbefreiung durch die Polizei zwei Personen ums Leben gekommen. Bei der gesamten Polizeiaktion hatten sich etliche Pannen ereignet, bedingt sowohl durch ungeschultes Personal als auch durch unzureichende Technik. Während die KOM die Grundsätze des *McCann*-Urteils vorliegend für anwendbar hielt, sah der GH keine Verletzung des Art. 2, wobei die Unterschiede zwischen den beiden Fällen offenkundig waren. Bei *McCann* waren die Behörden seit Wochen über die Aktion informiert und die SAS als Spezialeinheit entsandt worden, im zypriotischen Fall geschah die Geiselnahme unvorbereitet (und dazu an einem 24. Dezember), und die Behörden hatten bis zuletzt eine Verhandlungslösung angestrebt.

ee) Weitere dogmatische Konsequenzen des Urteils

Während vor *McCann* in der Literatur umstritten war, ob Art. 2 Abs. 2 nur unbeabsichtigte Tötungen erfaßt[177], worauf die Trennung der Absätze 1 und 2 hindeutet[178], oder auch absichtliche Tötungen gerechtfertigt sein können[179], hat der GH nun zutreffend für eine Klarstellung im Sinne der letzteren Ansicht gesorgt. Im englischen und französischen Original „ergibt“ sich nämlich nicht die Tötung, sondern sie wird „verhängt“ („inflicted“/“infligée“). Auch wäre nur schwerlich nachzuvollziehen, warum Art. 2 Abs. 1 die Todesstrafe, und damit die Tötung eines Menschen, von dem keine Gefahr mehr ausgeht, zuläßt, Absatz 2 aber die gezielte Tötung eines Angreifers etwa im Wege der Nothilfe verbieten sollte.[180] Auch konventionsimmanent läßt sich diese Ansicht begründen: Nimmt man eine Situation an, in der das Leben eines Unschuldigen nur noch durch die Tötung des Angreifers zu retten ist – eine Problematik, die in Deutschland unter dem Schlagwort des „finalen Rettungsschusses“ diskutiert wird – so gebietet die posi-

175 Vgl. auch Kneihs, S. 32.

176 (1997) RJD 1997, 2059.

177 Nachweise bei Kneihs, S. 27.

178 Absatz 1 a.E. erwähnt die absichtliche Tötung, so daß man argumentieren könnte, daß Absatz 2 nur die unbeabsichtigte Tötung erfaßt. Auch daß sich die Tötung i.S.d. Absatzes 2 am Anfang in der deutschen Übersetzung „ergibt“, klingt eher nach einem unbeabsichtigten Verlauf.

179 So Frowein/Peukert, Art. 2, Rdn. 1, 5, 10; van Dijk/van Hoof, S. 223.

180 Kneihs, S. 34.

tive Schutzpflicht des Art. 2 Abs. 1 unter Anwendung eines strengen Verhältnismäßigkeitsmaßstabs dem Opfer gegenüber geradezu die Tötung des Angreifers als ultima ratio.

Für die künftige Dogmatik von Bedeutung ist ferner die Ausweitung des Umfangs der staatlichen Schutzpflicht. Mit der Mahnung des GH, die Mitgliedstaaten hätten jegliche Provokation zu unterlassen, die die Gefährdung menschlichen Lebens mit sich bringen könnten, ist eine Ausweitung der Schutzpflicht sowohl in zeitlicher (Vorverlagerung) als auch gradueller Hinsicht (schon potentielle Lebensbedrohungen genügen) zu beobachten.

6. *Kaya./.Türkei*[181]

Der vorerst letzte bedeutende Fall, in dem das Recht auf Leben von (mutmaßlichen) Terroristen Gegenstand konventionsrechtlicher Prüfung war, beleuchtet die Problematik aus dem *McCann*-Urteil aus einer anderen Perspektive.

a) Sachverhalt

Der Bruder des Beschwerdeführers kam unter ungeklärten Umständen bei einem Schußwechsel mit türkischen Sicherheitskräften ums Leben. Eine genaue Untersuchung des Vorfalls fand nicht statt; weder wurde das Opfer ordnungsgemäß obduziert noch eine Spurensicherung oder Vernehmung durchgeführt. Das Verfahren, das der Staatsanwalt führte, basierte auf der nicht belegten Annahme, daß der Getötete tatsächlich in terroristische Aktivitäten verstrickt war. Strafverfahren gegen Sicherheitskräfte wurden nicht eröffnet.

b) Entscheidung des GH

Nach Wiederholung des Grundsatzes aus der *McCann*-Entscheidung, bei einer Tötung durch staatliche Organe müsse stets eine effektive offizielle Untersuchung durchgeführt werden, konstatierte der GH die Verantwortlichkeit des Staates unter Art. 2 für das Handeln ihrer Organe, die eben –nach einem tödlichen Zwischenfall – sich in unabhängigen Untersuchungen manifestiere.

Anschließend kritisierte der GH in deutlichen Worten die mangelhafte Aufklärungsarbeit der türkischen Behörden, insbesondere des Staatsanwaltes, um im Ergebnis diese Untersuchungsfehler als Verstoß gegen Art. 2 zu werten, denn

181 (1998) RJD 1998, 297.

„...neither the prevalence of violent armed clashes nor the high incidence of fatalities can displace the obligation under Article 2 to ensure that an effective, independent investigation is conducted into deaths arising out of clashes involving the security forces, more so in cases such as the present where the circumstances are in many respects unclear.

...the Court,..., considers that the authorities failed to carry out an effective investigation into the circumstances surrounding the death of the applicant's brother. There has accordingly been a violation of Article 2 of the Convention in that respect."[182]

c) *Kommentar*

Vergleicht man dieses Resultat mit den Grundsätzen der *McCann*-Entscheidung, stellt sich heraus, daß das *Kaya*-Urteil den Sorgfaltsmaßstab, den staatliche Organe unter Art. 2 zu beachten haben, weiter präzisiert.

aa) Die Untersuchung der Tötung

In der *McCann*-Entscheidung stellte der GH zwar fest, daß Art. 2 in Verbindung mit Art. 1 eine effektive unabhängige Untersuchung von von staatlichen Organen verursachten Tötungen verlangt[183], spezifiziert die Anforderungen an eine solche Untersuchung jedoch nicht, da die in Gibraltar durchgeführte Ermittlung, wenn auch mangelhaft, so doch stattgefunden habe, so daß dieser Aspekt nicht zu einer Verletzung des Art. 2 führte.[184] Anders im *Kaya*-Urteil: Hier setzt sich der GH detailliert mit den Untersuchungsmängeln auseinander, die letztlich einen Verstoß gegen Art. 2 begründen. Wird bei *McCann* lediglich eine „effective official investigation" gefordert, betont der GH in *Kaya* das Erfordernis einer „independent and public scrutiny".[185] Diesen Unterschied als rein semantisch abzutun, hieße die Bedeutung der Wortwahl im knappen und dezisionistischen Urteilsstil des GH verkennen. Gerade wegen der bekannten Begründungsarmut vieler Urteile muß der jeweiligen Wortwahl große Relevanz zugemessen werden. Nicht allein, daß „scrutiny" im Englischen im Vergleich zu „investigation" eine höhere Sorgfältigkeit der Untersuchung impliziert: Insbesondere die Bedeutung der nunmehr geforderten „Öffentlichkeit" der Untersuchung darf in bezug auf die Verhältnisse im Südosten der Türkei, wo oftmals allein Militärbehörden und -staatsanwälte die Szenerie bestimmen, nicht unterschätzt werden.

182 Ebd., Ziff. 91f.
183 *McCann./.UK*, (1995) GH 324, Ziff. 161.
184 Ebd., Ziff. 162-164.
185 *Kaya./.Türkei*, (1998) RJD 1998, 297, Ziff. 87.

Der exakten Prüfung der türkischen Aufklärungsarbeit, die der GH vornimmt, lassen sich – natürlich prinzipiell einzelfallbezogen – folgende Anforderungen an Untersuchungen staatlicherseits bewirkter Tötungen entnehmen:[186]

- Die Untersuchung darf nicht auf „minimum formalities" beschränkt sein,
- der Tatort hätte kriminaltechnisch aufgenommen werden müssen (Patronenhülsen, Ballistik etc.),
- der Getötete hätte rechtsmedizinisch begutachtet werden müssen (Zahl und Art der Einschüsse, eigene Schmauchspuren etc.),
- die beteiligten Soldaten hätten vernommen werden müssen,
- der Verdacht gegen den Getöteten hätte – auch post mortem – durch Ermittlungstätigkeit erhärtet oder eben fallengelassen werden müssen.

Wenngleich der GH anerkennt, daß die teilweise bürgerkriegsähnlichen Zustände im Südosten der Türkei die Durchführung derartiger Untersuchungen behindern, verlangt er folglich auch bei Tötungen von Terroristen im Krisengebiet die Einhaltung der kriminaltechnischen und forensischen Standards, die auch bei „zivilen" Tötungsdelikten zu gelten haben.

bb) Dogmatische Konsequenzen

Mit *McCann* und *Kaya* scheint nun das Ende einer gewissen Rücksichtnahme der Rechtsprechung auf die speziellen Probleme der Terrorismusbekämpfung gekommen zu sein. Jedenfalls erstreckt sich die zeitliche Komponente des Art. 2 nach der Einbeziehung der prämortalen Vorbereitungshandlung in *McCann* nunmehr nach *Kaya* auch auf die postmortale Zeit. Somit wird die eigentliche Tötungshandlung, die nach dem Wortlaut des Art. 2 verboten ist, jetzt von einem konventionsrechtlichen Sanktionierungssystem flankiert, das Mängel im Vorfeld wie auch in der Nachbereitung der Tötungshandlung als Verstoß gegen Art. 2 wertet. Dogmatischer Aufhänger für beide Elemente ist die nicht von der Hand zu weisende Annahme des GH, das Tötungsverbot als solches erwiese sich andernfalls als ineffektiv.

Die *Kaya*-Rechtsprechung wurde in der Folgezeit vom GH in *Ergi./.Türkei*[187] und *Yasa./.Türkei*[188] bestätigt. Im ersten Fall betonte der GH die Verpflichtung

---

186 Ebd., Ziff. 88-90.

187 (1998) RJD 1998, 1751.

188 (1998) RJD 1998, 2412; nunmehr st. Rspr., vgl. zuletzt *Tanrikulu./.*Türkei, Urt. v. 8. Juli 1999, Beschw.-Nr. 23763/94; *Çakici./.Türkei*, Urt. v. 8. Juli 1999, Beschw.-Nr. 23657/94 – unzureichende Nachforschungen über das Verschwinden einer Person; *Mahmut Kaya./.Türkei*, Urt. v. 28.März 2000, Beschw.-Nr. 22535/93 – unzureichende Ermittlungstätigkeit in Mordfall. Vgl. aber auch *Kurt./.Türkei*, (1998) RJD

der Behörden, ex officio Untersuchungen einzuleiten, ohne daß es eines Antrags o.ä. der Angehörigen des Opfers bedürfe:

„The mere knowledge of the killing on the part of the authorities gave rise ipso facto to an obligation under Article 2 ... to carry out an effective investigation into the circumstances surrounding the death.“[189]

Art. 2 sah der GH hier, der *McCann*-Rechtsprechung folgend, zusätzlich auch wegen organisatorischer Mängel des Armee-Einsatzes als verletzt an.

Als Leitsatz der letzteren Entscheidung läßt sich konstatieren, daß die Verpflichtung zu einer effektiven Untersuchung

„... is not confined to cases where it has been established that the killing was caused by an agent of the State.“[190]

Damit hat die Rechtsprechung letztlich aus Art. 2 einen allgemeinen Anspruch auf Durchführung einer Untersuchung bei Tötungsdelikten hergeleitet.

7. *Öcalan./.Türkei*[191]: Vollstreckung der Todesstrafe als Konventionsverstoß?

Wie bereits dargestellt wurde Abdullah Öcalan vom Staatssicherheitsgericht zum Tode verurteilt. Auf Ersuchen des GH wurde die Vollstreckung ausgesetzt.

In der mündlichen Verhandlung vor dem GH brachte Öcalans Anwalt vor, die Todesstrafe an sich und/oder ihre Vollstreckung verstießen jedenfalls gegen Art. 2 Abs. 1.[192] Im Unterschied zum Zeitpunkt der Unterzeichnung der EMRK 1950 gelte die Todesstrafe heute generell unter den Mitgliedstaaten des Europarates als nicht mehr akzeptiert. Dieser Aspekt sei zu berücksichtigen, wenn auch die Türkei das 6. Zusatzprotokoll zur EMRK (Abschaffung der Todesstrafe) bislang nicht ratifiziert habe. Auch stelle die Todesstrafe eo ipso eine unmenschliche und erniedrigende Strafe im Sinne des Art. 3 dar.

Wenngleich der GH die Beschwerde in diesem Punkt auch für zulässig erklärt hat, so wird er sich im weiteren Verfahren mit seiner Rechtsprechung im Fall *Soering./.UK*[193] auseinanderzusetzen haben. Hier entschied der GH, daß die weit-

---

1998, 1152: Hier wurde das Verschwinden einer Person, die zuletzt in Polizeigewahrsam war, nur als Verletzung von Art. 5 gesehen.

189 *Ergi./.Türkei*, (1998) RJD 1998, 1751, Ziff. 82.

190 *Yasa./.Türkei*, (1998) RJD 1998, 2412, Ziff. 100.

191 Beschw.-Nr. 46221/99, Zulässigkeitsentscheidung vom 14. Dezember 2000.

192 S. die Zusammenfassung in EuGRZ 2000, 572.

193 (1989) GH 161 = EuGRZ 1989, 314.

gehende Abschaffung der Todesstrafe in der überwiegenden Anzahl der Mitgliedstaaten nicht dazu führe, daß die Todesstrafe als solche gegen Art. 3 verstieße; die Abschaffung obliege jedem Staat durch Ratifikation des 6. Zusatzprotokolls. Jedoch könnten Art und Weise der Verurteilung und Vollstreckung durchaus konventionswidrig sein.

II. Zweite Fallgruppe: Art. 2 und der Schutz der Bürger vor Terrorismus

Während die bisherigen Fälle das Recht auf Leben (mutmaßlicher) Terroristen zum Gegenstand hatten, wurde eine etwaige positive Pflicht des Staates, seine Bürger vor terroristischen Straftaten zu schützen, in der folgenden Entscheidung erstmals behandelt.

1. X./.Irland[194]

a) Sachverhalt

Beschwerdeführer war ein in Dublin lebender irischer Staatsbürger, der 1969 einen Mordanschlag der IRA überlebte. Da seine Zeugenaussage zur Verhaftung und Verurteilung eines Täters führte, zwei weitere Täter jedoch nie ermittelt wurden, erhielt er für die folgenden drei Jahre Personenschutz durch die Polizei. Die 1973 erfolgte Beendigung dieser Sicherheitsmaßnahme führte dazu, daß sich der Beschwerdeführer in großer Furcht um sein Leben befand und vorsorglich von seiner Familie getrennt lebte. Die Verweigerung weiteren Personenschutzes durch die irische Polizei stelle – so der Beschwerdeführer- eine Verletzung der Art. 2 Abs. 1 und 5 Abs. 1 dar.

b) Entscheidung der KOM

Zunächst betonte die KOM, daß das Recht auf Leben – wie dem Wortlaut des Art. 2 Abs. 1 zu entnehmen ist – *gesetzlich* geschützt wird, der Beschwerdeführer aber keinerlei Hinweis auf fehlende irische Gesetze zum Schutz des Lebens gegeben habe. Er habe vielmehr lediglich seine persönlich unbefriedigende Sicherheitslage zum Ausdruck gebracht. Die KOM befand daraufhin lapidar,

194 (1973) E 6040/73, Yb 16 (1973), 388.

„...that Article 2 cannot be interpreted as imposing a duty on a State to give protection of this nature, at least not for an indefinite period of time, which is what in effect the applicant requests."[195]

Auch aus Art. 5 Abs. 1 leitete die KOM keinen Anspruch auf Schutz her. Die Beschwerde wurde somit als unzulässig abgewiesen.

c) Kommentar

In dieser kurzen Entscheidung findet sich ein zentrales Problem des Menschenrechtsschutzes: Der Staat vermag den einzelnen nicht vor allen existenten Lebensgefahren schützen, seien sie durch Mitmenschen oder etwa Naturgewalten verursacht. Lebensrisiken dieser Art sind keine Menschenrechtsverletzungen.[196] Was geschützt werden kann, wie Fawcett bemerkt, „is not life, but the right to life"[197]. In der bereits oben erwähnten Entscheidung *X./.UK*[198] judizierte die KOM, daß Art. 2 dem Staat auferlegt,

„...not only to refrain from taking life intentionally, but, further, to take appropriate steps to safeguard life..."[199],

oder, wie die KOM es in einer späteren, gegen Frankreich gerichteten Beschwerde formulierte:

"Les Etats ont l'obligation de prendre des mesures adéquates pour protéger la vie."[200]

Die genannten "appropriate steps" bzw. "mesures adéquates" können vernünftigerweise lediglich in der Schaffung rechtlicher Rahmenbedingungen für den Schutz des Lebens gesehen werden, wie sie sich etwa in Strafrechtsnormen und der Organisation der Strafverfolgung widerspiegeln. Zugeständnisse an die Möglichkeiten, aber auch Bedürfnisse der Mitgliedstaaten sind dieser Rechtsprechung zu entnehmen: In Fällen wie dem vorliegenden stieße jeder Staat schon bald an die Grenzen seiner logistischen Kapazitäten, würde man jedem bedrohten Bürger speziellen Schutz angedeihen lassen.[201]

---

195 Ebd., Ziff. 1.

196 S. zu diesem Aspekt auch Opsahl, The Right to Life, S. 211: "*Many, perhaps most, risks to life must be borne by the individual, not society.*"

197 Fawcett, The Application of the European Convention on Human Rights, S. 34.

198 (1978) E 7154/75, DR 14, 31.

199 Ebd., S. 32.

200 (1994) E 21788/93, DR 79-A, 54.

201 Gomien/Harris/Zwaak, S. 95

Eine zu weite Interpretation des Art. 2 Abs. 1 ließe den Charakter der Vorschrift somit als Abwehrrecht hinter einem „sozialen", teilhaberechtlichen Aspekt zurücktreten- eine Entwicklung, die sicherlich von den Mitgliedstaaten so nicht beabsichtigt gewesen wäre.[202]

2. *W./.UK*[203]

Eine ähnliche Problematik bietet sich im folgenden Fall, wobei die Beschwerdeführerin hier eher die allgemein unsichere Lage, und weniger die persönliche Furcht vor einem Attentat, als Verletzung von Art. 2 ansah.

a) Sachverhalt

Der Ehemann und der Bruder der Beschwerdeführerin Frau W – allesamt britische Staatsbürger- waren 1980 bzw. 1981 Opfer zweier Mordanschläge der IRA geworden. Die Ermordung des Ehemannes hatte sich in der Republik Irland ereignet. Frau W beklagte in ihrer Beschwerde unter anderem mangelnden staatlichen Schutz der Bürger vor Anschlägen und Bedrohungen und behauptete Verletzungen des Art. 2 in eigener Sache wie auch im Namen ihres Mannes und Bruders.

b) Entscheidung der KOM

Die Opfereigenschaft der Beschwerdeführerin als Zulässigkeitsvoraussetzung im Sinne des Art. 25 a.F. sah die KOM für Frau W selbst, für sie als Witwe, und auch als nächste Verwandte ihres ermordeten Bruders als unproblematisch an.

In ihrer Entscheidung über die Zulässigkeit der Beschwerde hatte die KOM vorab zu klären, ob die Beschwerde schon deshalb zurückzuweisen sei, weil Frau W primär Opfer von Straftaten Privater und nicht staatlicher Handlungen war. Zu dieser die Zuständigkeit ratione personae betreffenden Frage befand sie jedoch,

> „...that the applicant's complaint, concerning the killing of her husband by terrorists, raises the question of State responsibility for the protection of the right to life in accordance with Article 2 of the Convention."[204]

---

202 Harris/O'Boyle/Warbrick, S. 41.
203 (1983) E 9348/81, DR 32, 190.
204 *W./.UK,* (1983) E 9348/81, DR 32, 190, Ziff. 4.

Auch die Zuständigkeit ratione loci für die auf die Ermordung des Ehemannes gerichtete Beschwerde mußte einer Prüfung unterzogen werden, da diese in der Republik Irland – und nicht in Nordirland- stattgefunden hatte, die Beschwerde aber gegen das Vereinigte Königreich gerichtet war:

„The Commission further considers that, in determining the competence ratione loci in relation to the jurisdiction of the United Kingdom. regard must be had to the position, at the relevant time, of the direct victim (i.e. the applicant's husband) and not of the indirect victim (the applicant herself) of the alleged violation of the Convention. It finds that, at the time of his death at G. Sales Yard, in the Republic of Ireland, the applicant's husband was not 'within the jurisdiction' of the United Kingdom in the sense of Article 1..."[205]

Da auch keine aktiven Maßnahmen der britischen Behörden einen Beitrag zum Tod des Ehemannes im Nachbarstaat geleistet hatten, wies die KOM die Beschwerde betreffend die Ermordung des Mannes als ratione loci unvereinbar mit der Konvention ab.

Soweit die Beschwerde die Sicherheit der Beschwerdeführerin sowie die Ermordung ihres Bruders betraf, bejahte die KOM ihre Zuständigkeit. Der Argumentation der Beschwerdeführerin, Art. 2 Abs. 1 Satz 1 verlange vom Mitgliedstaat, hier dem Vereinigten Königreich, das Recht auf Leben nicht nur durch Strafverfolgung, sondern auch durch mittels präventiver Maßnahmen und, falls erforderlich, individueller Protektion gefährdeter Personen zu schützen, vermochte die KOM nicht zu folgen. Zwar sind aus Art. 2 positive Pflichten des Staates abzuleiten, was jedoch nicht bedeutet,

„...that a positive obligation to exclude any possible violence could be deduced from this article."[206]

Die KOM erachtete es deshalb nicht als ihre Aufgabe, Angemessenheit und Effizienz der antiterroristischen Maßnahmen in Nordirland zu erörtern, da sie den bestehenden Schutz als ausreichend einschätzte:

„The Commission cannot find that the United Kingdom was required under the Convention to protect the applicant's brother by measures going beyond those actually taken by the authorities in order to shield life and limb of the inhabitants of Northern Ireland against attacks from terrorists.

Nor can it find that the applicant can under Article 2 require such further measures as regards her own protection. In this connection the Commission notes from the applicant's submissions that, while the peace-time army strength in Northern Ireland was 4000 men,

205 Ebd., Ziff. 5.
206 Ebd., Ziff. 12.

it currently stands at about 10500 and that, between August 1969 and December 1981, several hundred members of the armed and security forces lost their lives there combating terrorism."[207]

Demzufolge erklärte die KOM die Beschwerde für unzulässig.

c) Kommentar

Nahezu wortwörtlich lehnte die KOM im späteren, ähnlich gelagerten Fall *M./. UK und Irland*[208] eine über die bereits getroffenen Maßnahmen hinausgehende Schutzpflicht ab. Von Bedeutung ist die Entscheidung in *W./.UK* für die im Rahmen der Beschwerde darzulegende Beschwer des Beschwerdeführers. Das Individualbeschwerderecht der Konvention steht nach Art. 25 a.F. nur dem Opfer einer Konventionsverletzung zu.[209] Primäres Opfer der behaupteten Konventionsverletzungen waren im vorliegenden Fall Ehemann und Bruder der Beschwerdeführerin. Sie selbst war lediglich mittelbar betroffen, hatte aber in zweifacher Hinsicht ein schutzwürdiges Interesse an der Beschwerdeeinlegung: zum einen konnten Ehemann und Bruder der Beschwerdeführerin ihre Rechte nicht mehr wahrnehmen, zum anderen begründete die enge, familiäre Beziehung ihre Opfereigenschaft. In *H./.UK und Irland*[210] sowie in *M.-A- V./.Frankreich*[211] bezeichnete die KOM die Mutter einer ermordeten erwachsenen Frau als Opfer im Sinne des Art. 25 a.F. Dieser sehr weite Opferbegriff, der auch in den Fällen betreffend den Schutz ungeborenen Lebens zum Ausdruck kommt[212], bleibt aber auf diejenigen Beschwerden beschränkt, die eine Verletzung des Rechts auf Lebens behaupten.[213] Insbesondere seit Aufkommen der kurdischen Fälle kann der weite Opferbegriff als gesicherte Rechtsprechung betrachtet werden.[214]

---

207 Ebd., Ziff. 15f.

208 (1986) E 9837/82, DR 47, 27.

209 Art. 25 a.F. bestimmt im englischen Original: "The Commission may receive petitions...from any person...claiming to be the victim of a violation...".

210 (1985) E 9833/82, DR 42, 53; die Beschwerde wurde jedoch wegen Überschreitung der 6-Monats-Frist des Art. 26 a.F. als unzulässig abgewiesen.

211 (1994) E 21788/93, DR 79-A, 54.

212 In diesen Fällen dehnte die KOM die Opfereigenschaft auf den potentiellen Vater des Ungeborenen aus, der eine Abtreibung zu verhindern suchte, siehe *Paton./.UK*, (1980) E 8416/79, DR 19, 244; *H./.Norwegen*, (1992) E 17004/90, unveröff.

213 Jacobs/White, S. 350.

214 Nahezu jedes Verwandschaftsverhältnis wird nun wohl als ausreichend angesehen, vgl. etwa *Yasa./.Türkei*, (1998) RJD 1998, 2412: Neffe des Getöteten. Vgl. zur Opfereigenschaft auch Harris/O'Boyle/Warbrick, S. 635ff.

3. Die Entwicklung in der jüngsten Rechtsprechung

Die jüngste Rechtsprechung des GH zu Art. 2 könnte Anlaß geben, das Ausmaß der staatlichen Schutzpflicht für das Leben seiner Bürger neu zu bestimmen. Den Anstoß zu dieser Entwicklung gaben zwei 1998 entschiedene nicht-terroristische Fälle, *L.C.B./.UK*[215] und *Osman./.UK*[216]. Der erste Fall betrifft die Teilnahme britischer Soldaten an Atomwaffenexperimenten in der Südsee in den 50er Jahren, der zweite Fall befaßt sich mit dem unzureichenden polizeilichen Schutz einer Familie vor der Bedrohung durch einen Lehrer, der sich homoerotisch zum Sohn der Familie hingezogen fühlte. Während der GH im ersten Fall lediglich auf die oben zitierte Entscheidung *X./.UK*[217] Bezug nimmt, nimmt er in der *Osman*-Entscheidung ausführlicher zum Umfang staatlicher Schutzpflichten Stellung:

> „It is thus accepted ... that Article 2 may also imply in certain well-defined circumstances a positive obligation on the authorities to take preventive operational measures to protect an individual whose life is at risk from the criminal acts of another individual.
>
> For the Court,..., it is sufficient for an applicant to show that the authorities did not do all that could be reasonably expected of them to avoid a real and immediate risk to life of which they have or ought to have knowledge.“[218]

Damit erklärt sich der GH bereit, eine Einzelfallprüfung anhand der Fakten vorzunehmen, wobei er weiterhin

> „...the difficulties involved in policing modern societies, the unpredictability of human conduct and the operational choices which must be made in terms of priorities and resources...“[219]

zugunsten der nationalen Behörden berücksichtigt. Im konkreten Fall erkannte er nach ausführlicher Prüfung keine Verletzung des Art. 2.

Unter Anwendung dieser 1998 entwickelten Grundsätze stellte der GH jüngst in einem kurdischen Fall erstmals eine Verletzung des Art. 2 durch Versagung ausreichenden staatlichen Schutzes fest.[220] Dort war ein kurdischer Arzt von Unbekannten ermordet worden, was den türkischen Behörden nach Feststellung des GH offensichtlich nicht unlieb war, denn sie hatten ihm im Vorfeld jeden Schutz verwehrt.

---

215 (1998) RJD 1998, 1403.
216 (1998) RJD 1998, 3124.
217 (1978) E 7154/75, DR 14, 31.
218 *Osman./.UK*, (1998) RJD 1998, 3124, Ziff. 115f.
219 Ebd., Ziff. 116.
220 *Mahmut Kaya./.Türkei*, Urt. v. 28. März 2000, Beschw.-Nr. 22535/93.

Somit kristallisiert sich durch die *Osman*- und *Mahmut Kaya*-Rechtsprechung eine zunehmend weite Auslegung der positiven Schutzpflicht heraus, die sich erheblich von der oben vorgestellten Rechtsprechung der KOM in den Fällen *X* und *W* entfernt. Der GH nimmt nunmehr eine Einzelfallprüfung anhand des folgenden Schemas vor:

- Bestand eine wirkliche und akute Gefahr für das Leben einer Person?
- Haben die Behörden angemessene und verfügbare Mittel zum Schutz der Person nicht eingesetzt?
- Wäre der Schutz für die Behörde weder unzumutbar noch unmöglich gewesen?

Es läßt sich mithin voraussehen, daß diese Rechtsprechung in künftigen Beschwerden eine hohe Resonanz finden wird, nicht allein in Terroristenfällen, sondern insbesondere in Fällen des sogenannten „Stalking“[221].

III. Dritte Fallgruppe: Das Vorgehen türkischer Sicherheitskräfte gegen kurdische Dörfer

Das rigide Vorgehen türkischer Sicherheitskräfte gegen kurdische Dörfer, bei dem regelmäßig die Häuser verbrannt und die Bewohner vertrieben werden, berührt zunächst den Schutzbereich der Art. 8 und 1 ZP I.

1. Der Schutzbereich der Art. 8 und 1 ZP I

Art. 8 legt den Mitgliedstaaten die Verpflichtung zur Respektierung einer Vielzahl persönlicher Interessen auf. Art. 8 schützt vier Rechte, das Privat- und Familienleben, die Wohnung sowie den Briefverkehr. Aufgrund der Komplexität des Rechts auf Privatleben und der Vielzahl der denkbaren Fallgestaltungen hat die Rechtsprechung das Recht sehr weit und nicht abschließend definiert als „*...the right to live as far as one wishes, protected from publicity...*", zusammen mit, „*...to a certain degree, the right to establish and develop relationships with other human beings especially in the emotional field, for the development and fulfilment of one's own personality*"[222].

---

221 Mit diesem Ausdruck bezeichnet man ein relativ neues kriminologisches Phänomen, bei dem sich ein Täter krankhaft auf eine bestimmte Person fixiert und diese ständig verfolgt bzw. bedroht.

222 *X./.Island*, (1976) E 6825/74, DR 5, 86, 87; s.a. Golsong/Wildhaber/Breitenmoser, Art. 8, Rdn. 1ff.

Art. 8 Abs. 2 enthält eine Einschränkungsklausel, die sich mit ähnlichem Wortlaut in den zweiten Absätzen der Art. 9-11 wiederfindet.[223] Danach müssen die Einschränkungen zunächst gesetzlich vorgeschrieben sein. Weiterhin bedarf eine Einschränkung eines besonderen Eingriffszwecks in Gestalt eines Schutzguts (z.B. nationale Sicherheit, öffentliche Ruhe und Ordnung, Verhinderung strafbarer Handlungen). Schließlich sind Einschränkungen daraufhin zu überprüfen, ob sie in einer demokratischen Gesellschaft notwendig sind. Mit dieser Formel nimmt die Rechtsprechung eine Verhältnismäßigkeitskontrolle vor.[224]

Schutzgegenstand des Art. 1 ZP I ist das Eigentum im weiten, völkerrechtlichen Sinne, das nicht nur bewegliche und unbewegliche Sachen umfaßt, sondern sich zudem auf vermögenswerte Rechte erstreckt.[225]

2. *Akdivar und andere./.Türkei*[226]

a) Sachverhalt

Die sieben Beschwerdeführer, türkische Staatsbürger kurdischer Volkszugehörigkeit, waren allesamt Bewohner des Dorfes Kelekçi. Im Juli 1992 überfiel die PKK das Dorf und tötete drei Bewohner. Wenig später zerstörte die PKK auch die nächstgelegene Gendarmeriestation. Daraufhin verstärkten die türkischen Sicherheitskräfte ihre Präsenz in der Gegend. Im November 1992 wurde das Dorf erneut angegriffen, neun Häuser zerstört und die Bewohner zur Flucht gezwungen. Neben einer Vergeltungsfunktion diente diese Aktion auch dazu, kurdischen Terroristen mögliche Rückzugsbasen zu nehmen.

Die Beschwerdeführer wendeten sich unmittelbar an die KOM und rügten u.a. die Verletzung der Art. 8 und 1 ZP I. Sie behaupteten, dieser Angriff gehe auf das Konto der Sicherheitskräfte; die Regierung dagegen hielt die PKK für verantwortlich.

---

223 Zur Systematik ausführlich Eiffler, Die Auslegung unbstimmter Schrankenbegriffe der Europäischen Menschenrechtskonvention, S. 8ff.; Harris/O'Boyle/Warbrick, S. 283ff.

224 Frowein/Peukert, Vorbemerkung zu Art. 8-11, Rdn. 16f.

225 Ausführlich zum Schutzbereich de Salvia, Compendium de la CEDH, S. 375ff.; Jacobs/White, S. 246ff.; Robertson/Merrills, S. 212ff.

226 (1996) RJD 1996, 1192.

b) Entscheidung des GH

Das Kernproblem der Entscheidung lag hier in der Ermittlung des zugrundezulegenden Sachverhalts, ein später noch näher zu untersuchendes (s.u., Punkt § 8 II) Problem kurdischer Fälle. Materiell-rechtlich stellte der GH, nachdem er von der Täterschaft staatlicher Sicherheitskräfte überzeugt war, lapidar fest, daß

> „...there can be no doubt that the deliberate burning of the applicants´ homes and their contents constitutes at the same time a serious interference with the right to respect for their familiy lives and homes and with the peaceful enjoyment of their possessions."[227]

Damit sah er Art. 8 und 1 ZP I als verletzt an.

c) Kommentar

Das gezielte Niederbrennen kurdischer Dörfer ist nicht nur Manifest einer besonderen Rücksichtslosigkeit der antiterroristischen Strategie, sondern bereichert Art. 8 und 1 ZP I um eine in der bisherigen Spruchpraxis neue Fallgruppe, die so eindeutig einen Verstoß gegen die genannten Vorschriften darstellt, daß der GH sich in seiner Entscheidung hierzu auf einen Satz beschränkt. Ein ähnlicher Sachverhalt in der früheren Rechtsprechung findet sich allenfalls im Staatenbeschwerdeverfahren *Zypern./.Türkei*[228], in dem die KOM in ihrem Bericht willkürliche Vertreibung und Umsiedlung als typische Verstöße gegen Art. 8 bezeichnete.

In der Folge der *Akdivar*-Entscheidung häufen sich mittlerweile Beschwerden über das Vorgehen türkischer Sicherheitskräfte gegen kurdische Dörfer.[229]

3. *Selçuk und Asker./.Türkei*[230]

In der Entscheidung *Selçuk und Asker./.Türkei* beleuchtete der GH das Vorgehen gegen kurdische Dörfer zusätzlich auch unter dem Aspekt eines Verstoßes gegen Art. 3.

---

227 Ebd., Ziff. 88.

228 (1983) B 8007/77, DR 72, 5; Golsong/Wildhaber, Art. 8, Rdn. 471f., nennt diese Fallgruppe „Wohnungsabbruch und Enteignung".

229 Vgl. etwa *Mentes./.Türkei*, (1997) RJD 1997, 2689; *Gündem./.Türkei*, (1998) RJD 1998, 1110 – keine Verletzung festgestellt, da Vorgänge nicht zweifelsfrei erwiesen.

230 (1998) RJD 1998, 892.

a) Der Schutzbereich des Art. 3

Als eines der notstandsfesten, d.h. nicht derogierbaren Rechte der Konvention, verbietet Art. 3 Folter, unmenschliche oder erniedrigende Strafe oder Behandlung. Im Unterschied zu anderen Konventionsrechten, die die Möglichkeit von Einschränkungen vorsehen, ist der Schutz des Art. 3 absolut. Damit kommt die besondere Bedeutung zum Ausdruck, die die Konventionsorgane diesem Recht als einem Grundpfeiler demokratischer Gesellschaften beimessen.[231] Schutzgüter sind zum einen die Würde, zum anderen die physische und psychische Integrität des Menschen. Die Rechtsprechung hat die verbotenen Maßnahmen in ein Stufenverhältnis gestellt[232]: Schwächste Stufe ist danach die erniedrigende Behandlung und Bestrafung, die jedoch auch eine gewisse Schwere erreichen muß, um unter den Schutz des Art. 3 zu fallen. Einen weitergehenderen Eingriff stellt die unmenschliche Behandlung und Bestrafung dar. Nach der KOM ist eine Behandlung unmenschlich, die willkürlich und absichtlich schwere psychische oder physische Schäden verursacht.[233] Folter schließlich wird als die schlimmste Form der unmenschlichen Behandlung angesehen.

Seit Ende der 80er Jahre leitet die Rechtsprechung aus Art. 3 die Pflicht her, ausländischen Personen Schutz zu gewähren, die einer nach Art. 3 verbotenen Behandlung durch Drittstaaten ausgesetzt sein könnten.[234] In jüngster Zeit schließlich schützt die Rechtsprechung über Art. 3 schließlich auch Ausländer vor Ausweisung, denen keine staatliche Unbill, sondern Gefahren durch Privatpersonen oder andere Umstände drohen.[235]

---

231 S. etwa *Soering./.UK*, (1989) GH 161, Ziff. 88 = EuGRZ 1989, 314; *H.L.R./.Frankreich*, (1997) RJD 1997, 745, Ziff. 35; zur Entwicklung der Rechtsprechung zu Art. 3 Addo/Grief, ELR 1995, 178, 180ff.

232 Villiger, Handbuch der Europäischen Menschenrechtskonvention (EMRK) unter besonderer Berücksichtigung der schweizerischen Rechtslage, S. 175.

233 *Dänemark, Norwegen, Schweden und Niederlande./.Griechenland*, (1969) Yb 12, 186.

234 *Soering./.UK*, (1989) GH 161 = EuGRZ 1989, 314; *Cruz-Varas./.Schweden*, (1991) GH 201 = EuGRZ 1991, 203; *Vilvarajah und andere./.UK*, (1991) GH 215.

235 S. *H.L.R./.Frankreich*, (1997) RJD 1997, 745 (Schutz vor Rache von Drogenhändlern); *Ahmed./.Österreich*, (1996) RJD 1996, 2195 (Schutz vor Gewalt rivalisierender Gruppen in Somalia); *D./.UK*, (1997) RJD 1997, 777 (Schutz vor schlechter medizinischer Behandlung gegen AIDS im Heimatland); kritisch zu dieser Ausweitung Hailbronner, DÖV 1999, 617ff.

b) Sachverhalt

Der Sachverhalt im Fall *Selçuk und Asker* ähnelt demjenigen der *Akdivar*-Entscheidung: Ein Dorf wurde von Sicherheitskräften angezündet, zusätzlich geriet der Beschwerdeführer Asker in Gefahr durch Rauch, als er versuchte, seine Habseligkeiten aus den Flammen zu retten. Die Beschwerdeführerin Selçuk wurde zudem von einem der Offiziere gedemütigt und beleidigt. Beide Beschwerdeführer mußten das Dorf verlassen, in dem sie ihr ganzes Leben verbracht hatten.

c) Entscheidung des GH

Unter Wiederholung seiner einschlägigen Rechtsprechung, die besagt, daß eine unmenschliche Behandlung i.S.d. Art. 3 einen gewissen Grad an Schwere erfordert, betonte der GH das Alter der Beschwerdeführer und die Umstände der Zerstörung, die die Beschwerdeführer ihrer gesamten Habe und ihres Lebensumfelds beraubt hatten. Er verurteilte das planmäßige Vorgehen der Sicherheitskräfte und die Tatsache, daß den Beschwerdeführern nach dem Vorfall keinerlei staatliche Hilfe zuteil wurde. Dies alles summierte sich nach Auffassung des GH zu einer unmenschlichen Behandlung i.S.d. Art. 3:

> „Bearing in mind the manner in which the applicants′ homes were destroyed (...) and their personal circumstances, it is clear that they must have been caused suffering of sufficient severity for the acts of the security forces to be categorised as inhuman treatment...“[236]

d) Kommentar

Auch diese Entscheidung ist dogmatisch von besonderem Interesse, fügt sie doch der bisherigen Rechtsprechungspraxis eine neue Fallgruppe hinzu. Als bisherige Fallgruppen unmenschlicher Behandlung können identifiziert werden[237]: körperliche Angriffe, physisch und psychisch wirkende Verhörmethoden, Ingewahrsamhalten unter unmenschlichen Bedingungen und Ausweisung bzw. Auslieferung einer Person, der im Empfängerland unmenschliche Behandlung droht.

Analysiert man diese Fallgruppen, so fällt auf, daß bei ihnen unmittelbare oder mittelbare körperliche Einwirkungen überwiegen. Einzige Ausnahme sind psychisch wirkende Verhörmethoden, die aber immer noch als gezielt gegen die Person gerichtete Methoden zu betrachten sind. Im Fall *Selçuk und Asker* dagegen bewegt sich die unmenschliche Behandlung vornehmlich auf einer mittelba-

---

236 *Selçuk und Asker./.Türkei*, (1998) RJD 1998, 892, Ziff. 78.
237 S. Harris/O′Boyle/Warbrick, S. 62.

ren Ebene: Von der Gefahr einer Rauchvergiftung und den Beleidigungen abgesehen – zweifelsohne traumatische Ereignisse, aber alleine von nicht ausreichender Schwere i.S.d. Art. 3 – erfolgt die unmenschliche Behandlung primär mittels der Einwirkung auf eine Sache, nämlich die Häuser und den Besitz der Beschwerdeführer. Eine körperliche Auswirkung dieser Handlung ist nicht einmal im Ansatz erkennbar. Damit erweitert der GH Art. 3 um einen neuen Anwendungsbereich.

IV. Vierte Fallgruppe: Mittelbare Bekämpfung des Terrorismus mit Hilfe von Medien- und Demonstrationsverboten

Die letzte unter dem Gesichtspunkt der Prävention zu behandelnde Fallgruppe beschäftigt sich mit dem Versuch staatlicher Organe, mögliche Sympathie oder Unterstützung für den Terrorismus, deren Entstehen mittels kritischer Medienberichte oder Demonstrationen befürchtet wurde, bereits im Vorfeld zu vereiteln.

1. Der Schutzbereich der Art. 10 und 11

Die in Art. 10 niedergelegte Meinungs- und Pressefreiheit einschließlich der Freiheit, Nachrichten und Informationen zu empfangen und mitzuteilen, stellt eine der grundlegenden Voraussetzungen für eine demokratische, pluralistische Gesellschaft, aber auch für die Entfaltung des einzelnen dar. Der GH brachte den hohen Rang dieses Rechts folgendermaßen zum Ausdruck:

> „...freedom of expression constitutes one of the essential foundations of a democratic society, one of the basic conditions for its progress for the development of every man. Subject to Article 10 (2), it is applicable not only to 'information' or 'ideas' that are favourably received..., but also to those that offend, shock or disturb the State or any sector of the population."[238]

Insbesondere eine politische Debatte ist ohne Meinungs- und Pressefreiheit nur schwer vorstellbar. Nichtsdestoweniger ist die Ausübung dieser Freiheiten nicht unbeschränkt vorstellbar, denkt man etwa an beleidigende, politisch extremistische oder blasphemische Äußerungen. In Art. 10 Abs. 2 findet sich daher der längste Beschränkungskatalog aller Konventionsrechte. Die Systematik der Beschränkungen folgt im wesentlichen dem unter Art. 8 dargestellten Muster,

238 *Handyside./.UK*, (1976) GH 24, Ziff. 49 = EuGRZ 1977, 38.

wenngleich Art. 10 Abs. 2 als Begründung für Beschränkungen die Pflichten und die Verantwortung anführt, die sich aus der Ausübung der Freiheiten ergeben.

Art. 11 garantiert das Recht auf friedliche Versammlungen, ein Recht, das den Einschränkungen des Abs. 2 unterliegt; auch diese Einschränkungen sind Teil des bereits angesprochenen Schrankensystems der Art. 8-11.[239] Unter einer Versammlung wird jedenfalls das bewußte Zusammenkommen von Menschen zum Zweck des gemeinsamen Meinungsaustauschs und der Meinungskundgabe verstanden.[240] Die Versammlungsfreiheit steht somit in engem Zusammenhang mit der Meinungsfreiheit, geht dieser jedoch bezüglich öffentlicher Meinungskundgaben als Spezialnorm vor. Träger der Versammlungsfreiheit sind sowohl natürliche Personen (etwa als Teilnehmer oder Organisatoren) als auch Vereinigungen.

2. *Brind und andere./.UK*[241]

Die mögliche Förderung extremistischer Ansichten zum Nordirlandkonflikt durch Medienauftritte von dem Terrorismus nahestehenden Personen – diese Sorge der britischen Regierung mündete in eine präventive medienpolitische Maßnahme, deren Vereinbarkeit mit Konventionsrecht im Fall *Brind und andere./.UK* bezweifelt wurde.

a) Sachverhalt

Im Oktober 1988 wies der britische Innenminister die British Broadcasting Corporation (BBC) und die Independent Broadcasting Authority (IBA) an, fortan keine Sendungen auszustrahlen, in denen Personen sprächen oder zu hören wären, die einer verbotenen terroristischen Organisation angehörten oder in irgendeiner Form eine solche Vereinigung unterstützten oder für sie warben. Es blieb jedoch den Sendern die Möglichkeit, die betreffenden Personen im Bild zu zeigen und ihre Aussagen durch die Stimme eines anderen, "neutralen" Sprechers vornehmen zu lassen. Rechtsgrundlagen für diese Anordnung ("broadcasting ban") waren Clause 13 (4) der BBC-Licence and Agreement und – für die IBA-Section 29 (3) des Broadcasting Act 1981.[242] Betroffen waren alle Organisatio-

239 Dazu Harris/O'Boyle/Warbrick, S. 285ff.; Frowein/Peukert, Vorb. zu Art. 8-11.

240 *Plattform "Ärzte für das Leben"./.Österreich*, (1988) GH 139, Ziff. 32 = EuGRZ 1989, 522, 524.

241 (1994) E 18714/91, DR 77-A, 42 = EuGRZ 1994, 560.

242 Section 29 (3) des Broadcasting Act lautet: "The Secretary of State may at any time by notice in writing require the Authority to refrain from broadcasting any matter or

nen, deren Tätigkeit zu diesem Zeitpunkt nach dem Prevention of Terrorism (Temporary Provisions) Act 1984 oder dem Northern Ireland (Emergency Provisions) Act 1978 untersagt war, darüber hinaus Sinn Féin, Republican Sinn Féin und die Ulster Defence Association. Von dem Verbot ausgenommen waren ausdrücklich Reden im Parlament und Wahlwerbung.

David Brind und sechs seiner Kollegen, die als Journalisten bzw. Produzenten für Radio und Fernsehen tätig waren, begehrten im Wege der "judicial review" die Aufhebung der Ministerdirektive, scheiterten aber letztinstanzlich vor dem House of Lords. Ihr Vorbringen, jede Beschränkung der Pressefreiheit in Großbritannien dürfe nur in Übereinstimmung mit Art. 10 der Konvention erfolgen, lehnte das oberste Gericht unter Hinweis auf die damals fehlende Inkorporation der EMRK in das britische Recht ab.[243] Somit blieben seine Ausführungen auf die Frage beschränkt, ob die Anordnung des Innenministers im vorliegenden Fall als „unreasonable"[244] zu bezeichnen war. Zu diesem Ergebnis kam das House of Lords im Hinblick auf die überragende Bedeutung der Terrorismusbekämpfung jedoch nicht:

> „...it was impossible to say that the Secretary of State, in concluding that the modest restrictions imposed by the directives were justified by the important public interest of combating terrorism, had exceeded the limits of his discretion or acted unreasonably in making them."[245]

1991 erhoben Brind und seine Kollegen daraufhin Beschwerde vor der KOM mit der Behauptung, ihre Freiheit, Nachrichten mitzuteilen und zu empfangen, sei eingeschränkt.

---

classes of matter specified in the notice; and it shall be the duty of the Authority to comply with the notice." Clause 13 (4) der Licence and Agreement ist nahezu wortgleich.

243 S.o., Punkt § 2 I 3 a.

244 „Unreasonableness" (in diesem Kontext am besten mit "Unverhältnismäßigkeit" übersetzt) stellt im englischen "judicial review"-Prozeß einen der drei möglichen Gründe dar (neben "Illegality" und "Procedural Impropriety"), bei deren alternativem Vorliegen eine Entscheidung der Verwaltung gerichtlich aufgehoben werden kann. Anstelle des Begriffs "Unreasonableness" sprechen die Gerichte in neuerer Zeit oft auch von "Irrationality" oder "Abuse of Power". Die grundlegende Definition des Begriffs stammt aus dem Fall *Associated Provincial Picture Houses Ltd. v. Wednesbury Corporation*, (1948) 1 KB 223: "...if a decision...is so unreasonable that no reasonable authority could ever have come to it, then the courts can interfere.". S. auch Turpin, British Government and the Constitution, S. 479.

245 *R. v. Secretary of State for the Home Department, ex parte Brind and Others*, (1991) 2 WLR 588f., House of Lords.

b) Entscheidung der KOM

Die KOM wiederholte zunächst die Relevanz der Meinungs- und Pressefreiheit für die öffentliche politische Auseinandersetzung, nicht ohne die überragende Rolle der Medien bei der Meinungsbildung und -vermittlung im politischen Bereich zu betonen:

„Whatever view may be formed of the politics of, for example, Sinn Féin, it is the role of broadcasters and journalists,..., subject to the restrictions imported by the duties and responsibilities referred to by Article 10 para. 2 of the Convention, to channel to the public information about political movements and their leaders. Article 10 rights to convey information can be interfered with by restrictions on the manner of conveying information, as well as on the content of the information (...)."[246]

Einen Eingriff in den Schutzbereich stellte die Ministeranordnung, wie die KOM ausführte, zweifelsohne dar. Zu entscheiden blieb, ob die Anordnung aufgrund einer Einschränkungsmöglichkeit des Art. 10 Abs. 2 zulässig war.

Dazu mußte sie zuvorderst, wie Art. 10 Abs. 2 verlangt, vom Gesetz vorgesehen ("prescribed by law") gewesen sein. Hinsichtlich dieser Voraussetzung war insbesondere die Bestimmtheit der Anordnung zwischen den Parteien strittig. So trugen die Beschwerdeführer vor, daß ein demokratisch gewählter Abgeordneter von Sinn Féin in seiner Eigenschaft als Volksvertreter aufgrund der Ausnahmeregelung weiterhin in Radio und Fernsehen sprechen durfte, nicht aber in seiner Eigenschaft als Parteimitglied, da Sinn Fein zu den indizierten Parteien gehörte. Diese spitzfindigen Unterschiede hätten – so die Beschwerdeführer- es den Medien gleichsam unmöglich gemacht, die Anordnung zu befolgen. Die KOM führte die Rechtsprechung fort, wonach die Interpretation der Formulierung "prescribed by law" derjenigen der Formulierung "in accordance with the law" des Art. 8 Abs. 2 entspreche. Demnach muß eine Vorschrift hinreichend präzise formuliert sein. Eine Ermessensvorschrift entspricht dieser Anforderung, wenn Ermessensspielraum und Art der Ermessensausübung der Norm zu entnehmen sind.

„In the present case the Commission is faced with notices whose authority derives from statuory sources in the case of the IBA and a Licence and Agreement in the case of the BBC...

The Commission recalls that accessibility and foreseeability are two of the requirements inherent in the phrase 'prescribed by law' in Article 10 para. 2 of the Convention (...). The accessibility of the directions is not in question in the present case:...As to foreseeability, even if the original notices contained areas of uncertainty, such as the impact on elected individuals speaking on matters unrelated to terrorism, the Commission finds

246 *Brind und andere./.UK*, (1994) E 18714/91, DR 77-A, 42, 50.

that the subsequent clarification by the Home Office to the broadcasting authorities renderd the extent of the interference with the applicants' rights apparent to all concerned."[247]

Somit hielt die KOM die Anordnung für hinreichend vom Gesetz vorgesehen.

Ferner hatte die KOM zu prüfen, ob die Anordnung ein in Art. 10 Abs. 2 enthaltenes Beschränkungsziel verfolgte. Während die britische Regierung die Einschränkung im Interesse der nationalen Sicherheit und der Aufrechterhaltung der Ordnung sowie der Verbrechensverhütung als notwendig einschätzte, hielten die Beschwerdeführer die Maßnahme für völlig nutzlos im Hinblick auf die Terrorismusbekämpfung. Ihrer Ansicht nach diente die Anordnung allein dazu, Sinn Féin, eine zugelassene Partei, als quasi-terroristisch hinzustellen. Die KOM führte dazu aus, daß

„...the restrictions in the present case refer in terms to proscribed organisations and to named organisations which, although not prohibited, are known to have connections with unlawful organisations....there is no indication in the present case that directions were anything other than part of the measures taken to combat terrorism which were made in good faith."[248]

Daher akzeptierte die KOM die von der britischen Regierung vorgetragenen Einschränkungsziele.

Schließlich verblieb als Aufgabe der KOM noch die Kontrolle der Notwendigkeit der Anordnung. Nach Art. 10 Abs. 2 müssen alle Beschränkungen der in Abs. 1 enthaltenen Rechte in einer demokratischen Gesellschaft notwendig sein ("necessary in a democratic society"). In einer Abwägung zwischen den widerstreitenden Interessen der Parteien bemerkte die KOM, daß das Ausmaß der Beschränkung gering blieb, da die Aussagen der von der Anordnung betroffenen Personen in Funk und Fernsehen immerhin noch von Schauspielern oder Synchronsprechern getroffen werden konnten. Stellt dies zweifelsohne eine Erschwerung der journalistischen Tätigkeit dar, ist doch der Informationsgehalt der Aussage davon nicht berührt. Abschließend führte die KOM zur Terrorismusbekämpfung aus:

„The Commission further notes that although the Government do not contend that the interference with the applicants' rights is a prime element in the struggle against terrorism, it can be regarded as one aspect of a very important area of domestic policy. The European Court of Human Rights has referred to the special problems involved in combating terrorism (...), and the Commission has no doubt as to the difficulties involved in

---

247 Ebd., S. 51f.
248 Ebd., S. 52.

striking a fair balance between the requirements of protecting freedom of information – especially the free flow of information from the media- and the need to protect the State and the public against armed conspiracies seeking to overthrow the democratic order..."[249]

Vor diesem Hintergrund wurde die Ministeranordnung für notwendig in einer demokratischen Gesellschaft erachtet.

Da die vorliegende Beschränkung der Meinungs- und Pressefreiheit somit nach Art. 10 Abs. 2 zulässig war, wies die KOM die Beschwerde als offensichtlich unbegründet im Sinne des Art. 27 Abs. 2 ab.

c) Kommentar

Am Tag der *Brind*-Entscheidung wies die KOM mit nahezu gleicher Begründung auch die Beschwerde eines aktiven Mitglieds von Sinn Féin und gewählten Gemeinderats ab.[250] Dieser hatte insbesondere darauf verwiesen, nach dem Sendeverbot nun keinen Zugang mehr via Medien zu seinen Wählern zu haben, was ihn gegenüber seinen politischen Konkurrenten benachteilige. Betrachtet man die Bedeutung Sinn Féins im politischen Leben Nordirlands, ist die behauptete Benachteiligung durchaus nachvollziehbar. Mit (zum Zeitpunkt der Beschwerde) 59 Gemeinderäten und einem Abgeordneten im Londoner Parlament stellt die Partei keine Randgruppierung dar. Ergebnis des Sendeverbots war, daß Sinn Féin nicht länger wie jede andere Partei behandelt wurde. Zellick[251] befürchtet gar, daß Verbot habe gerade denjenigen Nationalisten in die Hände gespielt, die legale politische Betätigung für sinnlos und allein den bewaffneten Kampf für erfolgversprechend ansehen, zumal das Verbot in einer äußerst brisanten Phase des Nordirlandkonflikts erging, ca. ein Jahr nach einem IRA-Anschlag in Enniskillen, der 11 Menschenleben forderte, und fünf Monate nach dem Tod dreier IRA-Mitglieder in Gibraltar.[252]

Mit den beiden Entscheidungen *Brind* und *McLaughlin* blieb die KOM im Spannungsfeld zwischen kritischer journalistischer Berichterstattung und staatlichem Beschränkungsinteresse ihrer bisherigen Rechtsprechung treu, hatte sie doch drei Jahre zuvor in *Purcell./.Irland*[253] eine dem *Brind*-Fall ähnliche Beschränkung gebilligt. In *Purcell* hatte die irische Regierung die Ausstrahlung von

---

249 Ebd., S. 54.

250 *McLaughlin./.UK*, (1994) E 18759/91, EHRR CD 18, 84.

251 Spies, Subversives, Terrorists and the British Government: Free Speech and Other Casualties, S. 96f.

252 Zu den Hintergründen des Sendeverbots s. Henderson/Miller/Reilly, Speak No Evil. The Broadcasting Ban, The Media and the Conflict in Ireland, S. 1-3.

253 (1991) E 15404/89, DR 70, 262.

Interviews – ungeachtet ihres Inhalts- mit Mitgliedern verbotener Organisationen im Vorfeld der irischen Parlamentswahl und der Wahl zum Europäischen Parlament untersagt. Obwohl dieses Verbot auch politisch völlig harmlose Meinungsäußerungen umfaßte, wies die KOM die Beschwerde ab. In ihrer Begründung legte sie den Schwerpunkt auf Macht und Einfluß der Medien und die begrenzten Möglichkeiten der Sendeanstalt, Aussagen eines Interviewpartners zu korrigieren, interpretieren oder kommentieren. Selbst die Gefahr, daß mittels Radio- und Fernsehinterviews kodierte Botschaften (Befehle an Terroristen?!) übermittelt werden könnten, führte die KOM als Argument für die Rechtfertigung der Einschränkung an – ein im Zeitalter der Vielzahl verfügbarer Massenkommunikationsmittel kurios anmutender Gedanke.

Da in *Purcell* die KOM ihren argumentativen Schwerpunkt auf die Macht der Medien und die reine Zugehörigkeit der dort auftretenden Person zu einer politisch suspekten Organisation legte, nicht aber auf den Inhalt der Meinungsäußerung[254], kann die Entscheidung im *Brind*-Fall als Resultat eines „erst recht"-Schlusses interpretiert werden: Sind schon die Medien und der Auftritt einer dem Terrorismus nahestehenden Person darin an sich hinreichende Rechtfertigung für ein Sendeverbot, so gilt dies erst recht, wenn die konkrete Gefahr besteht, daß explizit für eine terroristische Organisation geworben wird.

Mißt man den Erfolg terroristischer Bewegungen am Grad ihrer öffentlichen Unterstützung, ist das Interesse des Staates an der Frage, wie er selbst und der Terrorismus in den Medien dargestellt werden, verständlich. Walker[255] zeigt auf, daß präventive Verbote und Zensur im Kampf gegen den nationalistischen Terror in Nordirland eine lange Tradition haben.

3. *Strafrechtliche Verfolgung wegen Publikationen bzw. Äußerungen*

Auch die Türkei versucht, mit Hilfe des Strafrechts öffentliche Äußerungen und Publikationen zu sanktionieren, die angeblich dem kurdischen Terrorismus Vorschub leisten. In bislang drei Verfahren hat sich der GH mit entsprechenden Vorgängen beschäftigt.

Im Fall *Zana./.Türkei*[256] äußerte der frühere Bürgermeister der kurdischen Provinzhauptstadt Diyarbakir in einer landesweit verbreiteten Zeitung Sympathie für die PKK und bezeichnete die Tötung von Frauen und Kindern durch die PKK als Versehen. Er wurde zu einer Haftstrafe verurteilt, von der er ein Fünftel ab-

254 So Lester, Freedom of Expression, S. 473.
255 Walker, Prevention, S. 267-272.
256 (1997) RJD 1997, 2533.

saß. Da die Äußerungen des Beschwerdeführers die ohnehin angespannte Lage im Lande weiter hätten verschlimmern können und die PKK eine gewalttätige terroristische Vereinigung sei, hielt der GH die Bestrafung für verhältnismäßig und nach Art. 10 Abs. 2 gerechtfertigt.

Anders stellte sich die Situation dagegen im Fall *Incal./.Türkei*[257] dar. Nachdem er ein pro-kurdisches Flugblatt verbreitet hatte, war der Beschwerdeführer u.a. wegen „Aufforderung zur Begehung von Straftaten" verurteilt worden. Den entscheidenden Unterschied zur *Zana*-Entscheidung bemerkte der GH darin, daß

„... the Court does not discern anything which would warrant the conclusion that Mr Incal was in any way responsible for the problems of terrorism in Turkey ..."[258]

Daher wurde seine Verurteilung als in einer demokratischen Gesellschaft nicht notwendig betrachtet.

Zum gleichen Ergebnis kam der GH schließlich auch in *Polat./.Türkei*[259], ein Fall, in dem der Beschwerdeführer wegen eines vorwiegend literarisch-historischen, glorifizierenden Buches über die kurdische Bewegung zu zwei Jahren Haft verurteilt worden war.

Mithin läßt sich feststellen, daß der GH bei der Verfolgung angeblich proterroristischer Publikationen und Äußerungen das betreffende Werk daraufhin untersucht, ob es tatsächlich geeignet ist, den Terrorismus zu fördern. Neben dem Inhalt ist ein Kriterium die Art und Höhe der Verbreitung: die nationale Tageszeitung in *Zana* erwies sich als bedrohlicher als der Kleinverlag in *Polat* oder die auf Izmir beschränkte Veröffentlichung in *Incal*. Schließlich dient auch die Höhe der verhängten Strafe als Faktor bei der Prüfung der Maßnahme an Art. 10.[260]

4. Rai, Allmond und "Negotiate Now"./.UK[261]

Folgende Entscheidung behandelt den Versuch britischer Behörden, mittels eines Demonstrationsverbots eventuelle Sympathiebekundungen für nationalistische Positionen im Nordirlandkonflikt erst gar nicht zur Entstehung kommen zu lassen. Das hoheitliche Eingreifen mit dem – letztlich dahinterstehenden – Ziel der Terrorismusprävention erfolgte in diesem Fall gleichsam zum frühestmöglichen

---

257 (1998) RJD 1998, 1547.
258 Ebd., Ziff. 58.
259 Urt. v. 8. Juli 1999, Beschw.-Nr. 23500/94.
260 Ebd., Ziff. 48.
261 (1995) E 25522/94, DR 81-A, 146.

Eingriffszeitpunkt, womit hier wohl der „höchste Grad an Prävention“ erreicht wurde.

a) Sachverhalt

Die Beschwerdeführer waren Mitglieder einer friedenspolitisch aktiven Organisation namens „Negotiate Now", die sich zum Ziel gesetzt hatte, den Friedensprozeß in Nordirland zu fördern und insbesondere für sofortige Verhandlungen zwischen den Konfliktparteien ohne eine vorherige Waffenruhe plädierte. Um in der Öffentlichkeit auf ihr Anliegen aufmerksam zu machen, beantragten die Beschwerdeführer beim insoweit zuständigen „Department of National Heritage", auf dem Trafalgar Square in London eine Kundgebung durchführen zu dürfen. Obwohl die zu Rat gezogene Londoner Polizei keine Bedenken dagegen hatte, untersagten sowohl die Behörde als auch Innenministerium die Veranstaltung. Rechtsmittel gegen diese Entscheidung blieben erfolglos.

Die Beschwerdeführer behaupteten eine Verletzung der Artikel 9, 10 und 11.

b) Entscheidung der KOM

Obwohl die KOM erkannte, daß im vorliegenden Fall die (von Art. 9 auch umfaßte) Gedanken- und Weltanschauungsfreiheit, die Meinungsfreiheit und die Versammlungsfreiheit nicht trennbar sind, sah sie die Problematik primär in Zusammenhang mit der Versammlungsfreiheit, auf deren Prüfung sie sich aufgrund der Spezialität des Art. 11 konzentrierte. Die Versammlungsfreiheit stand auch den Beschwerdeführern zu, da sie, wie von Art. 11 gefordert, eine *friedliche* Kundgebung beabsichtigten.

Zu entscheiden war daher, ob die erfolgte Einschränkung der Versammlungsfreiheit "vom Gesetz vorgesehen" ("prescribed by law") im Sinne des Art. 11 Abs. 2 war.

„...the power to regulate the use of the Square for assemblies is not subject to defined restrictions,...the policy of excepting demonstrations relating to Northern Ireland was the subject of a public statement in the House of Commons and that numerous refusals of demonstrations occurred subsequent to this. It is compatible with the requirements of foreseeability that terms which are on their face general and unlimited are explained by executive or administrative statements, since it is the provision of sufficiently precise guidance to individuals to regulate their conduct rather than the source of that guidance which is of relevance."[262]

262 Ebd., S. 152.

Somit hielt die KOM die Einschränkung von Versammlungen auf dem Trafalgar Square für hinreichend „vom Gesetz vorgesehen".

Die Beschwerdeführer behaupteten weiterhin, das Verbot der Kundgebung sei mehr wegen kontroverser politischer Ansichten zwischen ihnen und der britischen Regierung als aus Gründen der öffentlichen Sicherheit ergangen.

Hierzu war die KOM der Auffassung,

„...that, in the circumstances of Northern Ireland where sensitive and complex issues arise as to the causes of the conflict and possible solutions, the Government can be considered in its general policy of banning demonstrations concerning the subject to be pursuing the aim of preventing disorder..."[263]

Zu prüfen blieb die Frage, ob das Kundgebungsverbot, wie Art. 11 Abs. 2 es für jegliche Einschränkungen verlangt, „in einer demokratischen Gesellschaft ... notwendig" („necessary in a democratic society") war. Dabei akzeptierte die KOM, daß die heikle und komplexe Situation in Nordirland dann ein generelles Verbot diesbezüglicher Demonstrationen rechtfertigen könnte, um Unruhen zu vermeiden und die Rechte und Freiheiten anderer zu schützen. Die sicherheitspolitische Einschätzung, inwieweit die höchst kontroversen Forderungen von „Negotiate Now" solchen Unruhen Vorschub leisten könnten, unterlag dem behördlichen Einschätzungsspielraum („margin of appreciation"). Angesichts der Tatsache, daß andere Versammlungsorte der Organisation offenstanden, hielt die KOM die Einschränkung für verhältnismäßig.

Die KOM erkannte somit nicht auf eine Verletzung des Art. 11.

c) Kommentar

Eine gesetzlich garantierte Versammlungsfreiheit, auf die sich die Beschwerdeführer hätten berufen können, sucht man im britischen Recht vergebens. Wie auch etwa das Recht auf Privatsphäre (privacy) wird die Versammlungsfreiheit negativ definiert, und zwar als eine Freiheit, die grundsätzlich jedenfalls in dem Maße existiert, in dem sie nicht durch Gesetze oder Richterrecht eingeschränkt ist. Nach den Worten des bedeutenden viktorianischen Juristen Dicey ist „*...the right of assembling...nothing more than a result of the view taken by the courts as to individual liberty of person and ... speech*".[264]

Das Versammlungsverbot erfolgte im vorliegenden Fall aufgrund der Trafalgar Square Regulations 1952, wonach dort geplante Versammlungen stets einer

263 Ebd., S. 153.

264 A.V. Dicey, An Introduction to the Study of the Law of the Constitution, zitiert nach McCrudden-Gearty, S. 42.

behördlichen Erlaubnis bedürfen. Seit dem IRA-Bombenanschlag auf den Armeestützpunkt Aldershot im Jahre 1972 betrieb die britische Regierung die Untersagung von Demonstrationen, die mit der Situation in Nordirland in Zusammenhang standen. Dieses Verbot war generell und umfassend, damit die Behörden keine komplizierten Unterscheidungskriterien zwischen zu genehmigenden und zu untersagenden Veranstaltungen entwickeln mußten; jedoch wurden bei drei Gelegenheiten Ausnahmegenehmigungen erteilt.

Betrachtet man die nicht gerade umfangreiche Rechtsprechung von GH und KOM zur Versammlungsfreiheit, überrascht das Ergebnis in *Rai, Allmond und "Negotiate Now"* keineswegs. Es folgt der Linie, die die KOM vorher in den Fällen *Rassemblement Jurassien Unité Jurassienne./.Schweiz*[265] und *Christians against Racism and Facsim./.UK*[266] entwickelt hatte. In beiden Fällen hielt die KOM allgemeine und umfassende Demonstrationsverbote nach Art. 11 Abs. 2 für gerechtfertigt, wenngleich sie Ausnahmen bleiben müßten. Die KOM wies im ersten Fall auf die kurze Zeit (bei zwei Anlässen jeweils zwei Tage) und den geringen örtlichen Rahmen (ein einzelnes Dorf) der Untersagung hin. Im zweiten Fall existierte ein zweimonatiges Verbot von Demonstrationszügen in London, das ursprünglich gegen Umzüge einer rechtsextremen Partei gerichtet war. Den Beschwerdeführern, die einer völlig anderen Gruppierung angehörten, bedeutete die KOM, daß reine Versammlungen und Treffen ohne Umzug in dieser Periode nach wie vor möglich waren.

---

265 (1979) E 8191/78, DR 17, 93 = EuGRZ 1980, 36.
266 (1980) E 8440/78, DR 21, 138 = EuGRZ 1981, 216.

§ 4: Antiterroristische Maßnahmen in Polizeigewahrsam und Untersuchungshaft: Die grundlegenden Entscheidungen

Nach präventiven Mitteln zur Verhinderung terroristischer Anschläge stellen Polizeigewahrsam bzw. -arrest und Untersuchungshaft die nächste Station dar, an welcher die Sicherheitsbehörden mit ihren Gegenmaßnahmen ansetzen. Sowohl aus psychologischer Sicht – für die Inhaftierten – als auch aus der menschenrechtlichen Perspektive stellt sich dieses Stadium als besonders brisant dar. Zum einen ist es ein Zwischenstadium, nach einer wie auch immer gearteten „öffentlichen“ Tat und vor der rechtskräftigen Verurteilung und der Überführung in Strafhaft (bzw. der Freilassung), ein Stadium, an dem vielfältige Ermittlungsbedürfnisse der Behörden mit berechtigten Interessen des Beschuldigten (hier nur zu nennen die Unschuldsvermutung und das nemo-tenetur-Prinzip) in Einklang gebracht werden müssen. Zum anderen ist der Beschuldigte in diesem Stadium der aufmerksamen Öffentlichkeit – Angehörige, Anwälte, Medien – zunächst entzogen, was ihn in besonderem Maße für konventionswidrigen Mißbrauch anfällig macht. Nach alledem verwundert es nicht, daß Fälle aus dem Bereich des Polizeigewahrsams bzw. der Untersuchungshaft eine große Rolle in der Spruchpraxis der Straßburger Organe spielen.

I. Erste Fallgruppe: Folter und unmenschliche Behandlung in Polizeigewahrsam

Gegenstand der ersten Fallgruppe sind Entscheidungen, die KOM und GH unter dem Gesichtspunkt einer Verletzung des Art. 3 geprüft haben, dessen Schutzbereich oben unter Punkt § 3 III 3 a umrissen wurde. Auch hier wird die Entwicklung der Rechtsprechung chronologisch anhand der folgenden Fälle nachgezeichnet.

1. Donnelly und sechs andere./.UK[267]

a) Sachverhalt

Gerard Donnelly und sechs weitere Beschwerdeführer wurden im April 1972 abends in Belfast und Londonderry verhaftet und in Polizeigewahrsam überführt. Dort wurden sie die ganze Nacht über verhört, wobei es zu Bedrohungen und Mißhandlungen kam. Diese Übergriffe räumte die britische Regierung unter Betonung ihres Einzelfallcharakters auch teilweise ein. In Schadensersatzprozessen einigten sich vier Beschwerdeführer mit der britischen Regierung im Vergleichswege und wurden entschädigt.

Vor der KOM wies die Regierung zunächst auf die ihrer Ansicht nach fehlende Rechtswegerschöpfung auf Seiten derjenigen Beschwerdeführer hin, die keine Entschädigung erhalten hatten. Die entschädigten Beschwerdeführer könnten dagegen nun nicht mehr als „Opfer" einer Verletzung im Sinne des Art. 25 angesehen werden. Somit sei die Beschwerde unzulässig.

Die Beschwerdeführer brachten gegen diese Ansicht vor, die Mißhandlungen – als Verstoß gegen Art. 3 zu werten – seien Teil einer fortgesetzten, regelmäßig geübten Verwaltungspraxis der Sicherheitsbehörden („administrative practice"). Daher existiere in Nordirland kein effektiver Rechtsschutz gegen solche Maßnahmen. Art. 3 sei nicht derogierbar; mit den Entschädigungen zahle die britische Regierung de facto für ein „Recht auf Folter und unmenschliche Behandlung".

b) Entscheidung der KOM

Nach Überprüfung der den Beschwerdeführern zur Verfügung stehenden Rechtsbehelfe gegen die Mißhandlungen in Polizeigewahrsam befand die KOM die objektiv gegebenen Möglichkeiten eines effektiven Rechtsschutzes für ausreichend. Die Entschädigungszahlungen für einen Teil der Beschwerdeführer hätten zudem bewiesen, daß das Rechtsschutzsystem auch im Falle der betreffenden Beschwerdeführer funktioniert habe. Dabei bedeute eine Einigung im Vergleichswege keinesfalls, daß die Schadensersatzklagen nicht zum Erfolg hätten führen können. Allein die Möglichkeit, Schadensersatz geltend zu machen, begründe unter normalen Umständen effektiven Rechtsschutz. Eine andere Situation könne aber bei Bestehen einer konventionswidrigen Verwaltungspraxis entstehen. Für das Vorliegen einer solchen hätten die Beschwerdeführer prima facie ausreichend Beweise geliefert. Schon allein deshalb könne die Beschwerde nicht mangels Rechts-

267 (1975) E 5577-5583/72, DR 4, 4.

wegerschöpfung zurückgewiesen werden, sondern müsse auf ihre Begründetheit hin untersucht werden.

Die KOM wies auf die Verpflichtung des Staates hin, konventionswidriges Verhalten bereits präventiv zu verhindern; es bestehe kein Wahlrecht zwischen Beachtung der Konvention und der Zahlung von Entschädigungen für Konventionsverletzungen:

> „On the other hand, compensation could not, ..., be deemed to have rectified a violation in a situation where the State had not taken reasonable measures to comply with ist obligations under Art. 3... (I)f conduct which contravened Art. 3 were to be authorised by domestic law, even if the law also provided for the payment of compensation to the victims of such conduct, such compensation would not constitute a remedy which could be deemed to rectify the violation of Art. 3. Similarly, if the higher authorities of the State pursued a policy or administrative practice whereby they authorised or tolerated conduct in violation of Art. 3, compensation would not of itself constitute an adequate remedy.“[268]

Entscheidend für die Beurteilung, ob eine „administrative practice“ einer unmenschlichen und erniedrigenden Behandlung vorliege, sei, so die KOM, welche Maßnahmen die Behörden getroffen hätten, um die Wiederholung derartiger Mißhandlungen zu verhindern. In ihrer minuziösen Prüfung der Untersuchungen, die in Folge der Vorfälle angestrengt wurden, kam die KOM zum Ergebnis, daß diese trotz einiger Mängel – die z.T. auch auf fehlende Kooperationsbereitschaft der Beschwerdeführer zurückzuführen waren – geeignet waren, den Sachverhalt aufzuklären und die beteiligten Polizisten zu disziplinieren, womit die Behörden ihrer Untersuchungspflicht nachgekommen seien. Schließlich begründe selbst eine Tolerierung von Mißhandlungen durch Führungskräfte der unteren und mittleren Hierarchieebene noch keine „administrative practice“.

Demzufolge erklärte die KOM die Beschwerden für unzulässig bzw. wies die bereits angenommenen Beschwerden gemäß Art. 29 a. F. zurück.

c) Kommentar

Ein häufiger Vorwurf der Beschwerdeführer in Fällen, die in Verbindung mit terroristischen Straftaten und der Bedrohung der Staatssicherheit stehen, lautet, daß die behauptete Konventionsverletzung im Rahmen einer Verwaltungspraxis erfolgt sei. Unter einer solchen ist eine Häufung zahlreicher identischer oder gleichartiger, in einem gewissen Zusammenhang stehender und daher auf ein System oder ein bestimmtes Verhaltensmuster hinweisender Konventionsverletzun-

268 Ebd., S. 78f.

gen zu verstehen.[269] Die Bedeutung der *Donnelly*-Entscheidung liegt nun in der Frage, welche Auswirkung eine behauptete konventionswidrige Verwaltungspraxis auf das Erfordernis der Rechtswegerschöpfung gemäß Art. 26 a.F. hatte, dem der Individualbeschwerdeführer, will er die Existenz einer Verwaltungspraxis bei der KOM überprüft haben, wegen Art. 27 Abs. 3 a.F. Rechnung tragen muß.

In ihrer früheren Rechtsprechung hatte die KOM als Ausnahme zum Erfordernis der Rechtswegerschöpfung Individualbeschwerden dann zugelassen, wenn unter den besonderen Umständen des Einzelfalls der nationale Rechtsbehelf als absolut ineffektiv zu betrachten sei.[270] Eine weitere Ausnahme zu Art. 26 a.F. sei anzunehmen, wenn die Vereinbarkeit von legislativen Maßnahmen und Verwaltungspraxen mit der Konvention zur Entscheidung vorgelegt werde.[271] Hatte die KOM diese Ausnahme bis dato aber nur in Staatenbeschwerden angewendet[272], so weitete sie diese Rechtsprechung in *Donnelly* erstmals auch auf Individualbeschwerden aus. Dabei reicht es auf Seiten des Beschwerdeführers aus, wenn dieser Beweise vorlegt, aus denen prima facie die behauptete Verwaltungspraxis zu entnehmen ist. Mit Anlegung dieses „prima facie-Standards" entfernte sich die KOM ferner von ihrer früheren Rechtsprechung, wonach eine Verwaltungspraxis durch „substantial evidence" belegt werden mußte.[273] Hierin liegt somit eine weitere verfahrenstechnische Erleichterung der Individualbeschwerde über eine angebliche Verwaltungspraxis.

2. *Irland./.UK*[274]

a) Sachverhalt

Als sich nach 1969 der Bürgerkrieg in Nordirland intensiviert hatte, begann im August 1971 die zu diesem Zeitpunkt formell noch unabhängige – das Vereinigte Königreich übernahm erst im März 1972 die unmittelbare Verwaltung der Provinz – nordirische Regierung, eine breit angelegte Internierungskampagne durch-

269 Frowein/Peukert, Art. 26, Rdn. 2.

270 *Griechenland./.UK („Zweiter Zypern-Fall")*, (1957) E 299/57, Yb 2 (1958-1959), 186, 192ff.

271 *Griechenland./.UK („Erster Zypern-Fall")*, (1956) E 176/56, Yb 2 (1958-1959), 182, 184.

272 Das Gebot der Erschöpfung innerstaatlicher Rechtsbehelfe gilt auch dann für Staaten-beschwerden, wenn der beschwerdeführende Staat an Stelle einzelner Personen die diesen zugefügten Verletzungen geltend macht; vgl. *Österreich./.Italien*, (1961) E 788/60, Yb 4 (1961), 116, 152ff..

273 Boyle/Hannum, AJIL 1974, 440, 451.

274 (1978) GH 25 = EuGRZ 1979, 149.

zuführen. Bei der Aktion, die unter dem Decknamen „Operation Demetrius" firmierte, wurden etwa 2300 Personen, vornehmlich aus der katholischen Bevölkerungsgruppe, festgenommen, vernommen, inhaftiert und in die Militärlager Palace Barracks, Girdwood Park Regional Holding Centre und Ballykinder Regional Holding Centre verbracht. Die Behörden griffen für diese Maßnahmen auf besondere Vollmachten zurück, die ihnen 1922 durch den Civil Authorities (Special Powers) Act (Northern Ireland) übertragen worden waren. Danach konnte die Regierung sogenannte „Regulations" erlassen, die u.a. Internierung und andere Beschränkungen der Bewegungsfreiheit ohne Einschaltung eines Gerichts erlaubten.

In den genannten Militärlagern wendeten die Vernehmungspersonen die sogenannten „fünf Techniken" an: Gefangene wurden gezwungen, sich mehrere Stunden mit gespreizten Armen und Beinen gegen eine Wand zu lehnen („wall-standing"); ihnen wurde eine dunkle Kapuze über den Kopf gestülpt („hooding"); sie wurden Lärm in Gestalt eines lauten, pfeifenden Geräusches ausgesetzt; es erfolgten Schlafentzug und Reduzierung der Mahlzeiten („disorientation" und „sensory deprivation"). Zudem kam es zu Schlägen und Fußtritten. Im Dezember 1971 brachte die irische Regierung eine Beschwerde gegen das Vereinigte Königreich ein und rügte die Verletzung u.a. des Art. 3.[275]

Die KOM kam nach Untersuchung der Vorwürfe in ihrem umfangreichen Bericht[276] zum einstimmigen Ergebnis, daß der kombinierte Gebrauch der „fünf Techniken" eine regelmäßig geübte Praxis unmenschlicher Behandlung und sogar der Folter darstelle; des weiteren seien in Einzelfällen unmenschliche Behandlungen im Sinne des Art. 3 erwiesen.

b) Entscheidung des GH

Der GH schloß sich im Hinblick auf die Einordnung der „fünf Techniken" als unmenschliche und erniedrigende Behandlung an; daß ihre Anwendung eine regelmäßig geübte Praxis sei, ergebe sich bereits daraus, daß sie Mitglieder der Royal Ulster Constabulary auf Seminaren erlernten. Das Abgrenzungskriterium zwischen unmenschlicher und erniedrigender Behandlung einerseits und Folter andererseits liegt nach Auffassung des GH in der Intensität des zugefügten Leidens, auch in Relation zu Geschlecht, Alter und Gesundheitszustand des Betroffenen. Erniedrigende Behandlung, unmenschliche Behandlung und Folter bilden danach ein Stufenverhältnis. Obgleich es das Ziel der „fünf Techniken" war, Ge-

---

275 S. zur Vorgeschichte Hannum/Boyle, The Irish Jurist 1972, 329, 334; O'Boyle, AJIL 1977, 674ff.

276 EuGRZ 1976, 372.

ständnisse und Informationen abzunötigen, verursachten sie, so der GH, kein Leiden jener besonderen Intensität und Grausamkeit, wie es der Begriff „Folter" impliziere.

c) Kommentar

Unter dem Eindruck der Ende 1971 eingebrachten Beschwerde hatte die britische Regierung schon frühzeitig reagiert und den Gebrauch der „fünf Techniken" per Weisung untersagt; außerdem wurde den Opfern Schadensersatz geleistet. Den uneingeschränkten Verzicht auf die Techniken erklärte der Vertreter der britischen Regierung bindend vor dem GH, was den seltenen Fall eines einseitig verbindlichen völkerrechtlichen Rechtsaktes darstellte.[277] Mit dieser Zusage, so die britische Regierung, habe sich die Beschwerde Irlands erledigt, womit eine Entscheidung des GH über die Rechtmäßigkeit der „fünf Techniken" überflüssig werde. Der GH lehnte diese Ansicht ab, da seine Funktion nicht nur auf eine individuelle Fallentscheidung inter partes beschränkt sei, sondern auch kollektiv die Wahrung der Allgemeininteressen durch Förderung des internationalen Menschenrechtsstandards beinhalte.[278]

Der materielle Gehalt der Entscheidung kann nur vor diesem prozessualen Hintergrund nachvollzogen werden. Es drängt sich der Eindruck auf, als habe der GH die ungewöhnlich entgegenkommende Haltung der britischen Regierung in seiner Entscheidung „mildernd berücksichtigt". Denn die Knappheit der Begründung und die offensichtliche Zurückhaltung bei der Bewertung der „fünf Techniken" als Folter haben kaum Zustimmung gefunden. So haben die vier Richter Zekia, O'Donoghue, Evrigenis und Matscher abweichend für die Einordnung der Techniken als Folter plädiert. Beachtenswert ist insbesondere das Argument, Folter umfasse auch psychologisch subtilere Formen der Willensbeeinträchtigung, unabhängig von physischer Gewaltanwendung.

Gerade diesen Aspekt hat der GH verkannt. Eine rein graduelle objektive Abstufung zwischen unmenschlicher und erniedrigender Behandlung einerseits und Folter andererseits wird zudem dem Opfer nicht gerecht. Auch ohne unmittelbare Beeinträchtigung der körperlichen Integrität können für den Betroffenen psychische Manipulationstechniken in ihrer Wirkung herkömmlichen Foltermethoden gleichkommen.[279] Dies wird gerade bei den „fünf Techniken" deutlich, deren beeinträchtigendste Auswirkung gerade die Verwirrung der Sinnesfähigkeiten und

---

277 Bleckmann, EuGRZ 1979, 188f.

278 *Irland./.UK*, (1978) GH 25, Ziff. 154 = EuGRZ 1979, 149, 152f.; s.a. Bleckmann, EuGRZ 1979, 188f.

279 S. Frowein/Peukert, Art. 3, Rdn. 5; O'Boyle, AJIL 1977, 674, 685.

die Desorientierung war. Insofern hat die KOM zu Recht schon im *Griechenland*-Fall ähnliche, sich psychisch auswirkende Maßnahmen, die einen Angstzustand erzeugen, als „nonphysical torture“ bezeichnet.[280] Die Existenz einer solchen psychischen Folter schien durch die Bestätigung der Kommissionsentscheidung im *Griechenland*-Fall durch das Ministerkomitee nach Art. 32 a.F. in die Dogmatik der EMRK Eingang gefunden zu haben. Konsequenterweise nahm die KOM dann auch im vorliegenden Fall Folter an, u.a. unter Bezugnahme auf eine andere völkerrechtliche Bestimmung, Art. 17 Abs. 4 der Dritten Genfer Rotkreuzkonvention, die „physical or mental torture“ zur Erlangung von Informationen verbietet. Nach alledem kann die Beschränkung des Folterbegriffs auf Eingriffe in die körperliche Integrität, wie es der GH hier offensichtlich annimmt, nicht überzeugen.[281]

Es bleibt abschließend anzumerken, daß die Mitgliedstaaten des Europarates 1987 das Europäische Übereinkommen zur Verhütung von Folter und unmenschlicher oder erniedrigender Behandlung unterzeichnet haben, das mit Besuchs- und Berichtsrechten einen nicht-justiziellen Mechanismus enthält, der im Gegensatz zum Verfahren nach der EMRK wenigstens teilweise präventiv ausgerichtet ist und somit als wichtige Ergänzung im Schutzsystem dient.

3. *Aksoy./.Türkei*[282]

a) *Sachverhalt*

Der Beschwerdeführer wurde 1992 wegen des Verdachts der Unterstützung der PKK verhaftet und mußte sich die 5 qm große Zelle mit zwei anderen Häftlingen teilen. Nach seinen Angaben wurde er nackt ausgezogen und an seinen auf dem Rücken festgebundenen Händen aufgehängt (sog. „palästinensisches Erhängen“), seine Genitalien seien mit Stromschlägen traktiert worden und er sei geschlagen worden. In einem militärärztlichen Bericht wurde angegeben, daß der Beschwer-

---

280 S. zum Hintergrund Morrison, The Dynamics of Development in the European Human Rights System, S. 64ff.; Robertson/Merrills, S. 37f.; s.a. Gomien/Harris/Zwaak, S. 107.

281 So auch Frowein/Peukert, Art. 3, Rdn. 5; kritisch auch Harris/O'Boyle/Warbrick, S. 60f.; dem GH im Ergebnis zustimmend Villiger, Handbuch der Europäischen Menschenrechtskonvention (EMRK) unter besonderer Berücksichtigung der schweizerischen Rechtslage, S. 176, mit dem wenig überzeugenden Argument, das 20. Jahrhundert habe schlimmere Grausamkeiten gesehen, die die „fünf Techniken“ weit in den Schatten stellten.

282 (1996) RJD 1996, 2260.

defführer keine Verletzungen aufweise; fünf Tage nach der Entlassung Aksoys diagnostizierte ein Arzt an einem Universitätsklinikum indes eine zweiseitige Lähmung der Arme. Ein Jahr nach Einreichung der Beschwerde bei der KOM wurde der Beschwerdeführer unter ungeklärten Umständen im April 1994 erschossen, worauf sein Vater das Verfahren weiterbetrieb. Die türkische Regierung behauptete, es bestünden ernsthafte Zweifel, daß der Beschwerdeführer tatsächlich mißhandelt worden sei; schließlich habe sich letzterer erst fünf Tage nach seiner Entlassung ins Krankenhaus begeben, die festgestellte Lähmung könne auch auf anderen Ursachen beruhen. Die KOM hielt Art. 3 mit fünfzehn zu einer Stimme für verletzt.

b) Entscheidung des GH

Der GH akzeptierte die Tatsachenfeststellung der KOM. Während der GH keine ausreichenden Beweise für die Elektroschockbehandlung und die Schläge sah, hielt er das „palästinensische Erhängen" mit der Folge der Lähmung für erwiesen. Die türkische Regierung habe hier keine plausible Erklärung dafür abgegeben, warum der Beschwerdeführer bei seiner Verhaftung gesund, bei seiner Entlassung aber verletzt gewesen sei. Es gebe keine Anhaltspunkte dafür, daß er sich die Verletzungen zwischen Entlassung und Krankenhausbesuch zugezogen habe. Erstmals nahm der GH nun das Vorliegen der Folter i.S.d. Art. 3 an. Er wiederholt seine bisherige Rechtsprechung, wonach Folter nur angenommen werden könne, wenn eine vorsätzliche unmenschliche Behandlung vorliege, die zu sehr ernsten und grausamen Leiden führe. Hier mußte die Mißhandlung als vorsätzlich betrachtet werden, da sie gewisse Vorbereitungen erfordert habe. Auch sei die Folge der Mißhandlung, die Lähmung, äußerst schwerwiegend:

> „D'après la Cour, ce traitement ne peut [être] infligé que délibérement; en effet, sa réalisation exig[e] une dose de préparation et d'entraînement... Hormis les graves souffrances qu'il doit [causer] à l'intéressé ..., les preuves médicales montrent que qu'il condui[t] à une paralyasie des deux bras... La cour estime que ce traitement [est] d'une nature tellement grave et cruelle que l'on ne peut le qualifier que de torture."[283]

Somit sah der GH das Folterverbot des Art. 3 als verletzt an.

283 Ebd., Ziff. 64.

c) Kommentar

aa) Dogmatische Konsequenzen

Angesichts der bis dato zurückhaltenden Spruchpraxis des GH zum Vorliegen von Folter kann diese Entscheidung als überraschend bezeichnet werden. Dies gilt insbesondere vor dem Hintergrund der schwierigen Beweisfragen, an die der GH mit den genannten Gründen anscheinend keinen strengen Maßstab anlegt. Es genügen danach glaubhafte und in sich geschlossene Behauptungen und Indizien der Mißhandlung, während an Entlastungsbeweise der türkischen Seite höhere Anforderungen gestellt wurden.

In die gleiche Richtung wie *Aksoy* weist auch die Rechtsprechung des GH im Fall *Aydin./.Türkei*[284]. Hier wurde die zum Zeitpunkt der maßgeblichen Ereignisse 17-jährige kurdische Beschwerdeführerin Sükran Aydin in ihrem Dorf verhaftet und ins Gendarmerie-Hauptquartier nach Derik verbracht. Dort wurde sie nach ihren Aussagen entkleidet, in einen Autoreifen gesteckt und herumgerollt. Zudem wurde sie geschlagen und mit Wasser aus Hochdruckdüsen bespritzt. Schließlich wurde sie von einer Person in militärischer Kleidung vergewaltigt. Nach ihrer Freilassung, die drei Tage später erfolgte, beschwerte sich die Beschwerdeführerin bei der zuständigen Staatsanwaltschaft. Von ärztlicher Seite wurden zwar blaue Flecke und der Riß des Hymens festgestellt, ohne jedoch den Zeitpunkt der Mißhandlung bestimmen zu können. Ermittlungen der Staatsanwaltschaft führten zu keinem Ergebnis, da die Gendarmerie angab, die Beschwerdeführerin niemals in Gewahrsam gehabt zu haben. Auch das Verhaftungsregister enthielt keinen Eintrag für die betreffende Zeit.

Trotz äußerst dürftiger Beweislage und widersprüchlichem Verhalten der Beschwerdeführerin erkannte der GH unter Bezugnahme auf die *Aksoy*-Rechtsprechung[285] auf eine Verletzung des Folterverbotes. Im Vergleich zu *Aksoy* werden noch weniger Anforderungen an die Beweise gestellt. Man kann argumentieren, daß um so weniger Anforderungen an Beweise gestellt werden, je gravierender die Foltermethoden sind. *Aydin* erweckt den Anschein, als käme der GH hier zu einer Beweislastumkehr, obwohl dies nicht explizit ausgesprochen wird. Der GH bewegt sich somit in Folterfällen momentan auf eine „in dubio pro accusatore"-Rechtsprechung hin, die beinahe die Grenze einer Billigkeitsrechtsprechung erreicht. Andererseits sind Beweisgewinnung und Sachverhaltsaufklärung im Südosten der Türkei ein äußerst schwieriges Unterfangen; hier mitteleuropäische prozessuale Maßstäbe anzulegen erschiene etwas lebensfremd.

---

284 (1997) RJD 1997, 1866.
285 S.o., Punkt 4 I 3.

Trotz dieser verfahrensrechtlicher Bedenken verdienen die Entscheidungen in der Sache uneingeschränkte Zustimmung. Daß Folter im kurdischen Teil der Türkei ein weitverbreitetes Phänomen ist, haben nicht zuletzt Berichte u.a. von amnesty international und des Ausschusses der Europäischen Folterkonvention gezeigt.[286] In einer Staatenbeschwerde Dänemarks gegen die Türkei, deren Auslöser die Verhaftung eines dänischen Staatsangehörigen kurdischer Abstammung in Ankara war, räumte die türkische Regierung in der Erklärung zur Gütlichen Einigung sogar das Vorkommen von Folter und Mißhandlung in Polizeigewahrsam und Untersuchungshaft ein, nicht ohne allerdings den Einzelfallcharakter derartiger Vorfälle zu betonen.[287]

Bei solch gravierenden körperlichen Mißhandlungen wie den im *Aydin*-Fall geschilderten mußte der GH selbst bei Anlegung seiner bislang restriktiven Maßstäbe das Vorliegen von Folter bejahen.

Als einen Schritt zu einer erneuten Differenzierung zwischen den Tatbeständen des Art. 3 könnte man momentan allenfalls die Entscheidung im Fall *Tekin./.Türkei*[288] ansehen. Obwohl die Vorfälle in türkischem Gewahrsam wiederum als schlimm – wenn auch eben nicht als ganz so drastisch wie in *Aksoy* und *Aydin* – bezeichnet werden müssen, erkannte der GH lediglich auf eine Verletzung des Art. 3 in der Form unmenschlicher und erniedrigender Behandlung.

bb) Neueste Entwicklung in der Rechtsprechung zu Art. 3

Die neueste Entwicklung in der Konventionsrechtsprechung zu Art. 3 überträgt die ständige Rechtsprechung zu Art. 2, wonach auch mangelhafte Untersuchungen eines Todesfalls einen Konventionsverstoß zu begründen vermögen[289], nunmehr auch auf Art. 3. Wenn letztere Vorschrift in Verbindung mit Art. 1 gelesen werde, wie der GH in einem nicht-terroristischen Fall konstatierte, müsse davon ausgegangen werden,

> „...that, in these circumstances, where an individual raises an arguable claim that he has been seriously ill-treated by the police ... unlawfully and in breach of Article 3, that provision ... requires by implication that there should be an effective official investigation."[290]

---

286 S. zum Besuch des Europäischen Komitees Alleweldt, EuGRZ 2000, 193, 194ff.
287 *Dänemark./.Türkei*, Beschw.-Nr. 34382/97, EuGRZ 2000, 619.
288 (1998) RJD 1998, 1504.
289 S.o., Punkt § 3 I 6 c.
290 *Assenov und andere./.Bulgarien*, (1998) RJD 1998, 3290, Ziff. 102.

Ohne diese Lesart, so der GH, erwiese sich der Schutz vor polizeilichem Mißbrauch als praktisch ineffektiv. Nur eine Untersuchung könne den für den Mißbrauch Verantwortlichen identifizieren und einer Bestrafung zuführen.

In *Sevtap Veznedaroglu./.Türkei*[291] findet sich diese Entwicklung erstmals auch in einem kurdischen Fall.

Im *Öcalan*-Fall[292] erklärte der GH die Beschwerde hinsichtlich einer Verletzung des Art. 3 für zulässig. Der Beschwerdeführer sieht einen Verstoß zum einen in seiner Entführung und der Art und Weise seiner Verhaftung (Verabreichung von Sedativa, Verbinden der Augen), zum anderen in seinen Haftbedingungen (Einzelhaft) liegen.

II. Zweite Fallgruppe: Die Dauer des Polizeigewahrsams bzw. der Untersuchungshaft

Die Frage, wie lange ein terroristischer Straftaten Verdächtiger ohne justizielle Kontrolle festgehalten werden darf, betrifft eine Vielzahl von Fällen. Berührt ist primär der Schutzbereich des Art. 5

1. Der Schutzbereich des Art. 5

Ziel der Vorschrift ist der Schutz des einzelnen vor willkürlicher Festnahme und Haft[293] als Voraussetzung für den Genuß der persönlichen Freiheit und Sicherheit. "Freiheit und Sicherheit" sind dabei als einheitliches Schutzgut "persönliche Freiheit" zu lesen, so daß dem Begriff "Sicherheit" keine eigenständige Bedeutung zukommt.[294] Eine Freiheitsentziehung ist nur in den in Absatz 1 Buchstabe a) bis f) abschließend geregelten Fällen rechtmäßiger Festnahme[295] oder Haft gerechtfertigt. Ist eine Freiheitsentziehung erfolgt, gibt Art. 5 dem Festgenommenen und Inhaftierten in den Absätzen 2 bis 4 Verfahrensgarantien.

Zu beachten ist, daß Art. 5 unter die unter den Voraussetzungen des Art. 15 derogierbaren Rechte fällt.

---

291 Urt. v. 11. April 2000, Beschw.-Nr. 32357/96 – noch nicht endgültig i.S.d. Art. 44.

292 *Öcalan./.Türkei*, Zulässigkeitsentscheidung v. 14. Dezember 2000; Beschw.-Nr. 46221/99.

293 *Winterwerp./.Niederlande*, (1979) GH 33, Ziff. 37 = EuGRZ 1979, 650.

294 Trechsel, Liberty and Security of Person, S. 283; Frowein/Peukert, Art. 5, Rdn. 4; Farran, S. 84.

295 Die Rechtmäßigkeit der Verhaftung bildet ebenfalls einen Beschwerdegegenstand im Verfahren *Öcalan./.Türkei*, Beschw.-Nr. 46221/99.

2. *McVeigh, O'Neill und Evans./.UK*[296]

a) Sachverhalt

Die drei Beschwerdeführer wurden im Jahre 1977 verhaftet, als sie von Irland kommend in Liverpool von Bord einer Fähre gingen. Sie wurden daraufhin auf der Grundlage der Prevention of Terrorism (Supplemental Temporary Provisions) Order 1976 insgesamt über 45 Stunden festgehalten („detention"). Dabei mußten sie sich Durchsuchungen und Verhören unterziehen und wurden erkennungsdienstlich (Fotos, Fingerabdrücke) behandelt. Zu einer Anklage kam es jedoch nicht.

b) Entscheidung der KOM

Ihre Aufgabe sei es nicht, so stellte die KOM klar, die nationale Gesetzeslage zur Terrorismusbekämpfung in abstracto zu untersuchen, sondern sich auf die Prüfung des konkret vorliegenden Falles zu beschränken.

Die KOM ließ keinen Zweifel daran, daß die Spezialgesetzgebung zur Terrorismusbekämpfung die Freiheit der Person ungewöhnlich stark einschränkte. Um Beschwerden hiergegen zu vermeiden, hatte die britische Regierung angesichts der Auseinandersetzungen in Nordirland mehrfach zum Mittel der Derogation gemäß Art. 15 gegriffen. Diese Aussetzung der Geltung einzelner Konventionsrechte bezog sich zum Zeitpunkt der Beschwerde territorial aber nur auf Nordirland, nicht jedoch auf das Gebiet Großbritanniens, auf dem die Beschwerdeführer festgenommen worden waren. Die britische Regierung konnte demzufolge ihr Vorbringen lediglich mit dem Argument stützen, die gegen die Beschwerdeführer ergangenen Maßnahmen stellten keine Verletzung der Konvention dar.

Die KOM äußerte in hohem Maße Verständnis für das grundsätzliche Dilemma, in dem sich Staaten befänden, die sich terroristischer Angriffe gegenübersähen, ein Dilemma, welches bei der Entstehung der Konvention noch nicht ersichtlich war:

> „It is well established in the case law of the Court that the Convention must be interpreted and applied in the light of present-day conditions... The existence of organised terrorism is a feature of modern life whose emergence since the Convention was drafted cannot ignored any more than the changes in social conditions and moral opinion which have taken place in the same period... It faces democratic Governments with a problem of serious organised crime with which they must cope in order to preserve the fundamental rights of their citizens. The measures they take must comply with the Convention, and the

---

296 (1981) E 8022/77, 8025/77, 8027/77, DR 25, 15.

Convention organs must always be alert to the danger in this sphere adverted to by the Court, of 'undermining or even destroying democracy on the ground of defending it'. However, as both the Commission and Court observed,... some compromise between the requirements for defending democratic society and individual rights is inherent in the system of the Convention."[297]

Nach diesen Grundsatzerwägungen zur Terrorismusbekämpfung wandte sich die KOM nun der Überprüfung der bei den Beschwerdeführern getroffenen Maßnahmen im Hinblick zunächst auf Art. 5 Abs. 1 zu.

Nach Art. 5 Abs. 1 ist Freiheitsentziehung gerechtfertigt, wenn sie auf einer im innerstaatlichen Recht vorgesehenen Rechtsgrundlage beruht, unter Befolgung eines nach innerstaatlichem Recht gesetzmäßigem Verfahren vorgenommen wird und mindestens einer der Haftgründe des Art. 5 Abs. 1 a-f vorliegt. Da die KOM die beiden ersteren Voraussetzungen vorliegend als unproblematisch ansah, legte sie das Hauptgewicht ihrer Untersuchung auf die Frage des Haftgrunds. Die britische Regierung hielt Abs. 1 b für einschlägig, denn ihrer Ansicht nach erfolgten die Verhaftung und der anschließende Freiheitsentzug, wie es in Art. 5 Abs. 1 b heißt, „*...zur Erzwingung der Erfüllung einer durch das Gesetz vorgeschriebenen Verpflichtung/...in order to secure the fulfilment of any obligation prescribed by law*". Zu dieser Passage bemerkte die KOM:

„Although the 'obligation' must thus be 'specific and concrete', Article 5 (1) (b) does not require that it should arise from a court order. The case of non-compliance with such a order is covered specifically in the first leg of this provision. However, detention is authorised only to 'secure the fulfilment' of the obligation. It follows that, at the very least, there must be an unfulfilled obligation incumbent on the person concerned and the arrest and detention must be for the purpose of securing its fulfilment and not, for instance, punitive in character. As soon as the relevant obligation has been fulfilled, the basis for detention under this leg of Article 5 (1) (b) ceases to exist."[298]

Diese geschilderte zweite Alternative des Art. 5 Abs. 1 b deckt ergo primär diejenigen Fälle ab, in denen Personen in Haft genommen werden, um sie zur Erfüllung bestimmter Verpflichtungen anzuhalten, denen sie bislang nicht nachgekommen waren (z.B. Beugehaft). Nichtsdestoweniger fordert der Wortlaut der Vorschrift die Nichterfüllung der Verpflichtung nicht ausdrücklich; er verlangt lediglich

„...that the **purpose** of the detention should be to secure the fulfilment of the obligation. This does not expressly exclude the possibility of detention in the absence of a prior breach of legal duty. However, in the Commission´s opinion, the mere combination of an

---

297 Ebd., Ziff. 157.
298 Ebd., Ziff. 172.

unfulfilled obligation ..., coupled with the relevant purpose, is not enough for the purposes of Article 5 (1) (b). To hold that it was would open up a clear possibility of arbitrary detention, thus ignoring the object and purpose of Article 5 (1) and the importance of the right to liberty in a democratic society."[299]

Im folgenden prüfte die KOM, inwieweit im nationalen, britischen Recht überhaupt eine Verpflichtung im Sinne des Tatbestandsmerkmals „Verpflichtung/obligation" des Art. 5 (1) (b) bestand.

Die Vorschriften der Prevention of Terrorism (Supplemental Temporary Provisions) Order 1976 schufen eine allgemeine Pflicht, eine Untersuchung (examination) der Person zu dulden, wobei der Begriff „examination" nicht näher definiert wurde. Eine „examination" diente nach Ansicht der KOM jedenfalls Verhör, Durchsuchung und Überprüfung des Vorstrafenregisters, bei Inhaftnahme zudem Photoaufnahmen und das Nehmen von Fingerabdrücken. Zu diesem Sicherheitscheck gehörte jedoch in der Regel nicht die Inhaftierung, die die KOM aber im Fall der Beschwerdeführer für hinnehmbar ansah, um eine genauere, vertiefte Untersuchung zu ermöglichen. Somit bestand für die Beschwerdeführer nach Auffassung der KOM eine „Verpflichtung" im Sinne des Art. 5 Abs. 1 b, eine Untersuchung über sich ergehen zu lassen.

In einem Zwischenergebnis stellte die KOM fest, daß die Inhaftierung zum Zwecke einer verschärften Sicherheitsüberprüfung prinzipiell ein im Rahmen des Art. 5 zulässiges Mittel der Terrorismusbekämpfung darstellt, insbesondere wenn, wie im vorliegenden Fall, sie nur an geographisch sensiblen Orten durchgeführt wird, über die bekanntermaßen Terroristen eingeschleust wurden. Trotzdem mußten im konkreten Fall Umstände hinzutreten, die die Inhaftierung als Zwangsmittel zur Erfüllung einer Verpflichtung rechtfertigten, weil eine wie auch immer geartete Verpflichtung für die Beschwerdeführer vorher nicht existierte, sondern erst durch die Anordnung der Untersuchung durch die Polizei in Liverpool entstand:

„The Commission has already observed that the applicants' detention was not based on any prior voluntary failure to fulfil obligations incumbent on them such as a refusal to cooperate in the initial examination. It reiterates that, in the absence of such circumstances, detention cannot normally be justified under Article 5 (1) (b). In general only a person's refusal or neglect to comply with an obligation can justify his detention in order to secure its fulfilment. However, as the Commission has indicated above, the possibility that there may be other circumstances justifying detention under this provision is not ex-

299 Ebd., Ziff. 174.

cluded by the wording of Article 5 (1) (b) and in its view there may be other limited circumstances of a pressing nature which could justify such detention."[300]

Ob diese Umstände als gegeben anzusehen waren, hing von der Art der „Verpflichtung“ ab. Angesichts der Relevanz von Sicherheitsüberprüfungen für die Abwehr von Terroristen an den Grenzen Großbritanniens hielt die KOM im Ergebnis die Inhaftierung, auch in ihrer Länge, für vertretbar. Damit sah sie den Haftgrund des Art. 5 Abs. 1 b 2. Alt. als gegeben an, was eine Verletzung des Rechts auf Freiheit der Person rechtfertigte.

c) Kommentar

Der Haftgrund des Art. 5 Abs. 1 b 2. Alt. erlaubt über den Begriff der „Verpflichtung“ eine weite Auslegung. Schon früh hat der GH deshalb klargestellt, daß Art. 5 Abs. 1 b 2. Alt. nicht als eine Generalklausel zu verstehen sei, die eine Ingewahrsamnahme von Personen schon dann rechtfertige, wenn dies nach Auffassung der Behörden zur Beachtung einer allgemeinen Bürgerpflicht, Recht und Ordnung zu beachten, erforderlich erscheint.[301] Vielmehr muß sich die Pflicht als *gesetzlich vorgesehen*, *spezifisch* und *konkret* darstellen. Eine Ingewahrsamnahme setzt ferner grundsätzlich eine vorangegangene, festgestellte Nichterfüllung einer solchen Pflicht voraus.[302]

Von diesem Erfordernis hat die KOM nun im *McVeigh*-Fall eine Ausnahme zugelassen. Denn der nach dem PTA 1976 bestehenden gesetzlichen Pflicht, sich bei Ein- und Ausreise einer Sicherheitsüberprüfung zu unterwerfen, sind die Beschwerdeführer zweifelsohne nachgekommen. Von einer vorherigen Nichterfüllung konnte somit nicht die Rede sein. Einzige Rechtfertigung der erweiterten Untersuchung während der Inhaftierung war demnach das Erfordernis einer wirksamen Terrorismusbekämpfung. Und so stellt sich der *McVeigh*-Fall geradezu als ein Paradebeispiel einer Entscheidung dar, in der der Kampf gegen den organisierten Terrorismus quasi eine übergesetzliche Rechtfertigung für Maßnahmen bietet, die nach dem Wortlaut des Art. 5 Abs. 1 b 2. Alt. eigentlich nicht zulässig wären.[303]

Wenngleich die KOM selbst erkannte, daß eine extensive Auslegung des Art. 5 Abs. 1 b die Gefahr der Rechtsunsicherheit und Willkür birgt[304], meint sie in

300 Ebd., Ziff. 190.
301 *Lawless./.Irland*, (1961) GH 3; *Engel./.Niederlande*, (1976) GH 22 = EuGRZ 1976, 221.
302 Frowein/Peukert, Art. 5, Rdn. 68, 70; Delmas-Marty/Leigh, S. 267f.
303 So i.E. auch Jacobs/White, S. 112.
304 *Eggs./.Schweiz*, (1978) E 7341/76, DR 15, 35, Ziff. 70.

McVeigh, der Wortlaut des Art. 5 Abs. 1 b schließe eine Inhaftierung aufgrund außergewöhnlicher, rechtfertigender Umstände nicht aus, ohne generell darzulegen, ab welcher Intensität der zugrundeliegenden kriminellen Vorgänge Umstände als außergewöhnlich anzusehen seien. Warbrick[305] interpretiert die Entscheidung demzufolge als Ausweitung staatlichen Ermessens, zwecks Terrorismusbekämpfung vom normalen, rechtsstaatlichen Ermittlungsverfahren gerade soweit abzuweichen, daß die EMRK nicht verletzt ist.

Die KOM bestätigte ihre Rechtsprechung aus *McVeigh* in zwei späteren, ähnlich gelagerten Fällen.[306] Im Fall *Lyttle* ging es dabei um die Ausreise aus Großbritannien. Selbst dieser für die Sicherheit des Landes weniger bedrohliche Vorgang rechtfertigte nach der KOM die zeitweilige Ingewahrsamnahme.

3. *Brogan und andere./.UK*[307]

a) Sachverhalt

Unter den Voraussetzungen des Section 12 des Prevention of Terrorism (Temporary Provisions) Act 1984 wurden die Beschwerdeführer festgenommen und in Gewahrsam gehalten, Terence Brogan und Dermot Coyle in den Gough Barracks in Armagh für 5 Tage 11 Stunden bzw. 6 Tage und 16 1/2 Stunden, William McFadden und Michael Tracey in der Castlereagh Royal Ulster Constabulary Station in Belfast für 4 Tage 6 Stunden respektive 4 Tage 11 Stunden. Alle Beschwerdeführer wurden über die Rechtsgrundlage ihrer Verhaftung sowie ihr Recht zu schweigen aufgeklärt und ihnen mitgeteilt, daß gegen sie der Verdacht der Begehung bzw. Vorbereitung terroristischer Straftaten bestehe. Am Tag nach ihrer Verhaftung eröffnete ihnen der zuständige Polizeibeamte, daß sie auf Anordnung des Innenministers gemäß Section 12 Abs. 4 des oben genannten Gesetzes weitere 5 Tage festgehalten werden würden. Keiner der Beschwerdeführer, die im übrigen jegliche Aussage zu den gegen sie erhobenen Vorwürfen verweigerten, wurde einem Richter vorgeführt; man entließ sie schließlich, ohne Anklage zu erheben.

Sie behaupteten Verletzungen des Art. 5 Abs. 1 bis 4, wobei sie den Vorwurf bezüglich Abs. 2 später zurücknahmen.

---

305 ICLQ 1983, 757, 759; s. a. Harris/O'Boyle/Warbrick, S. 114.

306 *Harkin./.UK*, (1986) E 11539/85, DR 48, 237; *Lyttle./.UK*, (1986) E 11650/85, EHRR 9, 381.

307 (1988) GH 145-B.

Zum Zeitpunkt der für den Fall maßgeblichen Ereignisse existierte keine Derogationserklärung des Vereinigten Königreichs.

b) Der Fall vor der KOM

Die KOM traf zunächst wieder eine Aussage zum Verhältnis zwischen terroristischer Bedrohung und staatlicher Reaktion:

> „It is against the background of a continuing terrorist threat in Northern Ireland and the particular problems confronting the security forces in bringing these responsible for terrorist acts to justice that the issues in the present case must be examined. In such a situation the Convention organs must be vigilant that a proper balance is struck between the protection of individual rights and the need to defend democratic society against the threats posed by organised terrorism."[308]

Ob dieses Gleichgewicht im konkreten Fall noch zu bejahen war, hing zunächst von den gesetzlichen Voraussetzungen der Freiheitsentziehung ab. Art. 5 Abs. 1, dessen mögliche Verletzung zunächst geprüft wurde, läßt eine Freiheitsentziehung "nur auf die gesetzlich vorgeschriebene Weise" und bei Vorliegen eines Haftgrundes zu. Verhaftung nach dem Prevention of Terrorism (Temporary Provisions) Act 1984 setzte den hinreichenden Verdacht voraus, daß die verhaftete Person terroristische Straftaten begangen, sie vorbereitet oder zu ihnen angestiftet habe. Der Tatverdacht mußte sich nicht auf einen speziellen Straftatbestand richten, ein genereller Verdacht reichte aus. Diese Vorschrift genügte den konventionsrechtlichen Anforderungen: Ein – auch strafrechtlich noch unspezifischer – terroristischer Akt sei, so schon der GH in *Irland./.UK*[309], jedenfalls eine "strafbare Handlung " im Sinne des Art. 5 Abs. 1 c. Der von Art. 5 Abs. 1 c vorausgesetzte "hinreichende Verdacht" bedeute auch nicht, daß die Schuld des Verhafteten schon zu diesem Zeitpunkt bewiesen sein müsse. Festnahme und Untersuchungshaft dienten gerade zur Erleichterung der Ermittlungen. Es bestand auch der von Art. 5 Abs. 1 c geforderte Zweck der Vorführung vor die zuständige Gerichtsbehörde. Die Beschwerdeführer waren zwar freigelassen worden, ohne einen Richter gesehen zu haben. Die Vorführung wäre aber nach Auffassung der KOM bei Erhärtung des Verdachts terroristischer Handlungen unverzüglich erfolgt. Der "Zweck" der Vorführung habe jedenfalls bestanden. Die KOM erkannte demzufolge keinen Verstoß gegen Art. 5 Abs. 1.

Zu einem anderen Ergebnis kam sie bei der Prüfung des mit Art. 5 Abs. 1 c korrespondierenden Art. 5 Abs. 3, der bei Freiheitsentziehung nach der erstge-

---

308 Ebd., Annex, Ziff. 80.
309 (1978) GH 25 = EuGRZ 1979, 149.

nannten Vorschrift die tatsächliche, unverzügliche Vorführung der betroffenen Person vor einen Richter (oder andernfalls, wie im vorliegenden Fall, die Freilassung) anordnet. Obwohl die KOM konzedierte, daß der Kampf gegen den Terrorismus eine Ausdehnung der Haftperiode rechtfertigen könnte, konnte bei Inhaftierungen im Bereich von über 5 Tagen, die Brogan und Coyle zu ertragen hatten, nicht mehr von einer unverzüglichen Entscheidung für Vorführung oder Freilassung gesprochen werden. Insofern stellte die KOM bei den beiden genannten Beschwerdeführern eine Verletzung des Art. 5 Abs. 3 fest.

Hinsichtlich der behaupteten Verletzung des Rechts auf gerichtliche Haftkontrolle, Art. 5 Abs. 4, stellte die KOM klar, daß gerichtliche Kontrolle im Sinne des Art. 5 Abs. 4 grundsätzlich nicht nur die formelle Rechtmäßigkeit der Inhaftierung nach nationalem Recht, sondern auch die materiellrechtlichen Haftvoraussetzungen des Art. 5 umfaßt. Demnach schied eine Verletzung des Art. 5 Abs. 4 aus.

Im Ergebnis blieb es damit bei einer Verletzung des Art. 5 Abs. 3 im Hinblick auf Brogan und Coyle, die beide auch das Recht auf eine Entschädigung gemäß Art. 5 Abs. 5 erwarben.

Vier Kommissionsmitglieder hielten in abweichender Ansicht die Unterscheidung, die die KOM zwischen der verschieden langen Haftdauer Brogans und Coyles einerseits und McFaddens und Traceys andererseits getroffen hatte, für nicht haltbar und plädierten dafür, auch bei den Letztgenannten auf eine Verletzung zu erkennen, da die Umstände der Inhaftierung bei allen Beschwerdeführern absolut vergleichbar gewesen seien.

c) Entscheidung des GH

In diesem Verfahrensstadium bestand nunmehr kein Zweifel mehr darüber, daß die Verhaftung der Beschwerdeführer rechtmäßig und ihre anschließende Inhaftierung in Übereinstimmung mit nordirischem Recht, mithin auf die "gesetzlich vorgeschriebene Weise" im Sinne des Art. 5 Abs. 1, erfolgt war. Was die Beschwerdeführer unter Hinweis auf den Wortlaut des Art. 5 Abs. 1 c nun vorbrachten, war die Behauptung, sie seien weder „*...zum Zwecke...*" ihrer „*...Vorführung vor die zuständige Gerichtsbehörde...*" verhaftet worden, noch habe hinreichender Verdacht für die Begehung einer strafbaren Handlung bestanden. Das letztgenannte Vorbringen wies der GH mit Blick auf Inhalt und Gesetzeszweck des Prevention of Terrorism (Temporary Provisions) Act 1984 zurück:

„Section 14 of the 1984 Act defines terrorism as 'the use of violence for political ends', which includes 'the use of violence for the purpose of putting the public or any section of the public in fear'. The same definition of acts of terrorism -as contained in the Detention of Terrorists (Northern Ireland) Order 1972 and the Northern Ireland (Emergency Provisions) Act 1973- has already been found by the Court to be 'well in keeping with the idea of an offence' (see the Ireland v. the United Kingdom judgment of 18 January 1978, Series A no. 25, pp. 74-75, § 196).

In addition, all of the applicants were questioned within a few hours of their arrest about their suspected involvement in specific offences and their suspected memversship of proscribed organisations...

Accordingly, the arrest and subsequent detention of the applicants were based on a reasonable suspicion of commission of an offence within the meaning of Article 5 § 1 (c).[310]

Die Tatsache, daß im Anschluß an die Inhaftierung bei keinem der Beschwerdeführer eine weitere Strafverfolgung eingeleitet wurde, schloß die Rechtmäßigkeit der Inhaftierung nicht aus: Denn der "Zweck" im Sinne des Art. 5 Abs. 1 c setzt eben nicht voraus, daß am Ende der Inhaftierungszeit ein greifbares Ergebnis für die Strafverfolgungsbehörden, etwa in Gestalt neuer Beweise, steht.

Somit hielt auch der GH die Inhaftierung der Beschwerdeführer für vereinbar mit Art. 5 Abs. 1 c.

Die nachfolgende Prüfung, ob ein Verstoß gegen Art. 5 Abs. 3 gegeben war, bezog sich auf das Merkmal der *unverzüglichen* Vorführung des Festgenommenen vor einen Richter oder zuständigen Beamten, eine Passage, mit der die Konvention dem Schutz vor willkürlicher Verhaftung als bedeutendem Rechtsstaatsprinzip Ausdruck verliehen hat. Zur begrifflichen Klärung des Merkmals "unverzüglich" („promptly"/“aussitôt") verglich der GH diese Formulierung zunächst mit anderen, ähnlich gelagerten Begriffen innerhalb des Art. 5. Während in Art. 5 Abs. 4 ein Gericht „speedily"/„à bref délai"[311] entscheiden soll, hat die im hinteren Teil des Art. 5 Abs. 3 erwähnte Aburteilung „innerhalb einer angemessenen Frist" („within a reasonable time"/„dans un délai raisonnable") zu erfolgen – beide Formulierungen deuteten nach Ansicht des GH auf einen Zeitraum hin, der den in Frage Stehenden an Länge übertrifft. Mit anderen Worten: die zeitlichen Anforderungen, die durch das Merkmal der Unverzüglichkeit an die Exekutive gestellt werden, sind höher als in den anderen genannten Fällen. In Art. 5 Abs. 2 schließlich, nach welchem die Unterrichtung des Festgenommenen im englischen Wortlaut wiederum „promptly" passieren soll, setzt die französische Version „dans le plus court délai" einen anderen Akzent.

---

310 (1988) GH 145-B, Ziff. 51.

311 An diesem Punkt ist die deutsche Übersetzung nicht einheitlich: Frowein/Peukert verwenden das altertümliche Wort "ehetunlich", die 1998 zwischen den deutschsprachigen Mitgliedstaaten abgestimmte Sprachfassung (s. Sartorius II, Textsammlung Internationale Verträge – Europarecht, Nr. 130) entscheidet sich für „innerhalb kurzer Frist“.

Angesichts zweier Vertragstexte, in Englisch und Französisch, die nicht das gleiche bedeuten, aber gleichermaßen authentisch sind, interpretierte der GH die beiden Versionen im Lichte der Ziele der Konvention:

„The use in the French text of the word 'aussitôt', with its constraining connotation of immediacy, confirms that the degree of flexibility attaching to the notion of 'promptness' is limited, even if the attendant circumstances can never be ignored for the purposes of the assessment under paragraph 3. Whereas promptness is to be assessed in each case according to its special features, the significance to be attached to those features can never be taken to the point of impairing the very essence of the right guaranteed by Article 5 § 3, that is the point of effectively negativing the State's obligation to ensure a prompt release or a prompt appearance before a judicial authority."[312]

Demzufolge ist die "Unverzüglichkeit" der Vorführung stets an den Umständen des Einzelfalls („special features") zu messen, ohne den Wesensgehalt des in Art. 5 Abs. 3 geschützten Rechts zu beeinträchtigen. In einer anschließenden Analyse der exekutiven und legislativen Mittel, die zur Kontrolle der verlängerten Inhaftierung nach nordirischem Recht zur Verfügung standen (insbesondere ist das Parlament zu nennen, das regelmäßig über die Verlängerung der Sondergesetze zu entscheiden hat), führte der GH aus, daß im Hinblick auf die terroristische Bedrohung eine Ausdehnung der Inhaftierungszeit per se keinen Verstoß gegen Art. 5 Abs. 3 darstellt. Andererseits enthebt dies die Behörden nicht der Pflicht, „unverzüglich" eine justizielle Kontrolle der Maßnahme zu ermöglichen.

Unter Anwendung dieser Prinzipien auf den Fall der Beschwerdeführer kam der GH schließlich zu folgendem Ergebnis:

„...even the shortest of the four periods of detention, namely the four days and six hours spent in police custody by Mr McFadden (...), falls outside the strict constraints as to time permitted by the first part of Article 5 § 3. To attach such importance to the special features of this case as to justify so lenghty a period of detention without appearance before a judge or other judicial officer would be an unacceptably wide interpretation of the plain meaning of the word 'promptly'. An interpretation to this effect would import into Article 5 § 3 a serious weakening of a procedural guarantee to the detriment of the individual and would entail consequences impairing the very essence of the right protected by this provision. The Court thus has to conclude that none of the applicants was either brought 'promptly' before a judicial authority or released 'promptly' following the arrest. The undoubted fact that the arrest and detention of the applicants were inspired by the legitimate aim of protecting the community as a whole from terrorism is not on its own sufficient to ensure compliance with the specific requirements of Article 5 § 3."[313]

---

312 (1988) GH 145-B, Ziff. 59.
313 Ebd., Ziff. 62.

Bei allen vier Beschwerdeführern wurde demnach mit einer Mehrheit von 12 zu 7 Richterstimmen eine Verletzung des Art. 5 Abs. 3 festgestellt.

Erfolglos blieben die Beschwerdeführer dagegen mit ihrer Behauptung, ein effektives Rechtsmittel zur gerichtlichen Haftkontrolle fehle im nordirischen Recht, so daß sie in ihrem Recht aus Art. 5 Abs. 4 verletzt worden seien. Der GH sah das für diese Zwecke vorgesehene Rechtsmittel des Habeas-corpus-Verfahrens als ausreichend an.

In einer gemeinsamen abweichenden Ansicht kritisierten fünf Richter die Entscheidung, auf eine Verletzung des Art. 5 Abs. 3 zu erkennen. Sie betonten vielmehr den politisch brisanten Hintergrund des Falles, der angesichts der Dimension des Nordirlandkonflikts einen Vergleich mit den übrigen, in Straßburg behandelten Fällen, in denen es unter Beteiligung "gewöhnlicher" Straftäter um Art. 5 Abs. 3 ging, nicht zulasse. Daher betonen sie,

> „...that (...) it would be reasonable to regard the foregoing periods of time, which are all less than a week, as being acceptable. Such a view fits in with the case-law and is justified by the wholly exceptional conditions obtaining in Northern Ireland."[314]

Auf der anderen Seite äußerten die Richter Walsh und Carrillo Salcedo in einer abweichenden Ansicht ihre Besorgnis über die Aufweichung der Unschuldsvermutung, die sie im Urteil bei der Frage des "hinreichenden Verdachts" im Sinne des Art. 5 Abs. 1 c entdecken. Ihrer Ansicht nach wurden die Beschwerdeführer zu einem Zeitpunkt verhaftet, zu welchem kein Anhaltspunkt für eine Beteiligung an terroristischen Straftaten vorlag. Und dieses Vorgehen sei die Regel: Walsh und Carrillo Salcedo verwiesen auf eine Statistik, wonach gerade einmal 15-20% der nach den Spezialgesetzen Verhafteten später überhaupt strafrechtlich verfolgt worden seien, nur ein kleiner Teil davon wegen terroristischer Straftaten.

d) Kommentar

Der *Brogan*-Fall hat vor allem vier Aspekte aufgeworfen: Zunächst die Haftgrundproblematik, dann die Frage, wie lange die maximale Verweildauer eines Verhafteten in Polizeigewahrsam sein darf, ferner die Ausgestaltung der justiziellen Überprüfung in diesen Verfahren, und schließlich die Reaktion des Vereinigten Königreichs auf die aus britischer Sicht ungünstige Entscheidung.

---

314 (1988) GH 145-B, Joint dissenting opinion of Judges Thór Vilhjálmsson, Bindschedler-Robert, Gölcüklü, Matscher and Valticos, Ziff. 1.

aa) Die Problematik des Haftgrundes

Kritisch zu betrachten ist zuvorderst die vom GH vorgenommene Prüfung des Haftgrunds aus Art. 5 Abs. 1 c. Voraussetzung der Freiheitsentziehung ist der hinreichende Verdacht einer spezifischen strafbaren Handlung. „Terrorismus" als übergeordneter Vorwurf eines sozialschädlichen Verhaltens stellt jedoch kein spezifisches Delikt dar. Den Ausführungen des GH, die Legaldefinition des Terrorismus[315] sei *„well in keeping with the idea of an offence"*[316], wurde insbesondere der Grundsatz der gesetzlichen Umschreibung von Straftatbeständen (nullum crimen sine lege scripta[317]) entgegengehalten. Der Bürger muß insoweit auf Rechtssicherheit vertrauen können, als daß er vor jedweder Handlung erwägen kann, ob sein Verhalten strafbar ist oder nicht.[318]

Auf der anderen Seite können die Anforderungen an eine strafbare Handlung in Art. 5 Abs. 1 c („offence") durchaus als geringer betrachtet werden als etwa in Art. 6 Abs. 2, 3 und Art. 7 Abs. 1, in denen von einem „criminal offence" die Rede ist, wenngleich der französische Text in allen drei Fällen einheitlich von „infraction" spricht. Systematisch, im Ablauf eines Strafverfahrens, wäre dieser Unterschied in der englischen Version nachvollziehbar, bauen doch die prozessualen Garantien aus Art. 6 auf den Rechten im Ermittlungsverfahren aus Art. 5 auf. Legt man somit an die Spezifizierung des Straftatbestands in Art. 5 Abs. 1 c geringere Maßstäbe an, wird verständlich, warum sich der GH über diese Vorbringen so schnell hinwegsetzen konnte.

bb) Die maximale Verweildauer in Polizeigewahrsam

Die maximale Verweildauer eines Verhafteten in Polizeigewahrsam wurde auch in *Brogan* nicht starr festgeschrieben[319], sondern richtet sich, am Wortlaut des Art. 5 Abs. 3 („promptly"/„aussitôt") orientiert, nach den Umständen des Einzelfalls.[320] Insofern hat der GH auch schon vor *Brogan* mehrfach die Länge des Polizeigewahrsams bzw. eines militärischen Disziplinararrests als unangemessen

---

315 Section 14 1984 Prevention of Terrorism (Temporary Provisions) Act: "...the use of violence for political ends...".

316 *Brogan und andere./. UK*, (1988) GH 145-B, Ziff. 51.

317 Dieser Grundsatz folgt in ständiger Rechtsprechung aus Art. 7 Abs. 1; Nachweise bei Frowein/Peukert, Art. 7, Rdn. 2, Fn. 1, 2.

318 Finnie, MLR 1989, 703, 706; McCrudden-Reiner/Leigh, S. 93.

319 S. *Brogan und andere./. UK*, (1988) GH 145-B, Ziff. 60: "There is no call to determine in the present judgment whether...any given period, such as four days, ... would as a general rule be capable of being compatible with the first part of Article 5 para. 3".

320 Tanca, EJIL 1990, 269, 271.

lange beanstandet.[321] Demgegenüber vertrat die KOM bislang in ihrer Rechtsprechung ein festes Limit von vier Tagen, das zu verlängern sie nur in außergewöhnlichen Umständen zugestand.[322] In *Brogan* waren sich GH und KOM nun über die maximale Länge des Gewahrsams uneinig. Unter normalen Umständen, so die KOM, seien vier Tage bis zu einer justiziellen Überprüfung nicht zu überschreiten, in Situationen aber, die stärkere Einschränkungen der Rechte und eine erhöhte Opferbereitschaft der Bürger verlangten, seien auch längere Inhaftierungen gerechtfertigt. Der GH wird sich im *Öcalan*-Verfahren[323] erneut mit der Frage der Maximaldauer zu beschäftigen haben; Öcalan wurde erst acht Tage nach seiner Verhaftung einem Richter vorgeführt.

Diese Ansicht, die eine flexible, an außergewöhnlichen Umständen zu messende Interpretation des Art. 5 Abs. 3 postuliert, wurde vom GH zurückgewiesen, wenn auch ohne eine detaillierte Begründung. Offen bleibt jedenfalls, ob bei gewöhnlichen, nicht-terroristischen Straftaten eine Inhaftierung von vier Tagen generell mit Art. 5 Abs. 3 vereinbar ist.

Auch wenn der GH keine absolute Obergrenze setzt, impliziert seine Argumentation, daß Staaten, die sich terroristischen Attacken gegenübersehen, eher zu einer Derogation gemäß Art. 15 greifen sollten, anstatt den Tatbestand des Art. 5 Abs. 3 weiter auszudehnen. Denn das birgt die Gefahr, daß die erweiterte Interpretation schließlich auch Eingang in Fälle findet, in denen keine besonderen Umstände wie eben Terrorismus zu entdecken sind, was de facto eine Aushöhlung des Schutzbereichs nach sich zöge.[324] Die von der KOM vorgenommene Unterscheidung zwischen "normalen" und "besonderen" Fällen, die stets zu einem unterschiedlichen, vom einzelnen Mitgliedstaat zu steuernden Limit führen würde, schafft keine Rechtssicherheit: Der Bürger sähe sich dann jederzeit, jeweils abhängig von einer Veränderung der Umstände, entweder einer Ausdehnung oder einer Einschränkung seiner durch die Konvention garantierten Rechte gegenüber. Dem steht zudem die Ratio des Art. 5 entgegen: Die Vorschrift, einen Verhafteten unverzüglich einer justiziellen Überprüfung zuzuführen, stellt einen Kompromiß zwischen den polizeilichen Bedürfnissen zur Aufklärung von Straftaten und dem Schutz des einzelnen vor willkürlicher Verhaftung dar. Allein die Tatsache, daß jemand einer schweren, terroristischen Straftat verdächtig ist,

---

321 Z.B. in *De Jong, Baljet und Van den Brink./.Niederlande*, (1984) GH 77, Ziff. 52f. = EuGRZ 1985, 700; *Van der Sluijs, Zuiderfeld und Klappe./.Niederlande*, (1984) GH 78, Ziff. 46, 49 = EuGRZ 1985, 708; *McGoff./.Schweden*, (1984) GH 83, Ziff. 27 = EuGRZ 1985, 671.

322 Etwa bei einem Krankenhausaufenthalt des Verhafteten, welcher eine Vorführung vor den Richter unmöglich machte; s. Tanca, EJIL 1990, 269, 272.

323 *Öcalan./.Türkei*, Beschw.-Nr. 46221/99.

324 Harris/O'Boyle/Warbrick, S. 162; Tanca, EJIL 1990, 269, 274.

rechtfertigt es nicht, diese Balance durch Ausdehnung des Art. 5 Abs. 3 zugunsten der Strafverfolgungsbehörden zu verschieben. Schließlich steigt mit der Schwere der vorgeworfenen Straftat nicht die Wahrscheinlichkeit, daß der Verdächtige sie auch begangen hat. So wurden in Nordirland zwischen 1977 und 1987 lediglich 15-20% der unter dem Verdacht des Terrorismus Verhafteten später auch angeklagt; die übrigen mußten freigelassen werden.[325] Ist die Beweislage demnach unsicher, muß das Recht auf unverzügliche justizielle Überprüfung für jeden Verdächtigen gleich sein.

cc) Die Ausgestaltung der justiziellen Überprüfung

Jede verhaftete Person muß, so fordert es Art. 5 Abs. 3, "*unverzüglich einem Richter oder einem anderen, gesetzlich zur Ausübung richterlicher Funktionen ermächtigten Beamten vorgeführt werden*". Die Anwendung der Vorschrift verlangt von den Straßburger Organen eine Bewertung der verschiedenen Verfahrensrechtsordnungen in den einzelnen Mitgliedstaaten. Wenngleich die Frage der Vorführung vor eine zuständige Instanz unmittelbar in *Brogan* keine Rolle spielte, da die Haft der Beschwerdeführer ja überhaupt keiner Überprüfung unterworfen wurde, ergeben sich generell im nordirischen Recht Probleme bei der Vorführung.

Nach dem Wortlaut hat die Haftüberprüfungsinstanz, wenn sie kein Richter ist, zumindest über richterliche Funktionen („judicial power"/""fonctions judiciaires") zu verfügen. Im Fall *Schiesser./.Schweiz*[326], in dem die Stellung eines schweizerischen Bezirksanwalts diskutiert wurde, der sowohl Funktionen eines Staatsanwalts innehat, als auch in bestimmten Fällen Haftprüfungen vornimmt, erläuterte der GH diese Passage wie folgt:

> „En prévoyant qu´une personne arrêtée doit être aussitôt traduite devant un 'juge' ou un 'autre magistrat', l´article 5 § 3 laisse aux Etats contractants le choix entre deux catégories d´autorités...
>
> ...La première condition réside dans l´indépendance à l´égard de l´executif et des parties..."[327]

---

325 Finnie, MLR 1989, 703, 705; Livingstone, NILQ 1989, 288, 289; Livingstone ist daher der Ansicht, das primäre Ziel der Verhaftungen im terroristischen Milieu diene nicht der Strafverfolgung, sondern der Gewinnung von Informationen. Dem steht Art. 5 Abs. 1 c wohl nicht entgegen (s. *Brogan und andere./.UK,* (1988) GH 145-B, Ziff. 53); vgl. auch Walker, Prevention, S. 161; Jacobs/White, S. 86.

326 (1979) GH 34 = EuGRZ 1980, 201.

327 Ebd., Ziff. 27, 31.

Demgegenüber übertrug der 1984 Prevention of Terrorism Act die Kompetenz zur Verlängerung des Gewahrsams über 48 Stunden hinaus dem Innenminister als Mitglied der Exekutive. In den Verhandlungen zu *Brogan* machte die britische Regierung deutlich, daß eine Gesetzesänderung nicht geplant sei.[328] Dies ist vor dem Hintergrund des britischen Strafverfahrensrechts zu verstehen: Das Ermittlungsverfahren läuft ohne Beteiligung des Richters ab, so daß eine Vorführung vor einen Richter oder zuständigen Beamten, der für seine Entscheidung Informationen über Tat, Täter und Hintergründe benötigte, faktisch die Einführung des Inquisitionsprinzips bedeutete, das dem britischen Strafverfahrensrecht fremd ist. Der akkusatorische Charakter des britischen Modells verlangt vielmehr ein umgehendes Verfahren, sobald genügend Beweise für eine Anklage zur Verfügung stehen. Demzufolge ist es vom britischen Standpunkt her vorzuziehen, die vorläufige Haft ohne gerichtliche Kontrolle zu verlängern – im Wissen um ein promptes Verfahren nach Anklageerhebung – anstatt dem Richter oder zuständigem Beamten eine quasi-ermittlungsrichterliche Funktion zu übertragen. Gegen eine richterliche Beteiligung wendeten sich zudem einige nordirische Richter, die argumentierten, daß ihre richterliche Unabhängigkeit gefährdet sei, falls sie in einem Strafprozeß über denselben Angeklagten zu urteilen hätten, über dessen verlängerte Untersuchungshaft sie unter Berücksichtigung der bereits gewonnenen Beweise schon befunden hätten.[329] Auch würde das (beim katholischen Bevölkerungsteil ohnehin schwache) Vertrauen der Öffentlichkeit in die Unabhängigkeit der Justiz geschwächt, wenn diese qua Ermittlungstätigkeit über kontroverse polizeitaktische Methoden zu entscheiden hätten.[330]

dd) Die Reaktion der britischen Regierung auf die Brogan-Entscheidung

Am 23. Dezember 1988, knapp einen Monat nach der *Brogan*-Entscheidung, erklärte die britische Regierung erneut[331] die Derogation von Art. 5 Abs. 3 EMRK sowie Art. 9 des Internationalen Paktes über bürgerliche und politische Rechte[332] mit dem Verweis auf das unverzichtbare Bedürfnis der Strafverfolgungsbehörden nach einer verlängerten vorläufigen Inhaftierungsdauer. Sie sah sich dabei jedoch gewichtiger Kritik ausgesetzt: In den Verhandlungen zu *Brogan* hatten die Vertreter des Vereinigten Königreichs nicht auf Art. 15 zurückgreifen können, da seit

328 S. Tanca, EJIL 1990, 269, 275.
329 Dickson, Northern Ireland's troubles and the judges, S. 144; Livingstone, NILQ 1989, 288, 298.
330 Roche, FILJ 1989-1990, 328, 358.
331 Es existierte bereits eine Derogation bis 1984.
332 Art. 9 Abs. 2 bis 5 ICCPR ist nahezu wortgleich mit Art. 5 Abs. 2 bis 5 EMRK. Die Derogation von Vorschriften des ICCPR richtet sich nach Art. 4 ICCPR.

1984 keine Derogation von Art. 5 Abs. 3 existierte.[333] Bestand mithin mangels Derogation kein Anlaß, ihre Wirksamskeitsvoraussetzungen zu erörtern, müßte eine einen Monat nach *Brogan* ergangene Derogationserklärung nun eigentlich gemäß Art. 15 Abs. 3 darlegen, daß sich die Situation im Lande gerade in dem einen Monat nach der Entscheidung wiederum hin zu einem öffentlichen Notstand entwickelt hat. Die angespannte Lage in Nordirland bestand jedoch seit Jahren nahezu unverändert. Daher halten van Dijk/van Hoof die Derogation für unwirksam.[334] Dagegen bezweifeln Robertson/Merrills, daß für eine wiederholte Derogationserklärung eine Änderung der Situation eintreten muß. Eine Regierung, die die sicherheitspolitische Lage falsch eingeschätzt habe, müsse jederzeit ihre Strategie neu überdenken können. Das Vorgehen des Vereinigten Königreichs sei zwar unüblich, verstoße aber nicht gegen die Anforderungen der EMRK.[335]

Sämtliche Zweifel an der Wirksamkeit wurden jedoch hinfällig mit der Entscheidung des GH im Fall *Brannigan und McBride./.UK*[336], in der der GH lapidar feststellte:

> "The power of extended detention ... and the derogation of 23 December 1988 being clearly linked to the persistence of the emergency situation, there is no indication that the derogation was other than a genuine response."[337]

1989 trat eine Neufassung des Prevention of Terrorism (Temporary Provisions) Act in Kraft[338], ohne daß Änderungen in der Inhaftierungsdauer vorgenommen wurde. Section 14 (5) gestattet, wie schon Section 12 des 1984er Gesetzes, auf Anweisung des Innenministers eine Verlängerung des ursprünglich maximal 48-stündigen Gewahrsams um bis zu fünf Tage.

---

333 Im *Brogan*-Urteil, (1988) GH 145-B, Ziff. 48, wurde dazu folgendes ausgeführt: "The Government indicated accordingly that in their opinion 'the provisons of the Convention are being fully executed'. In any event, as they pointed out, the derogation did not apply to the area of law in issue in the present case. Consequently, there is no call in the present proceedings to consider whether any derogation from the United Kingdom's obligations under the Convention might be permissible under Article 15 by reason of a terrorist campaign in Northern Ireland."

334 van Dijk/van Hoof, S. 558.

335 Robertson/Merrills, S. 189f.; im Ergebnis so auch Jacobs/White, S. 321f.

336 (1993) GH 258-B; s.u. Punkt § 7 II 3.

337 Ebd., Ziff. 51.

338 Dazu Dickson, NILQ 1989, 250; Roche, FILJ 1989-1990, 328, 349ff.

III. Dritte Fallgruppe: Die Frage eines „Verdachts“ i.S.d. Art. 5 Abs. 1

Neben der Dauer der Ingewahrsamnahme ist ihre Berechtigung in zwei wichtigen Fällen Gegenstand konventionsrechtlicher Prüfung unter Art. 5 gewesen.

1. Fox, Campbell und Hartley./.UK[339]

a) Sachverhalt

Die Beschwerdeführer wurden auf der Rechtsgrundlage des Section 1 Northern Ireland (Emergency Provisions) Act 1978 in Nordirland zwischen 30 und 44 Stunden in Polizeigewahrsam festgehalten, ohne daß ihnen konkrete Tatvorwürfe gemacht wurden. Sie wurden weder einem Richter vorgeführt, noch bekamen sie Gelegenheit, Freilassung auf Kaution zu beantragen. Nachdem Fox und Campbell das "habeas corpus"-Verfahren angestrengt hatten, wurden sie freigelassen, bevor über die Anträge entschieden worden war.

Die Beschwerdeführer brachten vor der KOM vor, ihre Verhaftung und das anschließende Festhalten in Polizeigewahrsam seien durch keinen Haftgrund des Art. 5 Abs. 1 gerechtfertigt gewesen und verletzten außerdem Art. 5 Abs. 2, 4 und 5. Die KOM schloß sich bezüglich Art. 5 Abs. 1 und 2 dieser Auffassung an.

b) Entscheidung des GH

Im Vordergrund der Untersuchung stand erneut zunächst die Frage, ob ein "hinreichender Verdacht" einer strafbaren Handlung bestanden haben, der zur Verhaftung der Beschwerdeführer Anlaß gegeben habe. In Abgrenzung zu einer bloßen Vermutung einer Straftat einerseits oder zu einem ernsthaft begründeten Verdacht andererseits setzte ein hinreichender Verdacht nach Ansicht des GH das Vorliegen von Tatsachen oder Informationen voraus, die einen objektiven Beobachter zu dem Schluß kommen ließen, der Betroffene habe die Straftat begangen. Was im vorliegenden Fall "hinreichend" sei, richte sich nach den konkreten Umständen, hier somit wiederum den Fragen einer effektiven Terrorismusbekämpfung:

> „In this respect, terrorist crime falls into a special category. Because of the attendant risk of loss of life and human suffering, the police are obliged to act with utmost urgency in following up all information, including information from secret sources. Further, the police may frequently have to arrest a suspected terrorist on the basis of information

339 (1990) GH 182; Bericht der KOM abgedruckt in EuGRZ 1989, 556.

which is reliable but which cannot, without putting in jeopardy the source of the information, be revealed to the suspect...

As the Government pointed out, in view of the difficulties inherent in the investigation and prosecution of terrorist-type offences in Northern Ireland, the 'reasonableness' of the suspicion justifying such arrests cannot always be judged according to the same standards as are applied in dealing with conventional crime."[340]

Trotz Anerkennung der, im Vergleich zu anderen Straftaten, weitaus schwieriger durchzuführenden Verfolgung terroristischer Verbrechen betonte der GH, daß die Anforderung des "hinreichenden Verdachts" nicht so niedrig angesetzt werden dürfe, daß der Wesensgehalt der Schutzvorschriften aus Art. 5 berührt werde. Die britische Regierung versuchte sich mit dem Argument zu rechtfertigen, daß sie zwecks Informantenschutz nicht alle Informationsquellen, die den Verdacht begründeten, preisgeben könnte.

Der GH bemerkte dazu, daß Art. 5 Abs. 1 c zwar der Polizei weder unüberwindbare Hürden in den Weg legen dürfe, noch eine Verpflichtung bestehe, geheime Informanten zu benennen, auf deren Hinweis hin die Verhaftung Verdächtigter erfolgt sei. Da im vorliegenden Fall die britische Regierung jedoch keine substantiierten Belege vorweisen konnte, auf welchem "hinreichenden Verdacht" die Verhaftung Fox', Campbells und Hartleys beruhte (abgesehen von der Tatsache, daß zwei Beschwerdeführer aufgrund terroristischer Aktionen vorbestraft waren, was aber sieben Jahre zurücklag), entschied der GH, daß der Haftgrund des Art. 5 Abs. 1 c nicht vorgelegen habe, so daß eine Verletzung des Art. 5 Abs. 1 gegeben war.

Danach prüfte der GH eine mögliche Verletzung des Art. 5 Abs. 2, indem er zunächst erläuterte, daß dem Inhaftierten die Information über den Grund seiner Verhaftung in allgemeinverständlicher Weise und „in möglichst kurzer Frist"/„promptly" erteilt werden müsse, wobei sich die Länge der Frist stets nur einzelfallbezogen bemessen lasse. Bei ihrer Verhaftung war den Beschwerdeführern lediglich mitgeteilt worden, daß ihre Festnahme aufgrund des Section 11 Abs. 1 Northern Ireland (Emergency Provisions) Act 1978 wegen des Verdachts terroristischer Straftaten erfolgt sei. Die Nennung der Rechtsgrundlage für die Verhaftung, so der GH, erfülle für sich jedoch nicht die Anforderungen des Art. 5 Abs. 2. Im weiteren Verlauf der Inhaftierung sei der Grund der Verhaftung aber deutlich geworden:

„However, following their arrest all of the applicants were interrogated by the police about their suspected involvement in specific criminal acts and their suspected membership of procribed organisations. There is no ground to suppose that these interrogations were not such as to enable the applicants to understand why they had been arrested. The

340 Ebd., Ziff. 31f.

reasons why they were suspected of being terrorists were thereby brought to their attention during their interrogation."[341]

Auch die Anforderung einer schnellen Information der Beschwerdeführer sah der GH als erfüllt an:

„Mr Fox and Ms Campbell were arrested at 3.40 p.m. on 5 February 1986 at Woodburne RUC station and then separately questioned the same day between 8.15 p.m. and 10.00 p.m. at Castlereagh Police Office. Mr Hartley, for his part, was arrested at his home at 7.55 a.m. on 18 August 1986 and taken to Antrim Police Station where he was questioned between 11.05 a.m. and 12.15 p.m. In the context of the present case these intervals of a few hours cannot be regarded as falling outside the constraints of time imposed by the notion of promptness in Article 5 (2)."[342]

Daher lag keine Verletzung des Art. 5 Abs. 2 vor. Ob den Beschwerdeführern gemäß Art. 5 Abs. 4 eine wirksame Möglichkeit zur Einlegung einer Haftbeschwerde eingeräumt worden war, untersuchte der GH, wie schon die KOM, nicht mehr. Wegen der Verletzung des Art. 5 Abs. 1 sprach der GH den Beschwerdeführern eine Entschädigung zu.

Drei Richter äußerten eine abweichende Ansicht zur Frage des „hinreichenden Verdachts". Ihrer Meinung nach hätten bereits die der Polizei vorliegenden Informationen, insbesondere das Vorstrafenregister der Beschwerdeführer Fox und Campbell, einen hinreichenden Verdacht begründet, womit die Freiheitsentziehung gerechtfertigt gewesen wäre.

c) Kommentar

aa) Allgemeines

Der Northern Ireland (Emergency Provisions) Act 1978 ermöglichte Verhaftungen – ohne Haftbefehl- von Personen, die des Terrorismus verdächtig waren. Die Inhaftierung konnte bis zu 72 Stunden ausgedehnt werden. Ein 1984 im Auftrag der Regierung vorgelegtes Gutachten empfahl, den bloßen Verdacht, Terrorist zu sein, durch die Anforderung eines objektiv begründeten, hinreichenden Tatverdachts zu ersetzen. Nichtsdestoweniger betonte das House of Lords noch 1985, entscheidendes Verdachtsmoment sei allein der subjektive Eindruck des verhaftenden Polizisten.[343] Der Gesetzgeber folgte dem Vorschlag der Reformkommission 1987 und ersetzte Section 11 (1) des genannten Gesetzes durch eine neuge-

---

341 Ebd., Ziff. 41.

342 Ebd., Ziff. 42.

343 *McKee v. Chief Constable for Northern Ireland*, (1985) 1 All ER 1.

faßte Vorschrift, Section 6, womit diese kritische Frage deutlich entschärft wurde.[344]

Die alte nordirische Rechtslage im vorliegenden Fall führte zu der bekannten Situation, daß der GH die Verhaftungen streng nach Art. 5 Abs. 1 c auf das Vorliegen eines „hinreichenden Verdachts“ („reasonable suspicion“) hin untersucht, obwohl das nationale Recht den „test of reasonableness“ explizit nicht vorsieht. Der GH prüft eben nicht nationale Gesetzgebung in abstracto, sondern die Einzelumstände der jeweiligen Beschwerde am objektiven Maßstab der EMRK, auch wenn die Diskrepanz zwischen den Rechtssystemen in diesem Fall besonders offen zutage tritt.[345]

bb) Die Berufung auf geheime Informationen

Weiterer Schwerpunkt dieser Entscheidung ist die Erkenntnis, daß der GH den Staaten die Verwendung geheimer Informationen im Kampf gegen Terrorismus prinzipiell zugesteht.[346] Dennoch bleibt dem GH die Überprüfungsmöglichkeit, ob sichergestellt ist, daß die Substanz der Garantien des Art. 5 intakt geblieben ist. Zu erkennen ist hierbei wiederum das Bemühen des GH, eine sachgerechte Balance zwischen effektiver Terrorismusbekämpfung und Einhaltung eines substantiellen Menschenrechtsstandards zu finden. Dieser ist, wie vorliegend, nicht gewahrt, wenn die Regierung zur Verdachtsbegründung lediglich auf die Vorstrafen der Beschwerdeführer verweist.[347]

2. Murray und andere./. UK[348]

a) Sachverhalt

Beschwerdeführer in diesem Fall war die aus Belfast stammende Margaret Murray und ihre Familie. Margaret Murray war verdächtig, Geld für Waffenkäufe der IRA in den USA gesammelt zu haben, eine Tat, die zum damaligen Zeitpunkt gemäß Section 21 des Northern Ireland (Emergency Provisions) Act 1978 und Section 10 des Prevention of Terrorism (Temporary Provisions) Act 1976 strafbar war. Zwei ihrer Brüder wurden im Juni 1982 in den USA wegen Waffende-

---

344 S. Sherlock, ELR 1991, 266; Hunt/Dickson, NQHR 1993, 173, 177; Harris/O'Boyle/Warbrick, S. 118.
345 S. auch Finnie, MLR 1991, 288, 291.
346 S. auch Reindl, S. 62.
347 Gearty, CLR 1993, 89, 101.
348 (1994) GH 300-A.

likten verurteilt. Einen Monat später wurde Margaret Murray frühmorgens von der Armee verhaftet, verhört und, ohne ihr Wissen, photographiert. Wenige Stunden später wurde sie wieder freigelassen, ohne daß später Anklage erhoben wurde. Im späteren Schadensersatzprozeß gegen das Verteidigungsministerium brachte Margaret Murray vor, sie wäre ohne konkreten Verdacht und mit dem einzigen Ziel verhaftet worden, Informationen von ihr zu gewinnen. Die Klage scheiterte letztinstanzlich vor dem House of Lords. Die Beschwerdeführerin rügte vor der KOM vor allem die Verletzung des Art. 5 Abs. 1 c und 2.

Die KOM erklärte die Beschwerde für zulässig und bejahte in ihrem Bericht eine Verletzung der genannten Vorschriften.

b) Entscheidung des GH

Der GH betonte zunächst, grundsätzlich keinen Grund für eine Abweichung von seiner früheren Rechtsprechung in ähnlich gelagerten Terrorismus-Fällen zu sehen:

> „...for the purposes of interpreting and applying the relevant provisions of the Convention, due account will be taken of the special nature of terrorist crime, the threat it poses to democratic society and the exigencies of dealing with it...“[349]

Zur streitigen Frage, ob für die Verhaftung ein „hinreichender Verdacht“ der Begehung einer Straftat im Sinne des Art. 5 Abs. 1 c gegeben war, behauptete die Regierung, nicht alle Informationen preisgeben zu können, da sonst Informanten gefährdet wären. Jedoch reiche bereits die Tatsache, daß die Beschwerdeführerin ihre in den USA verurteilten Brüder besucht und mit ihnen Kontakt gehalten habe, für die Annahme eines hinreichenden Verdachts aus. Die Beschwerdeführerin dagegen verwies auf die ungewöhnlichen Umstände ihrer Verhaftung. Ihrer Ansicht nach deuteten die Tatsachen, daß sie vom Militär und nicht von der Polizei verhaftet worden war, daß sie nur kurz verhört und festgehalten wurde sowie nicht förmlich verwarnt wurde, auf das Fehlen eines objektiv vorliegenden Verdachts hin.

Der GH erkannte die Notwendigkeit an, vertrauliche Informationen zur Terrorismusbekämpfung einzusetzen, wenngleich diese auch stets der Kontrolle der Judikative zu unterliegen hätten. Zusätzlich müsse, so der GH unter Bezugnahme auf seine Entscheidung in *Fox, Campbell und Hartley./.UK*[350], die Regierung einige Fakten beibringen, die die Begründung eines Verdachts nachvollziehbar machten. Diese Fakten seien vor den nationalen Gerichten erörtert worden, wo

---

349 Ebd., Ziff. 47.
350 (1990) GH 182; s.o. unter § 4 III 1.

die dortigen Richter insbesondere nach der Vernehmung der verhaftenden Beamtin zum Ergebnis gekommen waren, daß die Beschwerdeführerin tatsächlich selbst der Begehung einer Straftat verdächtig gewesen sei. Demzufolge bejahte der GH vorliegend den hinreichenden Tatverdacht auf Seiten der Beschwerdeführerin.

Auch das Vorbringen der Beschwerdeführerin, ihre Verhaftung sei nur zum Zwecke der Informationsgewinnung, nicht aber der „Vorführung vor die zuständige Gerichtsbehörde" im Sinne des Art. 5 Abs. 1 c erfolgt, wies der GH zurück. Es sei unbeachtlich, daß es tatsächlich zu keiner Vorführung gekommen sei, da das Ziel der Vorführung vor Gericht unabhängig von seiner späteren Erreichung zu betrachten sei:

> „As the domestic courts pointed out (...), in view of her persistent refusal to answer any questions at the army centre (...) it is not surprising that the authorities were not able to make any headway in pursuing the suspicions against her. It can be assumed that, had these suspicions been confirmed, charges would have been laid and she would have been brought before the competent legal authority."[351]

Auch das ungewöhnliche Verfahren der Verhaftung und des Verhörs durch Militärpersonal ändere nichts an dieser Einschätzung. Wenngleich in der Praxis auch stets die Polizei für die Vorführung vor Gericht zuständig sei, deute die mangelnde Involvierung der Polizei nicht auf eine fehlende Absicht hin, die Beschwerdeführerin vor Gericht zu bringen:

> „What counts for the purpose of compliance with Convention obligations is the substance rather than the form."[352]

Abschließend erkannte der GH somit nicht auf eine Verletzung des Art. 5 Abs. 1 c, wobei drei Richter eine gemeinsame abweichende Ansicht formulierten.

Die Beschwerdeführerin machte ferner die Verletzung des Art. 5 Abs. 2 geltend, indem sie angab, zu keinem Zeitpunkt über den Grund ihrer Verhaftung aufgeklärt worden zu sein. Auf der anderen Seite argumentierte die Regierung, es sei der Beschwerdeführerin jedenfalls im Verhör deutlich gemacht worden, welcher Straftat sie verdächtigt würde. Dieser Argumentation schloß sich der GH an, nicht ohne nochmals darauf hinzuweisen, daß die Verurteilung der Brüder der Beschwerdeführerin nur wenige Wochen vor ihrer eigenen Verhaftung geschah.

Demzufolge hielt der GH auch Art. 5 Abs. 2 nicht für verletzt.

---

351 *Murray und andere./.UK*, (1994) GH 300-A, Ziff. 67.

352 Ebd., Ziff. 68.

c) Kommentar

Dieses Judiz könnte auf eine neuere Entwicklung in der Rechtsprechung des GH hindeuten. Ausgehend von den Entscheidungen *Irland./.UK*[353] und *Brogan./.UK*[354] ist zu beobachten, daß die Anforderungen der Konventionsrechtsprechung an den Schutz der persönlichen Freiheit i.S.d. Art. 5 Abs.1 bei Schwerkriminalität kontinuierlich sinken. War es in der ersten Entscheidung die Anerkennung „terroristischer Akte“ als Straftaten i.S.d. Art. 5 Abs. 1 c, in der zweiten die Erkenntnis, daß Inhaftierung auch zum Zwecke weiterer Ermittlungen zur Verdachtserhärtung zulässig sei, so bejahte der GH, trotz der im Vergleich zur *Fox, Campbell und Hartley*-Entscheidung ähnlichen Umstände, in *Murray* das Vorliegen eines hinreichenden Verdachts, obwohl die Verdachtsmomente noch schwächer erscheinen als bei *Fox, Campbell und Hartley*. Waren es dort Vorverurteilungen der Beschwerdeführer, so reichte dem GH vorliegend das Ergebnis des innerstaatlichen Zivilverfahrens wegen ungerechtfertigter Verhaftung, das Margaret Murray gegen das Verteidigungsministerium angestrengt hatte[355], aus, verbunden mit den Vorverurteilungen ihrer Brüder. Beide Argumente erweisen sich indes als nicht stichhaltig.

aa) Das Ergebnis des innerstaatlichen Verfahrens

Beim Rückgriff auf das Ergebnis des innerstaatlichen Verfahrens ist der GH der Versuchung eines Zirkelschlusses erlegen. Obwohl er in Ziff. 63 des Urteils ausdrücklich den „*...lower standard of suspicion under domestic law...*“ gegenüber Art. 5 Abs. 1 c im Blick hat, werden zuvor in Ziff. 61 plötzlich die Feststellungen eines innerstaatlichen Gerichts, das ja primär nur die Einhaltung dieses niedrigeren Standards zu überprüfen hat, als hinreichend verdachtsbegründend und damit rechtmäßig nach Konventionsrecht anerkannt. Abgesehen von der schwachen Tatsachengrundlage (entscheidend war die Aussage einer Beamtin) heißt Rechtmäßigkeit nach innerstaatlichem Recht nicht gleichzeitig rechtmäßig nach Konventionsrecht. Auch ein britisches Zivilgericht kann die inhaltlichen Voraussetzungen der Untersuchungshaft verkennen.[356] Der GH begnügt sich hier mit einer sekundären Quelle des hinreichenden Verdachts. Primäre Quellen waren von vornherein nicht vorhanden, da, was der GH wiederum bestätigte, die britische Regierung geheime Informationen zurückhalten durfte.

---

353 (1978) GH 25 = EuGRZ 1979, 149.
354 (1988) GH 145-B.
355 *Murray./.Ministry of Defence*, (1988) 1 WLR 692.
356 Reindl, S. 63.

bb) Die Vorverurteilungen der Brüder

Die Annahme des GH, Vorverurteilungen der Brüder der Beschwerdeführerin könnten für letztere selbst verdachtsbegründend sein, scheint eine völlige Abkehr von der früheren Rechtsprechung, insbesondere in *Fox, Campbell und Hartley*, zu bedeuten. Wie Reindl[357] zutreffend und pointiert ausführt, reichen bei *Fox, Campbell und Hartley* selbst eigene Vorstrafen nicht aus, einen Verdacht zu begründen[358]; um so weniger könne dies dann für Vorverurteilungen von Familienmitgliedern gelten. Ein Verdacht muß stets individuell begründbar sein, familiäre Beziehungen setzen nicht gleichzeitig die Beteiligung oder Duldung an kriminellen Machenschaften voraus. Allenfalls hätten die Umstände des Falles einen „bona fide"-Verdacht, nicht aber einen hinreichenden Verdacht nahelegen können, zumal die persönlichen Umstände der Beschwerdeführerin, einer gesundheitlich angeschlagenen Mutter von vier Kindern, nicht gerade auf kriminelle bzw. terroristische Professionalität hindeuteten.[359]

cc) Rechtsprechungswandel bei schweren, organisierten Kriminalitätserscheinungen?

Neben den besprochenen Entscheidungen mit terroristischem Kontext könnte auch eine weitere Entscheidung aus dem Bereich der Schwerkriminalität als Beleg für den Rechtsprechungswandel dienen. Im Fall *Chahal./.UK*[360] war der Beschwerdeführer den britischen Behörden als extremistischer Sikh bekannt, der u.a. im Verdacht stand, an mehreren Mordkomplotten beteiligt gewesen zu sein. Er wurde ausgewiesen und in Abschiebehaft genommen, wo er erfolglos einen Asylantrag stellte. Sein Rechtsbehelf wurde, da es sich um eine Angelegenheit der nationalen Sicherheit handelte, nicht von einem Gericht, sondern einer Kommission überprüft, die über geheime Informationen verfügte, die dem Beschwerdeführer nicht zugänglich gemacht wurden. Wiederum billigte der GH die Verwendung geheimer Informationen und die Rechtmäßigkeit der Abschiebehaft, speziell ihrer Dauer, nach Art. 5 Abs. 1 f (als der zu Art. 5 Abs. 1 c spezielleren Vorschrift) unter besonderer Berücksichtigung der Bedrohung der nationalen Si-

357 S. 63.

358 In nicht-terroristischen Fällen ist dies auch weiterhin Rechtsprechung des GH, s. *Muller./.Frankreich*, (1997) RJD 1997, 374.

359 *Murray und andere./.UK*, (1994) GH 300-A, Gemeinsame abweichende Ansicht der Richter Loizou, Morenilla und Makarczyk, Ziff. 3.

360 (1996) RJD 1996, 1831.

cherheit.[361] Wenngleich dieses Urteil wegen der im Vergleich zu Art. 5 Abs. 1 c unterschiedlichen Anforderungen an die Abschiebehaft des Art. 5 Abs. 1 f für die Dogmatik der letzteren Vorschrift nicht aus dem Rahmen fällt[362], liegt dennoch mittels der Schlagwortkette „schwere, organisierte Kriminalität" – „geheime Informationen" – „Beraubung der persönlichen Freiheit" der Zusammenhang zu den Terroristenfällen auf der Hand.[363]

Als Ergebnis der vorgenommenen Erwägungen läßt sich daher festhalten, daß die jüngste Rechtsprechung des GH auf eine Lockerung der Anforderungen an Art. 5, den Schutz der persönlichen Freiheit, bei schweren organisierten Erscheinungen von Kriminalität hindeutet.

---

361 Der Beschwerdeführer war indes letztlich erfolgreich, da Art. 5 Abs. 4 und, sollte er tatsächlich abgeschoben werden, Art. 3 verletzt seien.

362 Der GH überprüft in Auslieferungsfällen nicht die Rechtmäßigkeit der Ausweisung als solcher, sondern nur die der Abschiebehaft, hier besonders ihrer Dauer. Vgl. aus jüngster Zeit etwa *Kolompar./.Belgien*, (1992) GH 235-C = EuGRZ 1993, 118, sowie *Quinn./.Frankreich*, (1995) GH 311.

363 S. hierzu auch Reindl, S. 64.

§ 5: Antiterroristische Maßnahmen im Ermittlungsverfahren und in der Hauptverhandlung: Die grundlegenden Entscheidungen

Das Stadium des Ermittlungsverfahrens und der Hauptverhandlung ist konventionsrechtlich unter Art. 6 anzusiedeln. Art. 6 mit seinen Verfahrensgarantien stellt sich sowohl von der Bedeutung, die ihm die Rechtsprechung zumißt[364], als auch schlicht von der Zahl der zu ihm ergangenen Entscheidungen und festgestellten Verletzungen[365], als eine der Kernvorschriften der Konvention dar. Art. 6 beinhaltet grundlegende rechtsstaatliche Garantien für vorprozessuale und gerichtliche Verfahren. Er garantiert in Absatz 1 im Rahmen seines persönlichen („jedermann") und sachlichen (Verfahren über „zivilrechtliche Ansprüche und Verpflichtungen" sowie hinsichtlich einer „strafrechtlichen Anklage")[366] Geltungsbereichs ein faires, öffentliches und zügiges Verfahren vor einem unparteiischen, unabhängigen[367], auf Gesetz beruhenden Gericht.

Darüber hinaus halten Art. 6 Abs. 2 und 3 besondere Garantien für den Angeklagten im Strafprozeß bereit. Neben der Unschuldsvermutung sind dies die Unterrichtung über die Anklage, die Vorbereitung der Verteidigung und das Recht auf einen Verteidiger, die Benennung und Befragung von Zeugen sowie die unentgeltliche Hinzuziehung eines Dolmetschers.

I. Erste Fallgruppe: Aussageverweigerung und Zugang zu rechtlichem Beistand: Der John Murray-Fall

Für diese Fallgruppe steht aus dem terroristischen Bereich die *John Murray*-Entscheidung des GH, der jüngste bedeutende Fall, der aus dem Nordirlandkonflikt resultiert.[368]

---

364 Dies zeigt sich etwa an der Aussage des GH in *Moreira de Azevedo./.Portugal*, (1990) GH 189, Ziff. 66, wonach „...there can be no justification for interpreting Art. 6 (1) ... restrictively".

365 Art. 6 ist die am häufigsten geltend gemachte Vorschrift, deren Verletzung zudem am häufigsten festgestellt wurde; s. Harris/O`Boyle/Warbrick, S. 164.

366 Zum – im Einzelfall höchst problematischen – sachlichen Geltungsbereich s. Frowein/Peukert, Art. 6, Rdn. 5ff.; vgl. allgemein zum Schutzbereich auch Golsong/Miehsler/Vogler, Art. 6, Rdn. 1ff.

367 S. hierzu unten § 5 II.

368 *John Murray./.UK*, (1996) RJD 1996, 30 = EuGRZ 1996, 587.

a) Sachverhalt

Am 7. Januar 1990 wurde der Beschwerdeführer, John Murray, von der Polizei auf Grundlage des Prevention of Terrorism (Temporary Provisions) Act 1989 verhaftet und über seine Rechte belehrt. Angekommen in der Polizeiwache von Castlereagh, verweigerte er jegliche Aussage, auch über seine Person, und verlangte einen Anwalt. Gemäß Section 15 des Northern Ireland (Emergency Provisions) Act 1987 wurde die Benachrichtigung eines Anwalts um 48 Stunden verschoben, da die Polizei befürchtete, die sofortige Hinzuziehung eines Rechtsbeistands gefährde die Gewinnung von Informationen über terroristische Straftaten. Der Beschwerdeführer konnte seinen Anwalt erstmals am Abend des 9. Januar konsultieren. Er wurde insgesamt zwölfmal verhört, in einer Gesamtlänge von über 21 Stunden; bei keinem Verhör durfte der Anwalt anwesend sein. Im Mai 1991 wurde der Beschwerdeführer wegen Beihilfe zu einer Freiheitsberaubung, die sich am Ort seiner Verhaftung, einem Haus in Belfast, ereignet hatte, zu einer Freiheitsstrafe von 8 Jahren verurteilt. Der Strafrichter wertete dabei das Schweigen des Beschwerdeführers bei den Verhören und vor Gericht zu dessen Ungunsten, eine Möglichkeit, die dem Richter aufgrund der Criminal Evidence (Northern Ireland) Order 1988 gegeben war.[369] Die Berufung zum nordirischen Court of Appeal scheiterte.

Der Beschwerdeführer machte vor der KOM die Verletzung von Art. 6 geltend, da er in seinem Recht, zu schweigen und sich nicht selbst belasten zu müssen, verletzt worden und ihm die Beiziehung eines Anwalts nach seiner Verhaftung verweigert worden sei.

Die KOM sah den ungehinderten Zugang zu rechtlichem Beistand, Art. 6 Abs. 1 i.V.m. Abs. 3 c, als verletzt an.

369 Article 6 (2) (b) dieser Vorschrift besagt unter der Überschrift „*Inferences from failure or refusal to account for presence at a particular place*" unter anderem: „Where this paragraph applies, the court or jury, in determining whether the accused is guilty of the offence charged, may (i) draw such inferences from the failure or refusal as appear proper;...". Jedoch darf eine Verurteilung nicht allein auf diese Schlußfolgerungen des Gerichts gestützt werden. Die KOM bezeichnete hier diese Möglichkeit als „formalised system which aims at allowing common-sense implications to play an open role in the assessment of evidence." ((1996) RJD 1996, 30, Ziff. 54).

b) *Die Entscheidung des GH*

aa) *Das Recht zu schweigen*

Ausgehend von der Feststellung, daß das Recht zu schweigen, obwohl in Art. 6 nicht ausdrücklich erwähnt, vom Schutzbereich dieser Vorschrift umfaßt wird, setzte sich der GH zunächst mit der Frage auseinander, ob und inwieweit die im nordirischen Recht vorgesehene Möglichkeit, aus dem Schweigen des Beschuldigten Rückschlüsse auf dessen Schuld zu ziehen, als „unfair" im Sinne des Art. 6 Abs. 1 zu qualifizieren ist. Dabei schenkte der GH auch den Untersuchungen diverser Menschenrechtsorganisationen Beachtung, die dieses strafprozessuale Instrument als faktische Beweislastumkehr werteten. In einer verdeutlichenden Darstellung der beiden prozessualen Extremfälle des Rechts zu schweigen stellte der GH klar, daß

> „...it is self-evident that it is incompatible with the immunities under consideration to base a conviction solely or mainly on the accused's silence or on a refusal to answer questions or to give evidence himself. On the other hand, the Court deems it equally obvious that these immunities cannot or should not prevent that the accused's silence, in situations which clearly call for an explanation from him, be taken into account in assessing the persuasiveness of the evidence adduced by the prosecution."[370]

Der GH, der den vorliegenden Fall zwischen diesen Extremen ansiedelte, hielt die belastenden Beweise im Strafprozeß auch ohne die streitige Maßnahme für zumindest so stichhaltig, daß eine erklärende Aussage des Beschwerdeführers zu seiner Entlastung vonnöten gewesen wäre. Als diese trotz mehrmaliger Hinweise und Warnungen nicht erfolgte, wertete das Gericht erst das Schweigen zu seinen Ungunsten, was der GH angesichts der sonstigen Beweislage für nicht unfair und damit zulässig erachtete. Daran änderte auch die Tatsache nichts, daß die erste Warnung, sein Schweigen könne gegen ihn verwendet werden, ohne Beisein eines Anwalts geschah. Der GH kam damit nicht zu einer Verurteilung wegen Verletzung von Art. 6 Abs. 1.

bb) *Zugang zu rechtlichem Beistand*

Unstreitig war der Beschwerdeführer 48 Stunden ohne jeglichen rechtlichen Beistand, während denen er zwölfmal verhört wurde.

Die britische Regierung hielt diesen Zeitraum für notwendig, um die Warnung eventueller Komplizen zu vermeiden und um eine erste, ungestörte Periode

---

370 (1996) RJD 1996, 30, Ziff. 47.

wichtiger Informationsgewinnung zu haben. Wenngleich der Beschwerdeführer es unterließ, gegen die Anordnung der verlängerten Verwehrung des rechtlichen Beistands Rechtsbehelfe einzulegen, konnte dies nicht zu seinen Lasten gewertet werden, da der GH das frühe Hinzuziehen eines Anwalts als im fundamentalen Interesse des Beschuldigten liegend ansah:

„...the concept of fairness enshrined in Article 6 requires that the accused has the benefit of the assistance of a lawyer already at the initial stages of police interrogation. To deny access to a lawyer for the first 48 hours of police questioning, in a situation where the rights of the defence may well be irretrievably prejudiced, is – whatever the justification for such denial – incompatible with the rights of the accused under Article 6."[371]

Demzufolge sah der GH unter diesem Gesichtspunkt Art. 6 Abs. 1 i.V.m. Abs. 3 c als verletzt an. Eine Entschädigung sprach er jedoch nicht zu.

c) Kommentar

Daß die Aussageverweigerung eines Tatverdächtigen bei polizeilichen Vernehmungen nach der Criminal Evidence (Northern Ireland) Order 1988 zu seinem Nachteil berücksichtigt werden kann, ist die Reaktion des britischen Gesetzgebers auf die Klage der Strafverfolgungsbehörden, das Recht zu schweigen erschwere, ja verhindere Verurteilungen in Terroristenfällen. Empirische Untersuchungen indes stützten diese These nicht.[372] Die legislative Neuerung sah sich demzufolge starker Kritik ausgesetzt[373], es wurde das rechtsstaatliche Prinzip in Gefahr gesehen, daß die Anklage des Angeklagten Schuld zu beweisen hätte. Nichtsdestoweniger darf eine Verurteilung nicht allein auf die Aussageverweigerung gestützt werden; diese hat allein komplementären Charakter. Diese Tatsache hat wohl den GH vorliegend dazu veranlaßt, das Vorgehen des nordirischen Gerichts zu billigen, zumal letzteres seiner Fürsorgepflicht gegenüber dem Angeklagten durch vielfältige Warnungen nachgekommen war.

Zwei teilweise abweichende Ansichten hielten dagegen das Recht zu schweigen für verletzt. Sie verwiesen auf kontinentaleuropäische und US-amerikanische Rechtstraditionen wie Beweisverwertungsverbote und den fünften Verfassungszusatz in der amerikanischen Verfassung, aus dem der Supreme Court das Recht

371 Ebd., Ziff. 66.

372 McCrudden-Jackson, S. 119.

373 S. Finn, Constitution in Crisis: Political Violence and the Rule of Law, S. 107f.; McCrudden-Gearty, S. 154.

des Beschuldigten herleitete, zu schweigen, bis er sich in unbeschränkter Ausübung seines freien Willens entschlösse, zu reden.[374]

In einer teilweise abweichenden Ansicht kritisierten sieben Richter die Trennung der beiden Punkte „Recht zu schweigen“ und „Zugang zu rechtlichem Beistand“. Das Verhalten des Beschwerdeführers vor und nach Hinzuziehung eines Anwalts habe sich nicht unterschieden. Er habe die ganze Zeit geschwiegen und zu keinem Zeitpunkt dargetan, er könne sich durch eine Aussage entlasten. Insoweit habe die Verweigerung eines rechtlichen Beistands seine Verteidigung auch nicht geschwächt. Diese Ansicht geht indes fehl. Sie verkennt, daß Art. 6 ein *objektives* fair trial-Prinzip statuiert, das formalisierte, rechtsstaatliche Garantien enthält. Keinesfalls kann sich ein Beschuldigter durch eigenes, sei es auch widersprüchliches, Verhalten dieser Rechte begeben.

II. Zweite Fallgruppe: Unabhängigkeit und Unparteilichkeit des Gerichts

Unabhängigkeit und Unparteilichkeit des Gerichts als von Art. 6 Abs. 1 erwähnte Grundvoraussetzungen für ein faires Verfahren stehen miteinander in einem „funktionalen Zusammenhang“[375]: Nur ein unabhängiges Gericht kann auch unparteilich sein. „Unabhängig“ muß das Gericht nach der Rechtsprechung des GH von der Exekutive, den am Verfahren Beteiligten[376] und der Legislative[377] sein. Den Großteil der Rechtsprechung zu diesem Komplex nehmen Fälle zu administrativen und disziplinarrechtlichen Spruchkörpern ein.[378] „Unparteilichkeit“ bedeutet nach der Rechtsprechung das Fehlen von Befangenheit und Voreingenommenheit[379] auf Seiten des Richters.

---

374 Supreme Court in *Miranda v. Arizona*, (1966) 384 U.S., 436.

375 Frowein/Peukert, Art. 6, Rdn. 129.

376 *Ringeisen./.Österreich*, (1971) GH 13, Ziff. 95; Frowein/Peukert, die diese Entscheidung bei Art. 6, Rdn. 124, zitieren, übersetzen „parties“ korrekt mit „Parteien“, was jedoch zumindest die Gefahr der Interpretation als „politische Parteien“ birgt. Daher ist klarzustellen, daß hier richtigerweise mit „parties“ die Verfahrensbeteiligten gemeint sind, wie auch aus dem Kontext der *Ringeisen*-Entscheidung klar hervorgeht; s.a. *Eccles, McPhillips und McShane./.Irland*, (1988) E 12839/87, DR 59, 212, 217: „‘independent‘ ... of the parties to the case“ (Hervorhebung des Verf.).

377 *Crociani./.Italien*, (1980) E 8603/79, DR 22, 147, 221.

378 S. den Überblick bei Harris/O`Boyle/Warbrick, S. 231ff.

379 *Piersack./.Belgien*, (1982) GH 53, Ziff. 30 = EuGRZ 1985, 301.

1. Die Unabhängigkeit spezieller Spruchkörper

Die Einsetzung spezieller Spruchkörper als solche und ihre Besetzung haben die Konventionsorgane in zwei Entscheidungen mit Bezug zum Nordirlandkonflikt für mit dem Gebot der Unabhängigkeit vereinbar gehalten. In *Campbell und Fell./.UK*[380] wurde die Unabhängigkeit des „Prison Board of Visitors“, das über Beschwerden gegen Entscheidungen in der Haft zu entscheiden hatte, in Zweifel gezogen. Obwohl seine Mitglieder vom Innenminister für einen Zeitraum von drei Jahren ernannt wurden und ministerielle Richtlinien für die Amtsausübung existierten, waren die Mitglieder in ihrer Entscheidung nicht weisungsunterworfen und mit den einzelnen Gefängnisleitungen nicht administrativ verbunden, so daß der GH letztlich die Unabhängigkeit bejahte.

Die Beschwerdeführer in *Eccles, McPhilipps und McShane./.Irland*[381] monierten, daß der nicht-ständige „Special Criminal Court“ in der Republik Irland – der für besondere Fälle der (nicht allein terroristischen) Schwerkriminalität eingesetzt werden konnte – aus Berufsrichtern bestand, die, obgleich ihre persönliche Unabhängigkeit nicht bezweifelt wurde, von der Regierung ad hoc ernannt und abberufen werden konnten. Da die Rechtsprechung des irischen Supreme Court jedoch im Laufe der Jahre ausreichende Verfahrensgarantien für die Verfahren vor dem Special Criminal Court geschaffen hatte und die Gesetzgebung zu diesen Spruchkörpern somit konkretisiert hatte, erachtete die KOM sie als „unabhängig“ im Sinne des Art. 6 Abs. 1.

2. Die Problematik des Militärrichters im türkischen Rechtssystem

Eine Besonderheit im türkischen Rechtssystem stellt indes die Existenz der Staatssicherheitsgerichte dar. Die türkischen Staatssicherheitsgerichte in ihrer gegenwärtigen Form sind auf Grundlage des Art. 143 der türkischen Verfassung von 1982 errichtet worden, um Straftaten gegen den Staat, seine territoriale Integrität, seine Unteilbarkeit, seine demokratische Ordnung und gegen seine innere und äußere Sicherheit abzuurteilen.[382] Das Staatssicherheitsgericht setzt sich hierbei aus zwei zivilen Richtern und einem juristisch ausgebildeten Militärrichter zusammen. Das aus dem Militär auszuwählende Mitglied des Gerichts wird

---

380 (1984) GH 80 = EuGRZ 1985, 534; s. unten Gliederungspunkt § 6 2.

381 (1988) E 12839/87, DR 59, 212.

382 Erstmals wurden die Staatssicherheitsgerichte bereits 1973 durch ein Gesetz eingeführt, welches das türkische Verfassungsgericht 1976 für verfassungswidrig erklärte.

auf Grundlage dienstlicher Beurteilungen von der Militärführung vorgeschlagen und von Ministerpräsident und Verteidigungsminister gemeinsam ernannt.

Als Rechtsmittel gegen Entscheidungen des Staatssicherheitsgerichts steht eine Überprüfung auf Rechts- und Verfahrensfehler durch das – rein zivil besetzte – türkische Kassationsgericht zur Verfügung.

Die KOM erkannte in der Besetzung des Staatssicherheitsgerichts mit einem Militärrichter bereits im Fall *Mitap und Müftüoglu./.Türkei* einen Verstoß gegen das Gebot der Unabhängigkeit und Unparteilichkeit des Gerichts; der GH sah sich im weiteren Verlauf jedoch mangels Zuständigkeit ratione temporis daran gehindert, über diese Frage zu entscheiden.[383] Zwei Jahre später gelangten dann die Fälle *Incal./.Türkei*[384] und *Çiraklar./.Türkei*[385] vor den GH. In beiden Fällen waren Zivilisten vom Staatssicherheitsgericht in der oben beschriebenen Besetzung wegen Propagandadelikten bzw. Teilnahme an einer verbotenen Demonstration verurteilt worden. Der GH hielt in beiden Fällen mit nahezu wortgleicher Begründung Art. 6 Abs. 1 für verletzt:

Der GH wiederholte zunächst vorab die seiner Rechtsprechung zufolge entscheidenden Kriterien, die bei der Bewertung eines Spruchkörpers als „unabhängig" heranzuziehen seien. Neben der Art und Weise der Ernennung der Richter und der Dauer ihrer Amtszeit nannte er des weiteren das Vorhandensein von Schutzmechanismen gegen äußere Beeinflussungen sowie das Kriterium, ob nach dem äußeren Erscheinungsbild das Gericht als unabhängig anzusehen sei. Als Parameter für „Unparteilichkeit" erwähnte der GH die persönliche Verstrickung eines Richters in den zu entscheidenden Fall und die Existenz von Tatsachen, die objektiv die Furcht vor Parteilichkeit als gerechtfertigt erscheinen lassen. Im folgenden erörterte der GH „Unabhängigkeit" und „Unparteilichkeit" gemeinsam, da zwischen beiden Begriffen eine starke Interdependenz bestehe.

Allein die Tatsache, daß beide Beschwerdeführer sich als Zivilisten unter anderem einem Militärrichter gegenübersah, begründete eo ipso noch keine Verletzung des Art. 6 Abs. 1. Auch sprächen etliche Umstände für eine Unabhängigkeit, so etwa die juristische Ausbildung der Militärrichter, ihre fehlende Weisungsunterworfenheit während ihrer Amtszeit, die nur in Ausnahmefällen gegebene Möglichkeit, sie abzuberufen, und die Garantien einer unabhängigen Justiz durch die türkische Verfassung, die auch auf Militärrichter anwendbar sind. Diese gewichtigen Punkte reichten indes dem GH nicht aus, um eine Unabhängigkeit zu bejahen, denn

383 *Mitap und Müftüoglu./.Türkei*, (1996) RJD 1996, 402.
384 (1998) RJD 1998, 1547.
385 (1998) RJD 1998, 3060.

„...the judges in question are servicemen who still belong to the army, which in turn takes its orders from the executive. Secondly, they remain subject to military discipline and assessment reports are compiled on them... Decisions pertaining to their appointment are to a great extent taken by the administrative authorities and the army... Lastly, their term of office as National Security Court judges is only four years and can be renewed.

It follows that the applicant could legitimately fear that because one of the judges of the Izmir National Security Court was a military judge, it might allow itself to be unduly influenced by considerations which had nothing to do with the nature of the case. In other words, Mr Çiraklar´s fears as to that court´s lack of independence and impartiality can be regarded as objectively justified.[386]

Der GH hielt mithin in beiden Fällen Art. 6 Abs. 1 mangels Unabhängigkeit des Staatssicherheitsgerichts für verletzt.

Wohl um einer Verurteilung im *Öcalan*-Verfahren zu entgehen, schaffte die Türkei per Gesetzesänderung die Besetzung mit einem Militärrichter am 22. Juni 1999 ab und ersetzte den betreffenden Militärrichter im *Öcalan*-Prozeß durch einen Zivilisten.[387] Dennoch erklärte der GH die Beschwerde Öcalans im Hinblick auf Art. 6 für zulässig.[388] Angesichts der Tatsache, daß der zivile Richter zwar durch das gesamte Verfahren hindurch anwesend war, jedoch erst zu einem Zeitpunkt auf der Richterbank Platz nahm, als Beweisaufnahme und Plädoyer der Staatsanwaltschaft abgeschlossen waren, kann nicht ausgeschlossen werden, daß der GH das Staatssicherheitsgericht im *Öcalan*-Prozeß für nicht „unabhängig“ erklärt.

Darüber hinaus darf nicht unbeachtet bleiben, daß nach der Rechtsprechung auch die überraschende Auswechslung eines Richters Anlaß zu einem Verstoß gegen Art. 6 bieten kann[389], so daß die Prüfung der Richterauswechslung im *Öcalan*-Prozeß im Hauptverfahren vor dem GH voraussichtlich breiten Raum einnehmen wird.

---

386 Ebd., Ziff. 39f.

387 S.o., Punkt § 2 II 2.

388 *Öcalan./.Türkei*, Zulässigkeitsentscheidung v. 14. Dezember 2000; Beschw.-Nr. 46221/99.

389 Vgl. *Barberà, Messegué und Jabardo./.Spanien*, (1988) GH 146; s. hierzu Gearty, CLJ 1993, 89, 104.

§ 6: Antiterroristische Maßnahmen in Strafhaft: Die grundlegenden Entscheidungen

Letztes Stadium schließlich, an dem antiterroristische Maßnahmen repressiver Art ansetzen, ist die Strafhaft nach erfolgter rechtskräftiger Verurteilung. Im Unterschied zum Polizeigewahrsam oder der Untersuchungshaft zeichnet sich das Stadium der Strafhaft durch eine größere Rechtssicherheit für beide Seiten aus. Auf der anderen Seite bergen gerade die Abgeschlossenheit und fehlende Öffentlichkeit eines Gefängnisses wiederum die Gefahr, daß fundamentale Rechte des Häftlings ohne Furcht vor einer Sanktionierung beeinträchtigt werden können.

In einer Vielzahl von Beschwerden wird ein Verstoß gegen Art. 3[390] im Hinblick auf Haftbedingungen gerügt, wobei bislang noch keine Verletzung festgestellt wurde.[391] Weiterhin standen Art. 6 und Art. 8 zur Prüfung an.[392]

1. McFeeley./.UK[393]

a) Sachverhalt

Zwischen Juni 1972 und März 1976 genossen Häftlinge in nordirischen Gefängnissen, die zuvor in paramilitärischen Organisationen aktiv waren, einen besonderen Status („special category prisoners") und wurden besser behandelt als gewöhnliche Gefängnisinsassen. Diese Sonderbehandlung endete 1976 aufgrund Empfehlungen einer unabhängigen Kommission. Die Beschwerdeführer waren Häftlinge im Hochsicherheitsgefängnis „Maze Prison" in Nordirland, nachdem sie wegen terroristischer Straftaten nach dem Northern Ireland (Emergency Provisions) Act 1978 zu Haftstrafen verurteilt worden waren. Sie verlangten, als politische Häftlinge anerkannt zu werden. Um ihrem Protest Nachdruck zu verleihen, weigerten sie sich, gewisse interne Anstaltsregeln zu beachten, so etwa das Tragen von Häftlingskleidung. Auch benutzten sie die sanitären Einrichtungen nicht mehr. Infolgedessen wurden sie mehrfach disziplinarischen Maßnahmen – wie Isolierung – unterworfen, gegen die sich ihre Beschwerde richtete.

---

390 Zum Schutzbereich s. o. Punkt § 3 III 3 a.

391 Frowein/Peukert, Art. 3, Rdn. 10; in einigen Fällen kam es jedoch zu einer gütlichen Einigung.

392 Zum Schutzbereich des Art. 6 s.o. Punkt § 5, zu Art. 8 s.o. Punkt § 3 III 1 .

393 (1980) E 8317/78, DR 20, 44.

Unter Berufung auf Art. 3 brachten sie vor allem vor, daß die Verbindung von disziplinarischen Maßnahmen und den Haftbedingungen (Isolationshaft, Essensbeschränkungen etc.) ein System unmenschlicher und erniedrigender Behandlung darstellte.

b) Entscheidung der KOM

Die KOM stellte fest, daß eine allgemeingültige, absolute Bewertung, ob eine Bestrafung bzw. Disziplinierung unmenschlich oder erniedrigend sei, nicht vorgenommen werden könnte; vielmehr hänge die Bewertung vom Wesen der Bestrafung und der Art und Weise ihrer Ausführung ab.

Die Forderung der Beschwerdeführer, als politische Häftlinge mit dementsprechenden Vergünstigungen – wie dem Tragen eigener Kleidung – behandelt zu werden, wies die KOM zurück. Weder könne sich dieses Verlangen auf Konventionsrecht, noch auf sonstige völkerrechtliche Normen stützen, so daß keine Verpflichtung der britischen Regierung bestehe, ihnen diesen Status einzuräumen. Wenngleich insbesondere das Tragen von Anstaltskleidung oder die Verpflichtung zur Arbeit keinen Verstoß gegen Art. 3 darstellten,

> „...the Commission considers that in such a situation, the State is not absolved from its obligation under the Convention and Article 3 in particular, because prisoners are engaged in what is regarded as an unlawful challenge to the authority of the prison administration. Also short of an obligation to accept the applicants' demands in the sense described above, the Convention requires that the prison authorities, with due regard to the ordinary and reasonable requirements of imprisonment, exercise their custodial authority to safeguard the health and well-being of all prisoners including those engaged in protest in so far as that may be possible in the circumstances."[394]

Während die KOM grundsätzlich eine vollständige Isolationshaft als persönlichkeitszerstörend und damit als Verstoß gegen Art. 3 wertete, unterschied sie hiervon die zeitweise Trennung von Häftlingen aus disziplinarischen Gründen oder Sicherheitserwägungen. Im vorliegenden Fall lag ihrer Ansicht nach die letztere vor. Die Beschwerdeführer teilten normalerweise die Zelle mit einem Mithäftling. Es stand ihnen auch frei, eine Stunde Hofgang zu absolvieren, Anwälte zu empfangen, an Gottesdiensten teilzunehmen, den Anstaltsarzt und die Bibliothek aufzusuchen und ihr Essen im Speisesaal einzunehmen. Während der zeitweisen Trennung von anderen Häftlingen konnten sie die Zelle nur zum Hofgang verlassen, wobei sie nach wie vor in Zweierzellen lagen. Auch dauerte die

394 Ebd., Ziff. 46.

Trennung nur immer drei Tage in zwei Wochen, dies jedoch über einen langen Zeitraum.

Diese Maßnahmen hielt die KOM nicht für ausreichend, um einen Verstoß gegen Art. 3 zu begründen.

c) Kommentar

Die Entscheidung der KOM erscheint nicht überraschend, betrachtet man sie im Kontext der übrigen Entscheidungen zur Zulässigkeit bestimmter Maßnahmen in Strafhaft. Wenngleich, wie bereits oben gesagt, von den Straßburger Organen bislang überhaupt keine Verletzung von Art. 3 in Strafhaft festgestellt wurden, so hat die KOM bei den Haftbedingungen gefährlicher Häftlinge, die wegen terroristischer Straftaten inhaftiert waren, stets ein weites Ermessen der Anstalten in bezug auf die Gestaltung der Haftbedingungen anerkannt. Sie hat in diesem Zusammenhang auch die Isolierung der RAF-Häftlinge in Stammheim und scharfe Haftbedingungen für deutsche Terroristen in Schweizer Gefängnissen gebilligt[395], und zwar mit der Annahme, daß unter den speziellen Umständen gute Gründe für die verschärften Bedingungen existiert hätten.

Demzufolge waren die Haftbedingungen im *McFeeley*-Fall erst recht zulässig, da sie teilweise auf eigenes Verhalten der Häftlinge zurückzuführen waren, denen kein Recht auf eine bestimmte Vorzugsbehandlung zukam. Jedoch entläßt die KOM die staatlichen Anstaltsbehörden nicht aus ihrer Verantwortung, die ihnen gegenüber Häftlingen obliegt: Die KOM hat ausdrücklich anerkannt, daß der Staat kraft seiner „custodial authority" zu einer besonderen Fürsorge verpflichtet ist, die aber nicht soweit reicht, den Forderungen der Häftlinge nachgeben zu müssen.

2. Campbell und Fell./.UK[396]

Gegenstand des folgenden Falles war die Anwendbarkeit des Art. 6 auf ein Disziplinarverfahren im Strafvollzug.

---

395 *Ensslin, Baader und Raspe./.Bundesrepublik Deutschland*, (1978) E 7572/76, 7586/76, DR 14, 64 = EuGRZ 1978, 314; *Kröcher-Möller./.Schweiz*, (1982) B 8463/78, DR 34, 24.

396 (1984) GH 80 = EuGRZ 1985, 534.

a) Sachverhalt

Wie in diversen Staaten üblich verfügen auch die britischen Anstaltsbehörden über das Ermessen, maximal ein Drittel einer befristeten Freiheitsstrafe bei guter Führung zu erlassen. Campbell konnte danach mit einem Reststrafenerlaß von etwa drei Jahren rechnen. Die Beschwerdeführer waren wegen Meuterei und Angriffs auf einen Vollzugsbeamten disziplinarischen Maßnahmen seitens des „Prison Board of Visitors" unterworfen worden, die nicht öffentlich ergingen. Als Disziplinarstrafe wurde eine Verwirkung von 570 Tagen des möglichen Erlasses von drei Jahren ausgesprochen, so daß die Haftzeit sich über den Zeitpunkt hinaus verlängerte, zu dem Campbell bei Reststrafenerlaß entlassen worden wäre. Angesichts dieser schweren Konsequenzen rügte er das Verfahren vor dem „Prison Board" als unfair.

Die Beschwerdeführer verlangten ferner ihrerseits anwaltlichen Beistand, um eine Schadensersatzklage wegen einer behaupteten Körperverletzung durch Vollzugsbeamte vorzubereiten. Ihnen wurde die Konsultierung eines Anwalts zunächst versagt, letztlich aber gewährt.

Die KOM hielt in beiden Punkten Art. 6 für verletzt,

b) Entscheidung des GH

Der GH hatte zunächst zu klären, ob Art. 6 Abs. 1, der disziplinarische Maßnahmen nicht umfaßt, überhaupt zur Anwendung komme. Er erkannte an, daß aus Gründen der öffentlichen Sicherheit und zur Aufrechterhaltung der Ordnung im Strafvollzug die Anstaltsbehörden ein berechtigtes Interesse an der Ausübung schneller und vollzugsspezifischer Maßnahmen hätten, die nur auf disziplinarischem, nicht aber strafrechtlichem Weg, Erfolg zeigten. Aufgrund der Schwere der Vorfälle, der verhängten Sanktionen und gewisser Überschneidungen mit strafrechtlichen Tatbeständen erachtete der GH hier aber Art. 6 für anwendbar:

> „Taking into account, therefore, both the ‚especially grave' character of the offences with which Mr Campbell was charged and the nature and severity of the penalty he risked incurring – and did in fact incur – the Court finds that Article 6 is applicable to the Board of Visitors' adjudication...."[397]

Im weiteren befand der GH das „Prison Board of Visitors" für hinreichend „unabhängig" im Sinne des Art. 6. Er billigte zudem, daß das Verfahren nicht öffentlich abgehalten wurde. Allein die fehlende Veröffentlichung der Entscheidung des Board konstituierte einen Verstoß gegen Art. 6 Abs. 1.

---

397 Ebd., Ziff. 73.

Bereits die vorübergehende Untersagung des Kontakts zu einem Anwalt wurde als Verstoß gegen Art. 6 Abs. 3 b und c gewertet.

c) Kommentar

Mit seiner Abgrenzung zwischen strafrechtlichen und disziplinarischen Verfahren folgt der GH seinen im Fall *Engel./.Niederlande*[398], der militärische Disziplinarverfahren betraf, herausgearbeiteten Kriterien. Hiernach ist nicht nur die rechtliche Natur der nationalen Sanktionierungsnorm zu bewerten, sondern auch die wahre Natur der Zuwiderhandlung zu ermitteln. Von Bedeutung ist ferner die zu erwartende Rechtsfolge: Denn fällt, wie in *Campbell und Fell*, die Zuwiderhandlung sowohl in den straf- als auch in den disziplinarrechtlichen Bereich, hängt die Anwendbarkeit des Art. 6 vornehmlich vom Gewicht der verhängten Sanktion ab. Damit reduziert sich in solchen Fällen die Anwendbarkeit von Art. 6 auf schwere Disziplinarstrafen, ein Ergebnis, das Peukert[399] zu Recht als unbefriedigend bewertet, weil bei dieser Spruchpraxis der Weg des Betroffenen zum Rechtsschutzsystem der Konvention letztlich von der Entscheidung über die Höhe der gegen ihn verhängten Sanktion präjudiziert wird.

In Großbritannien wurde die Entscheidung insbesondere im Hinblick auf die Bewertung des „Prison Board of Visitors" als Gericht i.S.d. Art. 6 beachtet. Obwohl die Mitglieder des Gremiums vom Innenminister ernannt werden und abgesetzt werden können, sie ehrenamtlich tätig sind und auch Verwaltungsfunktionen innehaben, wurde ihre Unabhängigkeit und Unparteilichkeit vom GH nicht bezweifelt.[400] Dies mag damit zusammenhängen, daß bereits im Vorfeld des Urteils der innerstaatliche Rechtsschutz von Häftlingen verbessert worden war. Neben einer Entscheidung des Court of Appeal, der den „writ of certiorari", einen verfahrensüberprüfenden Rechtsbehelf, für Verfahren vor dem „Prison Board of Visitors" für anwendbar erklärte[401], gab der Innenminister neue Strafvollzugsregeln über den Zugang zu rechtlichem Beistand heraus.[402]

---

398 (1976) GH 22 = EuGRZ 1976, 221.

399 Frowein/Peukert, Art. 6, Rdn. 50.

400 Vgl. oben Gliederungspunkt § 5 II 1.

401 *R. v. Hull Prison Board of Visitors, ex parte St. Germain and Others*, (1979) QB 425.

402 Hierzu Farran, The UK before the European Court of Human Rights, S. 166.

3. *S./.UK*[403]

Ein Verstoß gegen die Verpflichtung zur Respektierung des Privatlebens wurde vom Hauptbeschwerdeführer im Fall *S./.UK* vorgebracht. In der unveröffentlichten Entscheidung wies die KOM eine Beschwerde eines nordirischen Strafgefangenen als offensichtlich unbegründet zurück, der in England wegen terroristischer Straftaten in Haft saß. Er hatte von den Vollzugsbehörden erfolglos verlangt, in ein nordirisches Gefängnis verlegt zu werden, da seine engsten Familienmitglieder in Nordirland lebten, die ihn in England – teils aus gesundheitlichen, teils aus finanziellen Gründen – nur selten besuchen konnten. Auch seien die Haftbedingungen für IRA-Angehörige in England noch schärfer als in Nordirland selbst. Die KOM schloß sich der Auffassung der Regierung an, daß eine Verlegung aus Sicherheitsgründen nicht in Betracht komme und sah Art. 8 demzufolge nicht als verletzt an. Da Verlegungen auch von Terroristen grundsätzlich auf Grundlage des Section 26 des Criminal Justice Act 1961 möglich waren, führte auch die Prüfung des Art. 14 zu keinem anderen Ergebnis.

---

403 (1993) E 19085/91 (unveröffentlicht), Zusammenfassung in EHRR CD 15, 106.

§ 7: Terrorismus und die Außerkraftsetzung von Konventionsrechten (Derogation) gemäß Art. 15

I. Einführung

Art. 15 enthält eine allgemeine Ermächtigung für eine zeitweilige Außerkraftsetzung (Derogation) der Rechte und Freiheiten der Konvention im Fall eines Krieges oder öffentlichen Notstandes, der das Leben der Nation bedroht.[404] Von dieser Möglichkeit ausgenommen sind Art. 2, 3, 4 Abs. 1 und 7, wobei nach Kriegsrecht rechtmäßige Tötungen derogierbar sind. Gemäß Art. 15 Abs. 3 muß der Generalsekretär des Europarates über die unter Derogation getroffenen Maßnahmen – zumindest nachträglich[405] – unterrichtet werden.

Im August 1990 erklärte die Türkei die Außerkraftsetzung der Art. 5, 6, 8, 10, 11 und 13. Als Notstandsmaßnahmen gab sie zwei Dekrete an. Mit Erklärung vom Mai 1992 beschränkte die Türkei die Derogation auf Art. 5.

Die Anwendung des Art. 15 in der Praxis wirft zwei große Fragen auf: Zum einen auf der tatbestandlichen Seite die Frage, ob eine bedrohliche Notstandssituation vorliegt, zum anderen die Überprüfung, inwieweit die vom Mitgliedstaat ergriffenen Maßnahmen unbedingt erforderlich i.S.d. Art. 15 Abs.1 waren. Bereits im ersten Fall, der sich mit einer Derogation zu beschäftigen hatte, stellte sich die KOM in ihrem Bericht auf den Standpunkt, daß sie befugt sei, beide angesprochenen Aspekte zu überprüfen, obgleich es dem Mitgliedstaat möglich sein sollte,

> „...to exercise a certain measure of discretion in assessing the extent strictly required by the exigencies of the situation.“[406]

Sowohl das Vorliegen eines öffentlichen Notstandes als auch die strikte Erforderlichkeit der dekorierenden Maßnahmen waren bislang Gegenstand der maßgeblichen Fälle mit terroristischem Bezug.

---

404 S. Pinheiro Farinha, L'Article 15 de la Convention, S. 521ff.

405 Frowein/Peukert, Art. 15, Rdn. 13.

406 *Griechenland./.UK*, (1958) E 176/56, Yb 2 (1958-1959), 174, 176; s.a. Van Dijk/Van Hoof, S. 549; Frowein/Peukert, Art. 15, Rdn. 2.

II. Maßgebliche Entscheidungen

1. Lawless./.Irland[407]

Es entbehrt nicht einer gewissen Ironie, daß der Beschwerdeführer des ersten Falls, der überhaupt je dem GH zur Entscheidung vorgelegt wurde, den Namen *Lawless* trug.

a) Sachverhalt[408] *und Entscheidung des GH*

Die irische Regierung führte seit 1956 verstärkt Aktionen gegen mutmaßliche IRA-Mitglieder auf Grundlage des Offences Against The State (Amendment) Act 1940 durch, der zu einer zeitweiligen Ingewahrsamnahme ohne Haftbefehl ermächtigte. Im Juli 1957 unterrichtete Irland gemäß Art. 15 den Europarat über die freiheitseinschränkenden Maßnahmen. Der Beschwerdeführer wurde im Zusammenhang mit der antiterroristischen Kampagne der Regierung unter dem Verdacht verhaftet, an Sprengstoffanschlägen beteiligt gewesen zu sein, und verbrachte insgesamt sechs Monate in Polizeigewahrsam.

Der GH bekräftigte seine Kompetenz, das Vorliegen der in Art. 15 für die Ausübung der Notstandsbefugnisse genannten Voraussetzungen nachzuprüfen. Bei der Behandlung der Frage, ob im Zeitpunkt der Maßnahmen ein das Leben der Nation bedrohender Notstand vorgelegen hatte, komme es darauf an, daß die ganze Bevölkerung betroffen und das öffentliche Gemeinschaftsleben gefährdet sei. Aufgrund der weitverbreiteten, zunehmend gewalttätigen und auch gegen Gemeinschaftsgüter gerichteten Aktionen der IRA bejahte der GH das Vorliegen eines Notstandes. Gegenstand der Überprüfung der Erforderlichkeit der Maßnahmen war die Frage, ob der irischen Regierung nicht sonstige Mittel zur Verfügung gestanden hätten. Der GH stellte indes fest, daß keines dieser Mittel geeignet gewesen wäre, der damaligen Lage in Irland wirkungsvoll Herr zu werden.

b) Kommentar

Bis zur *Lawless*-Entscheidung konnte in der völkerrechtlichen Literatur die Prüfungskompetenz der Konventionsorgane im Rahmen von Art. 15 als umstritten betrachtet werden. Vielfach wurde sie unter Hinweis auf einen staatlichen „domaine réservé“, auf die Anwendbarkeit einer etwaigen „political question doctri-

---

407 *Lawless./.Irland*, (1961) GH 3.

408 S. zum Hintergrund ausführlich O'Higgins, CLJ 1962, 234ff.; Bonner, Emergency Powers in Peacetime, S. 86f.

ne“, oder gar auf eine der subjektiven Einschätzung der Staaten zugutekommenden „Theorie des guten Glaubens“ bestritten.[409] Die KOM vertrat dagegen mit ihrer Theorie des „Ermessensspielraumes“ (margin of appreciation[410]) einen Mittelweg: Sie räumt den betroffenen Regierungen bei deren Maßnahmen einen gewissen Spielraum konventionsgemäßer Entscheidungsmöglichkeiten ein und prüft ausschließlich, ob die angefochtene Entscheidung nach Subsumtion unter Art. 15 noch innerhalb dieses Spielraums zu finden ist bzw. sie in diesem Rahmen noch vertretbar ist. In *Lawless* vermeidet der GH merkwürdigerweise den Terminus „margin of appreciation“, obwohl die KOM ihm in ihrem Bericht breiten Raum gewidmet hatte.[411]

Er entschied knapp, daß das Vorliegen eines öffentlichen Notstandes seitens der irischen Regierung jedenfalls „reasonably deduced“ war. Es läßt sich hingegen nicht bestreiten, daß der GH damit nichtsdestoweniger der Ansicht der KOM im Ergebnis folgte.[412]

2. *Irland./.UK*[413]

In der bereits unter § 4 I 2 dargestellten Entscheidung im Fall *Irland./.UK* hatte der GH die nächste Gelegenheit, eine Derogation der britischen Regierung für Nordirland zu prüfen. Bei dieser relativ frühen Entscheidung fallen zunächst die deutlichen Worte des GH zum Terrorismus der IRA auf:

> „Fraglos war die Ausübung der besonderen Vollmachten hauptsächlich,..., gegen die IRA als eine Untergrundstreitmacht gerichtet, die eine beträchtliche subversive Rolle während der gesamten jüngsten Geschichte Irlands spielte und im August 1971 und später im Begriff war, eine besonders weitreichende und akute Gefahr für die territoriale Unversehrtheit des Vereinigten Königreichs ... und das Leben der Provinzbewohner hervorzurufen.“[414]

409 Vgl. den damaligen Meinungsstand bei Kitz, S. 18ff.

410 S. zur Formel des „margin of appreciation“, die an keiner Stelle im Konventionstext auftaucht, aber in der Rechtsprechung zur EMRK von herausragender Bedeutung ist, ausführlich Eiffler, Die Auslegung unbestimmter Schrankenbegriffe der Europäischen Menschenrechtskonvention, S. 39ff.

411 O'Boyle, HRLJ 1998, 23, 24.

412 Kitz, S. 23; O'Boyle, HRLJ 1998, 23, 24; a.A. wohl Higgins, BYIL 1976-1977, 281, 298.

413 (1978) GH 25 = EuGRZ 1979, 149.

414 Ebd., Ziff. 212 = EuGRZ 1979, 149, 155 (nichtamtliche Übersetzung).

Nach alledem überrascht nicht, daß der GH hier einen Notstand als gegeben ansah. Hat er sich im *Lawless*-Fall noch eine theoretische Untermauerung des Ausmaßes der Prüfungskompetenz gescheut, erkennt er nunmehr auch explizit den staatlichen Ermessensspielraum (margin of appreciation) an.[415] Die nationalen Organe der Exekutive und Judikative seien wegen ihres unmittelbaren Kontaktes zu den örtlichen Problemen besser in der Lage, das Vorliegen eines Notstandes einzuschätzen, als dies der internationale Richter zu leisten vermag.

3. Brannigan und McBride./.UK[416]

a) Sachverhalt und Entscheidung des GH

Die Beschwerdeführer, die mehrere Tage in Polizeigewahrsam gehalten worden waren, beriefen sich auf die wenige Jahre vorher ergangene GH-Entscheidung im Fall *Brogan und andere./.UK*[417], in welcher der GH unzweifelhaft das über vier Tage hinausgehende Festhalten Verdächtiger ohne konkreten Tatvorwurf und ohne Vorführung vor den Haftrichter mit Art. 5 Abs. 3 für unvereinbar erklärt hatte. Nach der Gesetzeslage des PTA oblag die Entscheidung über die Verlängerung der Ingewahrsamnahme der Exekutive.

Die KOM schätzte die Situation der Beschwerdeführer zwar als vergleichbar mit der damaligen Lage Brogans und seiner Mithäftlinge ein, mußte jedoch zur Kenntnis nehmen, daß die britische Regierung als Konsequenz aus der *Brogan*-Entscheidung im Dezember 1988 die Derogation von der richterlichen Kontrolle des Art. 5 Abs. 3 für Terrorismusfälle erklärt hatte, nicht jedoch ohne auf den begrenzten Umfang der Außerkraftsetzung – lediglich Abs. 3 des Art. 5 und dort das Erfordernis der unverzüglichen Vorführung vor den Richter- hinzuweisen.

Unter Bezugnahme auf seine Entscheidung im Fall *Brogan und andere*, in welcher er die damalige, knapp über viertägige Freiheitsentziehung ohne Vorführung vor den Richter als Verletzung des Art. 5 Abs. 3 angesehen hatte, mußte der GH bei einer Freiheitsentziehung von 4 Tagen und 6 Stunden, die McBride erduldet hatte, hinsichtlich der materiellrechtlichen Bewertung des Falles zum gleichen Ergebnis kommen. Einzig relevant war jedoch wiederum die Prüfung der Zulässigkeit der Derogation, eine Frage, die noch im *Brogan*-Fall mangels britischer Derogationserklärung offen gelassen werden konnte. Das Vorliegen eines öffentlichen Notstandes wurde bejaht.

---

415 Ebd., Ziff. 207 = EuGRZ 1979, 149, 155 (nichtamtliche Übersetzung).
416 (1993) GH 258-B.
417 (1988) GH 145-B, s.o. unter Punkt § 4 II 3.

Der GH schloß sich der Einschätzung der KOM an, daß die Entscheidung über eine verlängerte Freiheitsentziehung durchaus dem Kompetenzbereich der Exekutive zugewiesen werden durfte. Von Bedeutung sei, wie Art. 5 Abs. 3 indiziere, nicht die Frage, welche Gewalt – Exekutive oder Judikative- eine Kontrolle ausübe, sondern vielmehr, ob das Kontrollverfahren justiziellen Charakter habe. Es falle daher in den Beurteilungsspielraum der Regierung, sich für administrative und damit gegen richterliche Überprüfung auszusprechen. Denn:

„In the context of Northern Ireland, where the judiciary is small and vulnerable to terrorist attacks, public confidence in the independence of the judiciary is understandably a matter to which the Government attaches great importance.“[418]

Da der GH darüber hinaus ausreichende rechtliche Sicherheiten gegen Willkür und Isolierhaft erkannte, hielt auch er die Derogation von Art. 5 Abs. 3 für zulässig.

b) Kommentar

Im Vergleich zu den beiden vorhergehenden Entscheidungen über Derogation in Terroristenfällen weist *Brannigan und McBride* einige Besonderheiten auf.

Die Mehrheit des GH sah sich einer ungewöhnlich scharfen Kritik von Vieren ihrer Mitglieder, den Richtern Pettiti, Walsh, de Meyer und Makarczyk, ausgesetzt, die in ihren abweichenden Ansichten die Formelhaftigkeit kritisierten, mit der der GH ihrer Meinung nach leichthin die Derogation gebilligt hatte. Es müsse den Staaten verdeutlicht werden, daß eine Außerkraftsetzung eine zeitlich beschränkte Maßnahme bleiben müsse, auch könne sie nicht als Freibrief für permanente Eingriffe dienen. Die Sorge der vier Richter ist dabei auch vor dem Hintergrund zu sehen, daß zur Zeit des Urteils die Beitrittswelle der mittel- und osteuropäischen Staaten zum System der EMRK rollte. Insofern fürchteten sie wohl, dortigen, noch in ihrer demokratischen Entwicklung begriffenen Staaten ein schlechtes Vorbild zu liefern.

Betrachtet man die inhaltliche Auseinandersetzung des GH mit der Zulässigkeit des Fehlens richterlicher Kontrolle, verwundert die Bezeichnung der nordirischen Justiz als „small and vulnerable“. Es wird nicht deutlich, warum die Unabhängigkeit der nordirischen Justiz gefährdet sein soll, wenn sie, statt der Exekutive, die Entscheidung über Gewahrsamsverlängerungen zu treffen hat. Diese Zweifel sind um so mehr angebracht, als daß nach den eigenen Angaben der britischen Regierung diese Gewahrsamsverlängerungen absolute Ausnahmefälle

418 *Brannigan und McBride./.UK*, (1993) GH 258-B, Ziff. 59.

sind. Zudem steht den Betroffenen unabhängig von jeder Terrorismusgesetzgebung jedenfalls der common law-Rechtsbehelf des habeas corpus zur Verfügung, über das ohne weiteres der Richter befinden muß. In diesem Punkt überzeugt die Argumentation des GH mithin nicht.[419]

4. Aksoy./.Türkei[420]

Im *Aksoy*-Fall setzte sich der GH ausführlich mit der Prüfung einer türkischen Derogation auseinander. Eine entsprechende Erklärung hatte die türkische Regierung bereits im August 1990 dem Europarat zugeleitet. Die Außerkraftsetzung von Konventionsrechten war auf mehrere Provinzen in Südostanatolien beschränkt. Als Notstandsmaßnahmen gab die Türkei insbesondere zwei Dekrete an, die u.a. Inhaftierungen bis zu 30 Tagen ohne richterliche Kontrolle vorsahen.

Unter Anwendung des weiten „margin of appreciation"-Ansatzes bejahte der GH zunächst mit äußerst dürrer Begründung die Existenz eines Notstandes im Südosten der Türkei.

Während dieses Verdikt nicht weiter überrascht, so stellt das weitere Vorgehen des GH eine Novität in seiner Rechtsprechung zu Art. 15 dar. Erstmals entschied er, daß die ergriffene Notstandsmaßnahme – der Beschwerdeführer war zumindest zwei Wochen ohne gerichtliche Überwachung festgehalten worden – nicht unbedingt erforderlich i.S.d. Art. 15 gewesen war, womit ein Verstoß gegen Art. 5 Abs. 3 festgestellt wurde:

> „Although the Court is of the view ... that the investigation of terrorist offences undoubtedly presents the authorities with special problems, it cannot accept that it is necessary to hold a suspect for fourteen days without judicial intervention. This period is exceptionally long, and left the applicant vulnerable not only to arbitrary interference with his right to liberty but also to torture..."[421]

Beachtenswert ist, daß der GH dezidiert die Gefahr der Folter anspricht, die bei langen, unkontrollierten Inhaftierungen droht. Die unzureichenden Rechtsschutzmöglichkeiten führten dazu, daß der Beschwerdeführer

> „...was left completely at the mercy of those holding him."[422]

---

419 So auch i.E. Frowein/Peukert, Art. 15, Rdn. 10.

420 (1996) RJD 1996, 2260, zu Sachverhalt und materiell-rechtlichem Gehalt s.o. Punkt § 4 I 3.

421 Ebd., Ziff. 78.

422 Ebd., Ziff. 83.

Als Fazit der *Aksoy*-Entscheidung läßt sich somit festhalten, daß die Prüfungsmaßstäbe der nordirischen Entscheidungen zur Derogation unverändert beibehalten wurden.[423] Auffällig ist, daß der GH nunmehr seine Prüfungskompetenz hinsichtlich der Notwendigkeit der Notstandsmaßnahmen offensiver vertritt und vor klaren Worten an die Adresse der türkischen Regierung – wie den zitierten – nicht zurückschreckt. Der Unterschied zum Sachverhalt in *Brannigan und McBride* mag dies erklären: Standen dort Inhaftierungen bis zu sieben Tagen mit Rechtsschutzmöglichkeiten in Rede, waren hier 14 Tage ohne ausreichende Kontrolle zu beobachten.

Um so weniger mag daher die Entscheidung des GH im Fall *Demir und andere./.Türkei*[424] überraschen. Bei insgesamt mit *Aksoy* vergleichbaren Rechtsschutzmöglichkeiten mußten die Beschwerdeführer hier Einzelgewahrsam zwischen 16 und 23 Tagen erdulden. Dieser Exzeß hatte demzufolge trotz Derogation einen Verstoß gegen Art. 5 Abs. 3 zur Folge.

---

423 S.a. O´Boyle, HRLJ 1998, 23, 27.
424 (1998) RJD 1998, 2654.

§ 8: Prozessuale Probleme in Verfahren vor dem GH

Bei Analyse derjenigen Fälle mit terroristischem Bezug, deren Schwerpunkt nicht die Prüfung materiellen Konventionsrechts, sondern verfahrensrechtliche Aspekte bilden, lassen sich zunächst zwei immer wiederkehrende Fallgruppen erkennen, zum einen die Frage der Rechtswegerschöpfung und der Beschwerdefrist, zum anderen das Problem der Ermittlung des der Beschwerde zugrundeliegenden Sachverhalts. Schließlich verdienen die im *Öcalan*-Fall vom GH angeordneten „vorläufigen Maßnahmen" eine kurze Betrachtung.

I. Erste Fallgruppe: Beschwerdefrist und Rechtswegerschöpfung

Wie jedes Rechtsschutzsystem kennt auch das der EMRK formale Zugangsvoraussetzungen zu seinen Organen, die die Zulässigkeit einer Beschwerde determinieren. Wesentlichste Norm hierbei ist nun Art. 35 (Art. 26 und 27 a.F.), der als hauptsächliche Hürden das Erfordernis der Rechtswegerschöpfung und die Einhaltung einer 6-Monatsfrist nach Ergehen der endgültigen innerstaatlichen Entscheidung vorschreibt. Beide Kriterien werden von Amts wegen geprüft. Mögliche Probleme in Fällen mit terroristischem Bezug liegen dabei auf der Hand: Wer den Staat und seine ihn tragende Bevölkerungsmehrheit bekämpft, erachtet in der Regel auch die Judikative für nicht unabhängig, so daß ihm eine Ausschöpfung des innerstaatlichen Rechtswegs geradezu überflüssig vorkommen mag. Ferner ist der Begriff der „Entscheidung" i.S.d. Art. 35 Abs. 1 nur schwer auf oft andauernde antiterroristische Maßnahmen anzuwenden, was zu Fristproblemen führen kann. Im *McDaid*-Fall bezweifelten die Beschwerdeführer überdies die Gründlichkeit der innerstaatlichen Untersuchungen.

1. McDaid und andere./.UK[425]

a) Sachverhalt

Die Beschwerdeführer waren die Angehörigen von dreizehn katholischen Nordiren, die während einer Demonstration in Londonderry am 30. Januar 1972 von britischen Soldaten erschossen worden waren. Ca. 200 Demonstranten, hauptsächlich junge Männer, hatten den Marsch verlassen und begonnen, Steine auf Soldaten zu werfen, welche gerade Barrikaden errichteten. Die Soldaten antworteten mit Gummigeschossen, Wasserwerfern und Tränengas und konnten die gewalttätigen Demonstranten dadurch in einem bestimmten Gebiet, der Bogside, festhalten. Daraufhin wurden Fallschirmjäger in dieses Gebiet beordert, um Festnahmen vorzunehmen. Im Verlauf dieser Operation kam es zu Schußwechseln, die schließlich 13 Tote und 13 Verletzte auf der Seite der Demonstranten zurückließen. 54 Verhaftungen erfolgten.

Am folgenden Tag kündigte der damalige Premierminister Edward Heath eine unverzügliche öffentliche Untersuchung des Vorfalls nach dem Tribunals of Inquiries (Evidence) Act 1921 an. Die Untersuchungskommission („Tribunal of Inquiry") unter Vorsitz von Lordoberrichter Widgery als einzigem Richter entlastete in ihrem Bericht vom April 1972 die Soldaten vom Vorwurf absichtlicher Tötungen. Zwei weitere Untersuchungen, polizeilicher und behördlicher Art, brachten das gleiche Ergebnis hervor. Zivilrechtliche Klagen der Angehörigen wurden zurückgenommen, nachdem die britische Regierung freiwillig geringe Zahlungen geleistet hatte. Seit 1975 fordern die Angehörigen die britische Regierung auf, eine erneute Untersuchung der Vorfälle zu veranlassen, eine Forderung, die bislang, zuletzt 1994, mit dem Hinweis auf die Ergebnisse der Widgery-Kommission, zurückgewiesen wurde.

Die Beschwerdeführer trugen vor der KOM vor, daß der Staat seine Pflicht, Leben zu schützen, durch die Handlungen der Soldaten verletzt habe. Die ihrer Ansicht nach unzureichende Untersuchung und die mangelnde straf- und disziplinarrechtliche Aufarbeitung der Vorfälle stelle eine andauernde Verletzung[426] dieser Pflicht dar. Auch sei die Forderung nach einer erneuten Untersuchung der einzige innerstaatliche Rechtsbehelf, der ihnen offenstände. Von effektivem innerstaatlichen Rechtsschutz könne daher keine Rede sein.

---

425 (1996) E 25681/94, DR 85-A, 134.

426 Zur "andauernden Verletzung" s. Frowein/Peukert, Art. 26, Rdn. 15-18; Jacobs/White, S. 359.

b) Entscheidung der KOM

Die KOM bemerkte zuvorderst, daß die Vorfälle des sogenannten „Bloody Sunday" von 1972 bereits im selben Jahr Gegenstand der Staatenbeschwerde *Irland./.UK* gewesen waren. Damals hatte die KOM die Beschwerde für unzulässig erklärt, da sie keinerlei Anhaltspunkte für ein staatlicherseits geduldetes Unterlassen der Verpflichtung zum Lebensschutz gefunden hatte. Auch eine Rechtswegerschöpfung sah sie zum damaligen Zeitpunkt nicht gegeben.

Im vorliegenden Fall verzichtete die KOM daher zunächst auf eine materielle Prüfung des Art. 2 und wendete sich den in Art. 26 a.F. geregelten verfahrensrechtlichen Fragen der Rechtswegerschöpfung und der damit zusammenhängenden Beschwerdefrist zu, der bestimmte, daß sich die KOM mit einer Angelegenheit nur innerhalb einer Frist von sechs Monaten nach dem Ergehen der endgültigen innerstaatlichen Entscheidung ("final decision" im englischen Text) befassen kann.

„It is established case-law that 'the final decision' refers only to domestic remedies which can be considered 'effective and sufficient' for the purpose of rectifying the complaint...Where there is no remedy available, the six month period runs from the date of the act or decision complained of."[427]

Schon durch den Bericht der Widgery-Kommission im April 1972, so die KOM, sei es für die jetzigen Beschwerdeführer offensichtlich gewesen, daß die beteiligten Soldaten entlastet wurden. Zusätzliche Untersuchungen der Royal Ulster Constabulary (August 1972) und des Coroners von Derry (August 1973) kamen zum gleichen Resultat. Demzufolge stellte die KOM fest, daß,

„...as the applicants complain of a failure to provide an effective investigation into the circumstances of the deaths of their relatives or to commence a prosecution, they must have been aware by 21 August 1973 at the latest of the basis of their present complaint. In particular, it must have been clear to the applicants that no prosecution would be instituted and they would already have been aware of the allegedly unsatisfactory conclusion of the Widgery Report which was the official response to the events. The applicants' complaints to the Commission however were introduced on 18 August 1994, which is more than twenty years after the Inquest terminated."[428]

Nach dieser Feststellung der relevanten Daten für die Fristberechnung mußte die Beschwerde als eindeutig verspätet eingereicht bezeichnet werden. Das von den Beschwerdeführern hilfsweise vorgebrachte Argument, sie litten unter einer

---

427 *McDaid und andere./.UK*, (1996) E 25681/94, DR 85-A, 134, 139.
428 Ebd., S. 139f.

„andauernden Verletzung" ihrer Rechte, auf die die 6-Monats-Frist des Art. 26 a.F. keine Anwendung findet, wurde nachfolgend ebenfalls von der KOM zurückgewiesen:

„...the Commission recalls that the concept of a 'continuing situation' refers to a state of affairs which operates by continuous activities by or on part of the State to render the applicants victims...Since the applicants' complaints have as their source specific events which occurred on identifiable dates, they cannot be construed as a 'continuing situation' for the purposes of the six month rule. While the Commission does not doubt that the events of 'Bloody Sunday' continue to have serious repercussions on the applicants' lives, this however can be said of any individual who has undergone a traumatic incident in the past. The fact that an event has significant consequences over time does not itself constitute a 'continuing situation'."[429]

Zudem erkannte die KOM auch keine speziellen Umstände, die geeignet waren, die 6-Monats-Frist zu unterbrechen oder völlig auszusetzen. Schließlich wurde das Argument der Beschwerdeführer, die Frist laufe erst ab der letzten Weigerung der Regierung, eine neue Untersuchung einzuleiten, also ab Februar 1994, zurückgewiesen.

Somit wurde die Beschwerde wegen Nichteinhaltung der erforderlichen Frist für unzulässig erklärt.

c) Kommentar

Der McDaid-Fall stellt den gescheiterten Versuch dar, eines der blutigsten und traumatischsten Ereignisse des Nordirlandkonfliktes, den sogenannten „Bloody Sunday", erneut, auf dem Wege der Individualbeschwerde, einer konventionsrechtlichen Prüfung zu unterziehen, nachdem die dortigen Geschehnisse bereits im Kontext der Staatenbeschwerde *Irland./.UK* behandelt worden waren. Zwei in der Entscheidung der KOM angesprochenen Aspekte verdienen eine nähere Betrachtung.

aa) Die Untersuchungskommissionen

Die KOM scheint, auch wenn sie dies nicht ausdrücklich äußert, die in diesem Fall aufgetretenen diversen Untersuchungskommissionen, insbesondere das „Tribunal of Inquiry" unter Lord Widgery, als effektiv und unabhängig genug für die Aufklärung der Vorfälle zu akzeptieren, wohingegen die Beschwerdeführer das Unterlassen einer genauen und unabhängigen Untersuchung beklagen, ein Un-

---

429 Ebd., S. 140.

terlassen, das ihrer Ansicht nach eine Verletzung der aus Art. 2 zu entnehmenden positiven Pflicht zum Schutz des Rechts auf Leben darstellt. Ein Tribunal nach dem Tribunals of Inquiry (Evidence) Act 1921 wird im englischen Rechtssystem jedenfalls als „Gericht" („court") bezeichnet[430], es wird ad hoc vom Parlament eingesetzt.[431] Die verwaltungsgerichtlichen Verfahrensvorschriften finden grundsätzlich Anwendung. Die Tribunale als neben-gerichtliche Untersuchungs- und Entscheidungsgremien stoßen jedoch auch auf Kritik, insbesondere hinsichtlich ihrer Transparenz und Unabhängigkeit.[432] Schließlich obliegt es der Parlamentsmehrheit – die wiederum die Regierung stützt -, über Einsetzung und personelle Besetzung des Tribunals zu entscheiden.

bb) Die behauptete „andauernde Verletzung"

Ratio legis des Art. 26 a.F. ist das Bedürfnis, einmal getroffene Handlungen des Staates nicht immer wieder einer konventionsrechtlichen Prüfung unterziehen zu müssen. In den Fällen der „andauernden Verletzung" läuft die 6-Monats-Frist des Art. 26 a.F. jedoch erst ab dem Ende der letzten Verletzungshandlung.[433] Das Vorbringen der Beschwerdeführer, das Fehlen einer genauen und unabhängigen Untersuchung der Vorfälle stelle eine andauernde Verletzung der aus Art. 2 zu entnehmenden Pflicht zum Schutz des Lebens dar, war im Hinblick auf die bisherige Entscheidungspraxis von vornherein als wenig aussichtsreich einzuschätzen. Eine andauernde Verletzung ist, in Abgrenzung zur abgeschlossenen Verletzung, in der Regel dann anzunehmen, wenn ein Staat kontinuierliche Aktivitäten unternimmt, durch die der Beschwerdeführer Opfer einer Konventionsrechtsverletzung wird. Klassische Fallgruppen sind Freiheitsentziehungen und unverhältnismäßig lange Untersuchungshaft und damit die auf Art. 5 gestützten Beschwerden.[434] Bei anderen Konventionsrechten, insbesondere bei Art. 2, ist eine andauernde Verletzung ungleich schwieriger festzustellen. Die KOM verzichtet in *McDaid* darauf, darüber grundsätzliche Aussagen zu treffen, da sie für den Fristbeginn auf klar zu benennende Daten zurückgreift. Es hätten hier wohl völlig veränderte Umstände vorliegen müssen, die eine andere rechtliche Beurteilung der Vorfälle ermöglicht hätten.

---

430 Aber nicht jedes Tribunal ist auch Gericht: "While every court is a tribunal, not every tribunal is a court." (Ingman, The English Legal Process, S. 2).

431 Ingman, The English Legal Process, S. 150.

432 Vgl. Turpin, British Government and the Constitution, S. 524f.

433 *Hilton./.UK*, (1988) E 12015/86, DR 57, 108; vgl. auch *Macedo./.Portugal*, (1989) E 11660/85, DR 59, 85.

434 Nachweise bei Frowein/Peukert, Art. 26, Rdn. 15.

Abschließend ist zu bemerken, daß der Vorfall innerstaatlich seit März 2000 nochmals einem Untersuchungsausschuß vorliegt.[435]

2. *Fehlende Rechtswegerschöpfung*

Ein häufig wiederkehrendes Argument der türkischen Regierung in kurdischen Fällen ist der Vorwurf an die Beschwerdeführer, sich direkt nach Straßburg gewandt zu haben, ohne überhaupt ein türkisches Gericht mit ihrer Angelegenheit zu befassen. Damit sei der innerstaatliche Rechtsweg nicht, wie Art. 35 Abs. 1 (Art. 26 a.F.) verlangt, ausgeschöpft.

Diesem Vorbringen tritt der GH häufig entgegen. Er erkennt zwar an, daß das Schutzsystem der EMRK prinzipiell subsidiär zum nationalen Menschenrechtsschutz ist, läßt aber unter Berufung auf eine allgemeine Regel des Völkerrechts Ausnahmen zu, wenn sich der nationale Rechtsbehelf als ineffektiv oder unzulänglich erweist. Die rechtliche, vor allem aber tatsächliche Situation im Südosten der Türkei lasse oft keinen effektiven Rechtsschutz für die Beschwerdeführer erwarten:

> „... the situation existing in South-East Turkey at the time of the applicants' complaints was – and continues to be- characterised by significant civil strife due to the campaign of terrorist violence waged by the PKK and the counter-insurgency measures taken by the Government in response to it. In such a situation it must be recognised that there may be obstacles to the proper functioning of the system of the administration of justice."[436]

Zu beachten ist aber, daß der GH in jedem Einzelfall die tatsächlich zur Verfügung stehenden nationalen Rechtsschutzmöglichkeiten untersucht.[437] Von einer generellen Annahme, Kurden in den Krisengebieten genössen keinen effektiven Rechtsschutz, ist der GH weit entfernt. Dennoch bleibt zu konstatieren, daß in der überwiegenden Anzahl der kurdischen Fälle auf die Befreiung vom Erfordernis der Rechtswegerschöpfung erkannt wurde.[438]

---

435 The Times, 28.3.2000, S. 9.

436 *Akdivar u.a./.Türkei*, (1996) RJD 1996, 1192, Ziff. 70; vgl. auch *Aksoy./.Türkei*, (1996) RJD 1996, 2260, Ziff. 57; *Mentes und andere./.Türkei*, (1997) RJD 1997, 2689, Ziff. 60; *Kurt./.Türkei*, (1998) RJD 1998, 1152.

437 So wies der GH im Fall *Aytekin./.Türkei*, (1998) RJD 1998, 2829, die Beschwerde mangels Rechtswegerschöpfung zurück.

438 S.a. Frowein/Peukert, Art. 26, Rdn. 39.

II. Zweite Fallgruppe: Die Sachverhaltsfeststellung

Als relativ frühe Entscheidung des GH bietet sich wiederum der Fall *Akdivar und andere./.Türkei*[439] als Leitentscheidung zum verfahrensrechtlichen Aspekt der Sachverhaltsfeststellung an. Da die Täterschaft zwischen den Parteien streitig war, oblag der KOM hier zunächst die Feststellung des Sachverhaltes, eine Aufgabe, die ihr durch Art. 28 Abs. 1, 31 a.F., Art. 34 VerfO-KOM übertragen war. Die türkische Regierung hatte keinen verwertbaren Beitrag zur Aufklärung der Geschehnisse geleistet. Eine Kommissionsdelegation befragte daher zweimal vor Ort Zeugen in Anwesenheit von Vertretern beider Parteien; Filminterviews, in denen Dorfbewohner die PKK als Verursacherin der Zerstörung benannten, wertete die KOM als unglaubhaft und offensichtlich gestellt. Im Ergebnis,

> „...following an assessment of the evidence, the Commission found it convincingly shown that security forces – presumably under the strain of intense terrorist activity in the area – were responsible for the burning of the nine Kelekçi houses...“[440]

Der GH übernahm unter Bezugnahme auf seine ständige Rechtsprechung[441] die von der KOM getroffenen Sachverhaltsfeststellungen. Nach diesen Fakten bejahte der GH die Verletzung der Art. 8 und 1 ZP I, zumal die türkische Regierung keine Rechtfertigungsgründe vorbrachte.

III. Die „Vorläufigen Maßnahmen“ im Öcalan-Fall

Nach Art. („Rule“) 39 Abs. 1 der in Folge des 11. Zusatzprotokolls am 1. November 1998 in Kraft getretenen neuen Verfahrensordnung des GH („Rules of Court“; VerfO) sind eine Kammer des GH oder auch ihr Präsident ermächtigt, vorläufige Maßnahmen gegenüber den Beteiligten anzuregen (bzw. die Beteiligten auf entsprechende Maßnahmen hinweisen; das englische Original verwendet hier „indicate“), die für die Interessen der Beteiligten oder für den ordnungsgemäßen Verfahrensverlauf dienlich sind.

Angesichts der spektakulären Umstände der Verhaftung Öcalans und der schnellen Einlegung der Beschwerde beriet bereits am 23. Februar 1999 eine Kammer des GH erstmals über die Anordnung vorläufiger Maßnahmen, entschied sich aber dann, von der türkischen Regierung lediglich nähere Informatio-

439 (1996) RJD 1996, 1192.

440 Ebd., Ziff. 27.

441 Etwa in *Cruz Varas u.a./.Schweden*, (1991) GH 210 = EuGRZ 1991, 203; *McCann u.a./.UK*, (1995) GH 324.

nen anzufordern. Nichtsdestoweniger machte der GH in der Folgezeit zweifach von seiner Befugnis unter Art. 39 Abs. 1 VerfO Gebrauch: Zunächst forderte er die Türkei am 4. März 1999 auf, durch vorläufige Maßnahmen sicherzustellen, daß im Verfahren gegen Öcalan vor dem Staatssicherheitsgericht die Garantien des Art. 6 gewährt würden. Die Türkei hielt diese Forderung für über den Anwendungsbereich des Art. 39 VerfO hinausgehend. Nachdem Öcalan zum Tode verurteilt worden war, forderten seine Anwälte den GH auf, die Türkei mittels Art. 39 VerfO zu ersuchen, die Vollstreckung auszusetzen. Der GH wartete die das Todesurteil bestätigende Entscheidung des türkischen Kassationsgerichtes ab, um dann die Türkei um die Aussetzung zu ersuchen. Daraufhin erklärte der türkische Ministerpräsident, daß zunächst das Verfahren vor dem GH abzuwarten sei, bevor die Entscheidung über die Vollstreckung der Todesstrafe vom Parlament getroffen werde, das nach der türkischen Verfassung allein berechtigt sei, eine Todesstrafe in eine Freiheitsstrafe umzuwandeln.

Trotz der sicherlich extensiven Anwendung des Art. 39 VerfO im *Öcalan*-Fall zeigt sich, daß der GH letztlich nur über beschränkte Möglichkeiten verfügt, den Vollzug von vom Beschwerdeführer angegriffenen Maßnahmen während des laufenden Verfahrens zu verhindern, da der Individualbeschwerde kein Suspensiveffekt zukommt. Während aber etwa bei der Verfassungsbeschwerde nach § 32 BVerfGG die aufschiebende Wirkung angeordnet werden kann, bleibt dem GH auch nach der neuen Verfahrensordnung lediglich das Anregungs- bzw. Hinweisrecht im Hinblick auf vorläufige Maßnahmen. Zwar argumentierte die KOM im Fall *Cruz Varas und andere./.Schweden*, daß die Nichtbeachtung einer angeratenen vorläufigen Maßnahme einen Verstoß gegen das Verbot der Behinderung der Individualbeschwerde gemäß Art. 25 Abs. 1 S. 2 a.F. darstelle – womit sie de facto die Nichtbefolgung ihrer Anregung in einen verfahrensrechtlichen Konventionsverstoß transponierte -, der GH verwies mit Blick auf die Entstehungsgeschichte der EMRK jedoch darauf, daß die Anordnung einstweiliger Maßnahmen bewußt nicht in die Konvention aufgenommen wurde und deshalb auch nicht aus Art. 25 a.F. abgeleitet werden könnte.[442]

Beachtlich ist jedoch, daß der GH sich im *Öcalan*-Fall materiell mit seinen Anregungen nach Art. 39 Abs. 1 VerfO auf neues Terrain begibt, spielte sich die bisherige Spruchpraxis doch vornehmlich im Bereich Auslieferung/Abschiebung ab, von denen vorläufig abzusehen die betreffenden Staaten ersucht wurden.[443]

---

442 *Cruz Varas und andere./.Schweden*, (1991) GH 201, Ziff. 90ff. = EuGRZ 1991, 203.

443 Vgl. Gomien/Harris/Zwaak, S. 52; Frowein/Peukert, Art. 25, Rdn. 2, Fn. 12.

§ 9: Ergebnis

Die nunmehr seit vierzig Jahren existierende Rechtsprechung von GH und KOM zu antiterroristischen Maßnahmen der Mitgliedstaaten hat stets versucht, den eingangs dargestellten Balanceakt zwischen größtmöglicher Bürgerfreiheit und den Sicherheitsinteressen des Staates zu bewältigen.

Obwohl bei der Vielzahl an Entscheidungen die Formulierung eines eindeutigen Ergebnisses nicht möglich ist, sich aufgrund der einzelfallbezogenen Argumentation ein einheitliches Bild nicht gewinnen läßt, so steht doch fest, daß KOM und GH gewaltsame Aktionen der PKK, der IRA und anderer Gruppen ausnahmslos verurteilen und mit dem Verdikt „terroristisch" belegen. Auf der anderen Seite vermag man nach der Untersuchung der Rechtsprechung zu antiterroristischen Maßnahmen doch folgenden Trend zu erkennen, der als Hauptthese vorangestellt wird:

Seit den 90er Jahren – nicht zuletzt durch das Aufkommen der Kurdenfälle – ist ein Paradigmenwechsel der Rechtsprechung zu antiterroristischen Maßnahmen zu beobachten. Dies äußert sich nahezu ausschließlich in den „Leib und Leben"-Bestimmungen, Art. 2 und 3. Die nahezu etatistische Betonung legitimer staatlicher Sicherheitsinteressen in frühen Entscheidungen ist nunmehr einer streng individualisierten Prüfung von Konventionsverstößen gewichen, deren (anti-)terroristischer Hintergrund sich bei der Beurteilung des Konventionsverstoßes nicht mehr zugunsten des Mitgliedstaates auswirkt. Bei den übrigen materiellen Konventionsbestimmungen, deren Tatbestände ausdifferenzierter sind, ist dieser Trend überwiegend nicht festzustellen.

- **These 1:** ***Die McCann-Entscheidung 1995 stellt eine Wende der Rechtsprechung zu Art. 2 zugunsten des Rechts auf Leben (mutmaßlicher) Terroristen dar.***

Erläuterung: In denjenigen Fällen, bei denen die Tötung (mutmaßlicher) Terroristen an Art. 2 gemessen wurde, läßt sich jedenfalls die Tendenz der Rechtsprechung konstatieren, antiterroristische Aktionen staatlicher Organe zunehmend kritischer zu begleiten. Während bei den frühen Fällen, insbesondere *Stewart*, *Kelly* und *Farrell*, noch das Verständnis für die besonderen Schwierigkeiten der Terrorismusbekämpfung in demokratischen Gesellschaften zu spüren ist, muß bei der *McCann*-Entscheidung der Wendepunkt angesetzt werden. Wurde zudem in den frühen Entscheidungen noch stark am Wortlaut des Art. 2 argumentiert, dehnt der GH diesen seit *McCann* zunehmend aus, indem er die Tatbestände der „mangelhaften Organisation" und, später, der „unzureichenden Aufklärung" schuf, die nunmehr zum gesicherten Bestand des Straßburger Case Law gezählt werden können. Schließlich ist zu beobachten, daß sich der GH mit dem Aufkommen der Kurdenfälle endgültig von der Idee einer Rücksichtnahme auf die Erfordernisse der Terrorismusbekämpfung verabschiedet hat. Äußerungen des GH hierüber existieren zwar nach wie vor, sind aber zur Formelhaftigkeit erstarrt. Die mittlerweile bereits zur Regelmäßigkeit gewordene Verurteilung der Türkei wegen Verstoßes gegen Art. 2 belegt den offeneren Umgang der Rechtsprechung mit dieser zentralen Norm.

- **These 2:** ***Die jüngste Rechtsprechung stärkt den Anspruch der Bürger auf aktiven Schutz vor terroristischen Gefahren durch den Staat.***

Erläuterung: Ein ähnliches Ergebnis wie bei der ersten These stellt sich auch bei der zweiten Fallgruppe, dem Schutz der Bürger vor Terrorismus, dar. Anfangs beurteilte die KOM den Gehalt der aus Art. 2 zu entnehmenden Schutzpflicht des Staates eher zurückhaltend. Über den Umweg der beiden nichtterroristischen Entscheidungen *L.C.B.* und *Osman* ist in der jüngsten Zeit auch hier eine Erhöhung der Anforderungen an den Mitgliedstaat bemerkbar. Nach der erstmaligen Anwendung auf einen terroristischen Fall (*Mahmut Kaya*) dient auch die Judikatur zur Schutzpflicht als Beleg dafür, wie der GH die einst so restriktive Rechtsprechungspraxis zu Art. 2 für zunehmend mehr Fallgruppen öffnet.

- **These 3:** ***Die Rechtsprechung zu Art. 3 hat, ausgelöst durch Terrorismusfälle, dogmatisch völlig neue Gebiete erschlossen.***

Erläuterung: Erstens stützt der festgestellte Verstoß gegen Art. 3 im Fall *Selçuk und Asker* die hier vertretene These, daß sich der GH angesichts der frappierenden Vorfälle im Südosten der Türkei bereit erklärt, sich konsequent von alten dogmatischen Prinzipien zu lösen – in diesem Fall durch Titulierung der Vertreibung und Zerstörung als „unmenschliche Behandlung".

Strenger als zuvor will der GH zweitens die körperliche Integrität des Beschuldigten im vorprozessualen Gewahrsam schützen. Auch der Kampf gegen den Terrorismus vermag Folterungen nicht zu rechtfertigen. Somit sorgen auch hier die Kurdenfälle für eine Neuerung in der Rechtsprechung, die erstmalige Klassifizierung einer Maßnahme als Folter i.S.d. Art. 3.

- **These 4:** ***Bei der Rechtsprechung zu Art. 10 und 11 führt der ausgefeilte Beschränkungsapparat der Art. 10 Abs. 2 und 11 Abs. 2 zu einer formaleren Untersuchung antiterroristischer Maßnahmen.***

Erläuterung: In der vierten Fallgruppe ist noch eine eher dogmatischere Verfahrensweise der Rechtsprechung zu beobachten. Dies liegt überwiegend in dem differenzierten Beschränkungsapparat der Art. 10 Abs. 2 und 11 Abs. 2 begründet. Der streng am Einzelfall orientierten Judikatur lassen sich kaum allgemeine Vorgaben für die Terrorismusbekämpfung entnehmen. Im Vordergrund jeder Prüfung hat jedoch die hohe Bedeutung der Meinungs- und Versammlungsfreiheit in demokratischen Gesellschaften zu stehen.

- **These 5:** ***Bei der Beurteilung antiterroristischer Maßnahmen in Polizeigewahrsam und Untersuchungshaft finden die besonderen Umstände der Terrorismusbekämpfung zunehmend weniger Beachtung bei der Rechtsprechung. Vielmehr ordnet die Rechtsprechung die Terroristenfälle in den allgemeinen Kontext schwerer, organisierter Kriminalität ein.***

Erläuterung: Die hier im Vordergrund stehenden Art. 5 und 6 verfügen über weitaus feinere tatbestandliche Differenzierungen. Von daher argumentiert die Rechtsprechung hier dogmatischer, mehr am Wortlaut orientiert. Wenngleich Ausführungen zur besonderen Situation in Terrorismus-Fällen in Entscheidungen zu Art. 5 und 6 nach wie vor Raum finden, gelangt dieser Aspekt eher in den Hintergrund; der GH betont vielmehr allgemeine rechtsstaatliche Garantien und Beschuldigtenrechte im Kontext der gesamten, umfangreichen Rechtsprechung zu Art. 5 und 6. Es scheint sogar eine Absenkung derjenigen Anforderungen im Vordringen begriffen, die nach Art. 5 an die Strafverfolgung zu stellen sind.

- **These 6:** ***Demgegenüber billigt die Rechtsprechung prinzipiell schärfere Haftbedingungen für Terroristen.***

Erläuterung: Bei dieser These ist indes zu beachten, daß die letzten relevanten Entscheidungen zu diesem Komplex aus den 80er Jahren stammen. Betrachtet man den sonstigen Trend in der Rechtsprechung, mögen sich auch hier in der Zukunft neue Entwicklungen andeuten.

- **These 7:** ***Die von der EMRK vorgesehenen verfahrensrechtlichen Zugangsvoraussetzungen haben bei den Kurdenfällen faktisch ihre Barrierefunktion verloren.***

Erläuterung: Insbesondere die Zugangsvoraussetzung der Rechtswegerschöpfung ist in Fällen mit kurdischer Beteiligung nur noch von geringer Relevanz. Dies liegt im für mitteleuropäische Vorstellungen unterentwickelten Justizsystem im Südosten der Türkei begründet und darf somit nicht als Beleg für ein generelle Abschwächung der Zulässigkeitsprüfung herhalten. Gleiches gilt für die Frage der Sachverhaltsfeststellung.

- **These 8:** ***Angesichts der ihre Prüfungsfunktion zunehmend schärfer wahrnehmenden Rechtsprechung deutet sich an, daß sich die Derogation für die Mitgliedstaaten als kein probates Mittel mehr erweisen könnte, um der konventionsrechtlichen Prüfung antiterroristischer Maßnahmen zu entgehen.***

Erläuterung: Mit Hilfe der „doppelten" Überprüfung sowohl der Derogationsvoraussetzungen als auch der getroffenen Maßnahmen scheint der GH seit der *Aksoy*-Entscheidung nun auch diese letzte „Hintertür" der Mitgliedstaaten ein Stück weit zu schließen. Indes liegt bislang zu wenig Rechtsprechung vor, als daß man auch hier von einem Paradigmenwechsel sprechen könnte.

Literaturverzeichnis

Addo, Michael/Grief, Nicholas: Is There a Policy Behind the Decisions and Judgments Relating to Article 3 of the European Convention on Human Rights? In: ELR 1995, S. 178-193

Alexander, Yonah: Minorities and Terrorism: Some Legal and Strategic Perspectives. In: Dinstein, Yoram/Tabory, Mala (Hrsg.). The Protection of Minorities and Human Rights. Dordrecht 1992, S. 341-354

Alleweldt, Ralf: Auf dem Wege zu wirksamer Folterprävention in der Türkei? In: EuGRZ 2000, S. 193-203

Aziz, Namo: Kurdistan und die Probleme um Öcalan. München 1999

Bailey, Stephen/Harris, David/Jones, Brian: Civil Liberties: Cases and Materials. 4. Auflage, London 1995

Bartsch, Hans-Jürgen: Das Europäische Übereinkommen zur Bekämpfung des Terrorismus. In: NJW 1977, S. 1985-1988

Bese, Ertan: General Aspects of Contemporary Political Terrorism and State Responses. LLM-Thesis, University of Wales Aberystwyth 1994

Bils, Iris: Internationale Schutzmechanismen zur Durchsetzung von Minderheiten- und Volksgruppenrechten. Diss. Würzburg 1995

Bleckmann, Albert: Anmerkungen zum Nordirland-Fall des Europäischen Gerichtshofs für Menschenrechte. In: EuGRZ 1979, S. 188-191

Bonner, David: Combating Terrorism in Great Britain: The Role of Exclusion Orders. In: PL 1982, S. 262-281

—: Emergency Powers in Peacetime. London 1985

—: Combating Terrorism in the 1990s: The Role of the Prevention of Terrorism (Temporary Provisions) Act 1989. In: PL 1989, S. 440-476

—: United Kingdom: The United Kingdom Response to Terrorism. In: Wilkinson, Paul (Hrsg.): Terrorism – British Perspectives. Aldershot 1993, S. 55-89

Boyle, Kevin/Hannum, Hurst: Individual Applications under the European Convention on Human Rights and the Concept of Administrative Practice: The Donnelly Case. In: AJIL 1974, S. 440-453

Breitenmoser, Stephan: Der Schutz der Privatsphäre gemäss Art. 8 EMRK. Basel 1986

Breuer, Manfred: Nordirland: Eine Konfliktanalyse. Münster 1994

Brewer, John/Guelke, Adrian/Hume, Ian/Moxon-Browne, Edward/Wilford, Rick: The Police, Public Order and the State. 2. Auflage, Basingstoke 1996

Carlton, Charles: Judging without Consensus: The Diplock Courts in Northern Ireland. In: O'Day, Alan (Hrsg.): Dimensions of Irish Terrorism. Aldershot 1993, S. 243-260

Cassese, Antonio: The International Community's "Legal" Response to Terrorism. In: ICLQ 1989, S. 589-608

Chowdhury, Subrata Roy: Rule of Law in a State of Emergency. London 1989

Clements, Luke: European Human Rights. Taking a case under the Convention. London 1994

Dannemann, Gerhard: Schadensersatz bei Verletzung der Europäischen Menschenrechtskonvention: Eine rechtsvergleichende Untersuchung zur Haftung nach Art. 50 EMRK. Köln 1994

Delmas-Marty, Mireille (Hrsg.): The European Convention for the Protection of Human Rights: International Protection versus National Restrictions. Dordrecht 1992 (zitiert: Delmas-Marty/Bearbeiter)

Dickson, Brice: The Prevention of Terrorism (Temporary Provisions) Act 1989. In: NILQ 1989, S. 250-267

—: Northern Ireland's Emergency Legislation – The wrong Medicine? In: PL 1992, S. 592-624

—: Northern Ireland's troubles and the judges. In: Hadfield, Brigid (Hrsg.): Northern Ireland: Politics and the Constitution. Buckingham 1992, S. 130-147

van Dijk, Pieter/van Hoof, Godefridus: Theory and Practice of the European Convention on Human Rights. 2. Auflage, Deventer 1990 (zitiert: van Dijk/van Hoof)

Duffy, Peter: The Case of Klass and Others: Secret Surveillance of Communications and the European Convention on Human Rights. In: HRR 1979, S. 20-40

Eiffler, Sven-R.: Die Auslegung unbestimmter Schrankenbegriffe der Europäischen Menschenrechtskonvention. Aachen 1999

Elvert, Jürgen (Hrsg.): Nordirland in Geschichte und Gegenwart. Stuttgart 1994 (zitiert: Elvert/Bearbeiter)

Ewing, Keith/Gearty, Conor: Freedom under Thatcher: Civil Liberties in Modern Britain. Oxford 1990

Farran, Sue: The UK before the European Court of Human Rights. London 1996

Fawcett, James: The Application of the European Convention on Human Rights. Oxford 1987

Feldman, David: Civil Liberties and Human Rights in England and Wales. Oxford 1993

Finn, John: Constitutions in Crisis: Political Violence and the Rule of Law. Oxford 1991

Finnie, Wilson: The Prevention of Terrorism Act and the European Convention on Human Rights. In: MLR 1989, S. 703-710
—: Anti-Terrorist Legislation and the European Convention on Human Rights. In: MLR 1991, S. 288-293
Frowein, Jochen Abr./Peukert, Wolfgang: Europäische Menschenrechtskonvention. EMRK-Kommentar. 2. Auflage, Kehl 1996 (zitiert: Frowein/Peukert)
Gearty, Conor: Terror. London 1992
—: The European Court of Human Rights and the Protection of Civil Liberties: An Overview. In: CLR 1993, S. 89-127
—: The United Kingdom. In: Gearty, Conor (Hrsg.): European Civil Liberties and the European Convention on Human Rights: A Comparative Study. Den Haag 1997, S. 53-103
Ginther, Konrad: The European Convention for the Prevention of Torture and Inhuman Degrading Treatment or Punishment. In: EJIL 1991, S. 123-130
Golsong, Heribert (Hrsg.): Internationaler Kommentar zur Europäischen Menschenrechtskonvention. Köln 1986ff. (Loseblatt) (zitiert: Golsong/Bearbeiter)
Gomien, Donna/Harris, David/Zwaak, Leo: Law and practice of the European Convention on Human Rights and the European Social Charter. Straßburg 1996 (zitiert: Gomien/Harris/Zwaak)
Greer, Steven: Supergrasses: A Study in Anti-Terrorist Law Enforcement in Northern Ireland. Oxford 1995
Grote, Rainer: Die Inkorporierung der Europäischen Menschenrechtskonvention in das britische Recht durch den Human Rights Act 1998. In: ZaöRV 1998, S. 309-349
—: Die Friedensvereinbarung von Belfast – ein Wendepunkt in der Geschichte des Nordirland-Konflikts. In: ZaöRV 1998, S. 647-702
Guelke, Adrian: Loyalist and Republican Perceptions of the Northern Ireland Conflict: The UDA and the Provisional IRA. In: Peter H. Merkl (Hrsg.): Political Violence and Terror. Berkeley 1986, S. 91-122
—: Policing in Northern Ireland. In: Hadfield, Brigid (Hrsg.): Northern Ireland: Politics and the Constitution. Buckingham 1992, S. 94-109
Gürbey, Gülistan: Die Europäisierung des Kurdenkonflikts. In: Blätter für deutsche und internationale Politik. Heft 4/1999, S. 404-407
Gütermann, Christoph: Das Minderheitenschutzverfahren des Völkerbundes. Berlin 1979
Gurazde, Heinz: Die Europäische Menschenrechtskonvention. Berlin 1968
Gusy, Christoph: Selbstbestimmung im Wandel. Von der Selbstbestimmung durch den Staat zur Selbstbestimmung im Staat. In: AVR 1992, S. 390-410

Hadden, Tom/Boyle, Kevin/Campbell, Colin: Emergency Law in Northern Ireland: The Context. In: Jennings, Anthony (Hrsg.): Justice under Fire. The Abuse of Civil Liberties in Northern Ireland. 2. Auflage, London 1990

Hailbronner, Kay: Art. 3 EMRK – ein neues europäisches Konzept der Schutzgewährung? In: DÖV 1999, S. 617-624

Hannum, Hurst/Boyle, Kevin: Ireland in Strasbourg: An Analysis of Northern Irish Proceedings before the European Commission on Human Rights. In: The Irish Jurist 1972, S. 329-348

Harris, David: The Right to Life under the European Convention on Human Rights. In: MJ 1994, S. 122-138

Harris, David/O'Boyle, Michael/Warbrick, Colin: Law of the European Convention on Human Rights. London 1995 (zitiert: Harris/O'Boyle/Warbrick)

Hauswedell, Corinna: Nordirland: Guns for Power? In: Blätter für deutsche und internationale Politik. Bd. 4/1999, S. 401-404

Heffernan, Liz: Human Rights: A European Perspective. Dublin 1994

Hentschel, Johannes: Ein Staat auf der Anklagebank. In: Forum Recht 1996, S. 97-99

Henderson, Lesley/Miller, David/Reilly, Jaqueline: Speak No Evil. The British Broadcasting Ban, the Media and the Conflict in Ireland. Glasgow 1990

Herdegen, Matthias: Europarecht. 2. Auflage, München 1999

Herzog, Thomas: Terrorismus – Versuch einer Definition und Analyse internationaler Übereinkommen zu seiner Bekämpfung. Frankfurt a.M. 1991 (zitiert: Herzog, Terrorismus)

Hewitt, Patricia: The Abuse of Power. Oxford 1982

Higgins, Rosalyn: Derogations under Human Rights Treaties. In: BYIL 1976-1977, S. 281-320

Hillgruber, Christian/Jestaedt, Matthias: Die Europäische Menschenrechtskonvention und der Schutz nationaler Minderheiten. Bonn 1993 (zitiert: Hillgruber/Jestaedt)

Hogan, Gerard/Walker, Clive: Political violence and the law in Ireland. Manchester 1989

Hunt, Paul/Dickson, Brice: Northern Ireland's Emergency Laws and International Human Rights. In: NQHR 1993, S. 173-184

Incesu, Lotte: Die kurdische Frage aus völkerrechtlicher Sicht. In: Humanitäres Völkerrecht – Informationsschriften Heft 4/1994, S. 174-186:

Ingman, Terence: The English Legal Process. 6. Auflage, London 1996

Ipsen, Knut: Völkerrecht. 4. Auflage, München 1999 (zitiert: Ipsen/Bearbeiter)

Jacobs, Francis/White, Robin: The European Convention on Human Rights. 2. Auflage, Oxford 1996 (zitiert: Jacobs/White)

Janis, Mark/Kay, Richard/Bradley, Anthony: European Human Rights Law. Text and Materials. Oxford 1995
Jennings, Anthony: Shoot to Kill: The Final Courts of Justice. In: Jennings, Anthony (Hrsg.): Justice under Fire. The Abuse of Civil Liberties in Northern Ireland. 2. Auflage, London 1990, S. 104-130
Joseph, Sarah: Denouement of the Deaths on the Rock: the Right to Life of Terrorists. In: NQHR 1996, S. 5-22
Keskin, Eren: Türkische Republik – Gespaltenes Recht. In: Betrifft JUSTIZ Nr. 43 (1995), S. 142-146
Kinley, David: Legislation, Discretionary Authority and the European Convention on Human Rights. In: Stat.L.R. 1992, S. 63-70
Kitz, Heinz-Eberhard: Die Notstandsklausel des Art. 15 der Europäischen Menschenrechtskonvention. Berlin 1982 (zitiert: Kitz)
Kneihs, Benjamin: Recht auf Leben und Terrorismusbekämpfung – Anmerkungen zur jüngsten Judikatur des EGMR zu Art. 2 EMRK. In: Grabenwarter, Christoph/Thienel, Rudolf (Hrsg.): Kontinuität und Wandel der EMRK. Kehl 1998, S. 21-43 (zitiert: Kneihs)
Koch, Michael: Zur Einführung eines Grundrechtskataloges im Vereinigten Königreich von Großbritannien und Nordirland. Berlin 1991 (zitiert: Koch, Einführung)
Krumpach, Robert: Terrorismus in Nordirland – Ein Überblick. In: Funke, Manfred (Hrsg.): Terrorismus. Untersuchung zur Strategie und Struktur revolutionärer Gewaltpolitik. Bonn 1977, S. 224-239
Kühl, Kristian: Neue Gesetze gegen terroristische Straftaten. In: NJW 1987, 737-747
Lacoste, Ilse: Die Europäische Terrorismus-Konvention. Diss. Zürich 1982
Lester, Anthony: Freedom of Expression. In: Macdonald, Ronald/Matscher, Franz/Petzold, Herbert (Hrsg.): The European System for the Protection of Human Rights. Dordrecht 1993, S. 465-491
—: Taking Human Rights Seriously. In: Blackburn, Robert/Busuttie, James (Hrsg.): Human Rights for the 21st Century. London 1997, S. 73-85
Livingstone, Stephen: A Week is a Long Time in Detention: Brogan and Others v. United Kingdom. In: NILQ 1989, S. 288-303
Losch, Bernhard/Radau, Wiltrud: Grundrechtskatalog für die Europäische Union. In: ZRP 2000, S. 84-87
Lowry, David: Terrorism and Human Rights: Counter-Insurgency and Necessity at Common Law. In: NDL 1977, S. 49-89
Macfarlane, Leslie: Human Rights: Realities and Possibilities. Basingstoke 1990

Matz, Ulrich/Schmidtchen, Gerhard: Gewalt und Legitimität. In: Der Bundesminister des Innern (Hrsg.): Analysen zum Terrorismus, Band 4/1. Opladen 1983

McCrudden, Christopher/Chambers, Gerald: Individual Rights and the Law in Britain. Oxford 1995 (zitiert: McCrudden-Bearbeiter)

Meyer-Ladewig, Jens: Ständiger Europäischer Gerichtshof für Menschenrechte. In: NJW 1998, S. 512-513

Meyer-Ladewig, Jens/Petzold, Herbert: Vorläufige Maßnahme des EGMR im Fall Öcalan. In: NJW 2000, S. 1093

Mohr, Manfred: Abgrenzung von Selbstbestimmungsrecht und Minderheitenschutz. In: Hans-Joachim Heintze (Hrsg.): Selbstbestimmungsrecht der Völker – Herausforderung der Staatenwelt. Bonn 1997, S. 122-141

Moltmann, Bernhard: Nordirland: Von den Risiken, den Frieden zu wollen. In: Hessische Stiftung Friedens- und Konfliktforschung (Hrsg.): Friedensgutachten 1999. Münster 1999, S. 129-132

Morrison, Clovis: The Dynamics of Development in the European Human Rights Convention System. Den Haag 1981

Murswiek, Dietrich: Anmerkung zu EGMR, Urt. v. 6.9.1978 – Fall Klass. In: JuS 1980, S. 291-293

Neumann, Peter: IRA. Langer Weg zum Frieden. Hamburg 1999

O'Boyle, Michael: Torture and Emergency Powers under the European Convention on Human Rights: Ireland v. The United Kingdom. In: AJIL 1977, S. 674-706

—: Margin of Appreciation and Derogation under Article 15: Ritual Incantation or Principle? In: HRLJ 1998, S. 23-29

O'Higgins, Paul: The Lawless Case. In: CLJ 1962, S. 234-251

Oppermann, Thomas: Der Beitrag des Internationalen Rechts zur Bekämpfung des internationalen Terrorismus. In: Ingo v. Münch (Hrsg.): Staatsrecht – Völkerrecht – Europarecht. Festschrift für Hans-Jürgen Schlochauer. Berlin 1981, S. 495-514

Opsahl, Torkel: The Right to Life. In: Macdonald, Ronald/Matscher, Franz/Petzold, Herbert (Hrsg.): The European System for the Protection of Human Rights. Dordrecht 1993, S. 210-223

Partsch, Karl Josef: Die kurdische Frage im Kontext des Völkerrechts. In: Gustav-Stresemann-Institut e.V. für übernationale Bildung und europäische Zusammenarbeit (Hrsg.): Zur kurdischen Frage in der Türkei. Bonn 1990, S. 44-55

Pentikäinen, Merja/Scheinin, Martin: A comparative study of the monitoring mechanisms and the important institutional frameworks for human rights protection within the Council of Europe, the CSCE and the European Community. In: Bloed, Arie/Leicht, Liselotte/Nowak, Manfred/Rosas, Allan (Hrsg.): Monitoring Human Rights in Europe. Comparing International Procedures and Mechanisms. Dordrecht 1993, S. 93-119

Petzold, Herbert: The European Convention on Human Rights. Cases and Materials. 4. Auflage, Köln 1981

Pinheiro Farinha, Joao: L'article 15 de la Convention. In: Matscher, Franz/ Petzold, Herbert (Hrsg.): Protecting Human Rights: The European Dimension. Studies in honour of Gerard J. Wiarda. Köln 1988, S. 521-529

Polakiewicz, Jörg: Die Aufhebung konventionswidriger Gerichtsentscheidungen nach einem Urteil des Europäischen Gerichtshofs für Menschenrechte. Anmerkung zu dem Urteil des spanischen Verfassungsgerichts vom 16. Dezember 1991 im Fall Barberà. In: ZaöRV 1992, S. 804-827

Raatz, Hans: Der Nordirland-Konflikt und die britische Nordirland-Politik seit 1968. Stuttgart 1990

Ragaz, Peter: Die Meinungsäusserungsfreiheit in der Europäischen Menschenrechtskonvention. Unter Berücksichtigung ihrer allgemeinen Entwicklung, der Regelung im schweizerischen Recht sowie in weiteren internationalen Menschenrechtskatalogen. Bern 1979

Reindl, Susanne: Probleme der Untersuchungshaft in der jüngeren Rechtsprechung der Straßburger Organe. In: Grabenwarter, Christoph/Thienel, Rudolf (Hrsg.): Kontinuität und Wandel der EMRK. Kehl 1998, S. 45-69 (zitiert: Reindl)

Robertson, Arthur/Merrills, John: Human Rights in Europe. A Study of the European Convention on Human Rights. 3. Auflage, Manchester 1993 (zitiert: Robertson/Merrills)

Robertson, Geoffrey: Freedom, the Individual and the Law. 7. Auflage, London 1993

Roche, Patricia: The United Kingdom's Obligation to Balance Human Rights and its Anti-Terrorism Legislation: The Case of Brogan and Others. In: FILJ 1989/1990, S. 328-360

Rodley, Nigel: Rights and Responses to Terrorism in Northern Ireland. In: Harris, David/Joseph, Sarah (Hrsg.): The International Covenant on Civil and Political Rights and United Kingdom Law. Oxford 1995, S. 121-154

Rudolphi, Hans-Joachim: Die Gesetzgebung zur Bekämpfung des Terrorismus. In: JA 1979, S. 1-9

Rumpf, Christian: Der Not- und Ausnahmezustand im türkischen Verfassungsrecht. In: ZaöRV 1988, S. 683-716

—: Eine merkwürdige Amnestie. Zur türkischen Terrorismuspolitik. In: ZfTS 1994, S. 131-137

—: Das türkische Antiterrorgesetz Artikel 8. In: KAS-AI 1996, Heft 2, S. 27-65

Sabuncu, Yavuz: Grundrechte und –freiheiten in der türkischen Verfassung. In: ZfTS 1989, S. 35-54
de Salvia, Michele: Compendium de la CEDH. Kehl 1998
Schlette, Volker: Europäischer Menschenrechtsschutz nach der Reform der EMRK. In: JZ 1999, S. 219-226
Schorn, Hubert: Die Europäische Konvention zum Schutze der Menschenrechte und Grundfreiheiten. Frankfurt a.M. 1965
Schroth, Hans-Jürgen: Der Einfluß der Europäischen Menschenrechtskonvention auf das Strafrecht und Strafverfahrensrecht Großbritanniens. In: ZStW 1980, S. 470-484
Sherlock, Ann: Anti-terrorist legislation and the Convention. The Case of Fox, Campbell and Hartley. In: ELR 1991, S. 266-268
Smith, John: The right to life and the right to kill in law enforcement. In: NLJ 1994, S. 354-356
Stavros, Stephanos: The Guarantees for Accused Persons under Article 6 of the European Convention on Human Rights. Dordrecht 1993
Stone, Richard: Textbook on Civil Liberties. London 1994
Stuby, Gerhard: Zur Bedeutung des Völkerrechts für das kurdische Volk: Menschenrechte zwischen Recht auf Selbstbestimmung und Minderheitenschutz. In: Hinz-Karadeniz, Heidi/Stoodt, Rainer (Hrsg.): Kurdistan. Politische Perspektiven in einem geteilten Land. Gießen 1994, S. 45-59
Sturm, Roland: Staatsordnung und politisches System. In: Kastendiek, Hans/ Rohe, Karl/Volle, Angelika (Hrsg.): Großbritannien: Geschichte, Politik, Wirtschaft, Gesellschaft. Frankfurt a.M. 1994, S. 185-212
Tanca, Antonio: Human Rights, Terrorism and Police Custody: The Brogan Case. In: EJIL 1990, S. 269-277
Tanör, Bülent: Gedanken zum türkischen Gesetz Nr. 3713 zur Bekämpfung des Terrors („Antiterrorgesetz"-ATG). In: ZfTS 1991, S. 175-186
Taylor, Peter: Beating the Terrorists? Interrogation at Omagh, Gough and Castlereagh. Harmondsworth 1980
Tellenbach, Silvia: Das türkische Antiterrorgesetz. In: ZAR 1991, S. 162-168
Trechsel, Stefan: The Right to Liberty and Security of the Person – Art. 5 of the European Convention on Human Rights in the Strasbourg Case-Law. In: HRLJ 1980, S. 88-135
—: Die Garantie der persönlichen Freiheit (Art. 5 EMRK) in der Straßburger Rechtsprechung. In: EuGRZ 1980, S. 514-532
—: Aus der Rechtsprechung des Europäischen Gerichtshofs für Menschenrechte. In: StV 1992, S. 187-191

—: Liberty and Security of Person. In: Macdonald, Ronald/Matscher, Franz/Petzold, Herbert (Hrsg.): The European System for the Protection of Human Rights. Dordrecht 1993, S. 276-344

—: Turkey wants to respect Human Rights. In: HRLJ 1997, S. 471-475

Turpin, Colin: British Government and the Constitution. 3. Auflage, London 1995

Tweedie, June/Ward, Tony: The Gibraltar Shootings and the Politics of Inquests. In: JLS 1989, S. 464-476

Urban, Mark: Big Boys′ Rules. The SAS and the Secret Struggle against the IRA. London 1993

Vercher, Antonio: Terrorism in Europe. A Comparative Legal Analysis. Oxford 1992

Villiger, Mark: Handbuch der Europäischen Menschenrechtskonvention (EMRK) unter besonderer Berücksichtigung der schweizerischen Rechtslage. Zürich 1993

Waldmann, Peter: Ethnischer Radikalismus: Ursachen und Folgen gewaltsamer Minderheitenkonflikte am Beispiel des Baskenlandes, Nordirlands und Quebecs. Opladen 1989

—: Terrorismus. Provokation der Macht. München 1998 (zitiert: Waldmann, Terrorismus)

Walker, Clive: Emergency arrest powers. In: NILQ 1985, S. 145-155

—: New Developments in the Prevention of Terrorism. In: Hayes, Jon/O′Higgins, Paul (Hrsg.): Lessons from Northern Ireland. Belfast 1990, S. 143-175

—: The Prevention of Terrorism in British Law. 2. Auflage, Manchester 1992 (zitiert: Walker, Prevention)

—: The Governance of Special Powers: A Case Study of Exclusion and the Treatment of Individual Rights under the Prevention of Terrorism Acts. In: Gearty, Conor/Tomkins, Adam (Hrsg.): Understanding Human Rights. London 1996, S. 611-644

Warbrick, Colin: The Protection of Human Rights in National Emergencies. In: Dowrick, Frank (Hrsg.): Human Rights. Problems, Perspectives and Texts. Farnborough 1979, S. 89-106

—: The European Convention on Human Rights and the Prevention of Terrorism. In: ICLQ 1983, S. 82-119

—: The Prevention of Terrorism (Temporary Provisions) Act 1976 and the European Convention on Human Rights: The McVeigh Case. In: ICLQ 1983, S. 757-766

Wehner, Ruth: Europäische Zusammenarbeit bei der polizeilichen Terrorismusbekämpfung aus rechtlicher Sicht. Baden-Baden 1993 de Zayas, Alfred: Selbstbestimmungsrecht und Vereinte Nationen. In: Hans-Joachim Heintze (Hrsg.): Selbstbestimmungsrecht der Völker – Herausforderung der Staatenwelt. Bonn 1997, S. 144-176

Zwach, Ulrich: Die Leistungsurteile des Europäischen Gerichtshofs für Menschenrechte. Stuttgart 1996

Ohne Verfasser: Gibraltar and beyond. In: Statewatch Vol. 5, Nr. 5, S. 18-20

Ohne Verfasser: Panic PTA expansion. In: Statewatch Vol. 6, Nr. 2, S. 15-17

Ohne Verfasser: Permanent anti-terrorist law proposed. In: Statewatch Vol. 7, Nr. 1, S. 19-21

Peter Lang · Europäischer Verlag der Wissenschaften

Aline Bruer-Schäfer

Der Internationale Strafgerichtshof

Die Internationale Strafgerichtsbarkeit im Spannungsfeld von Recht und Politik

Frankfurt/M., Berlin, Bern, Bruxelles, New York, Oxford, Wien, 2001. 388 S.
Schriften zum Staats- und Völkerrecht. Herausgegeben von Dieter Blumenwitz. Bd. 90
ISBN 3-631-37940-4 · br. DM 98.– / € 50.10*

Am 17. Juli 1998 wurde in Rom ein Statut beschlossen, das die Tür zur Errichtung eines Internationalen Strafgerichtshofs (IStGH) öffnet. Der IStGH will die Straflosigkeit schwerster Verletzungen der Menschenrechte verhindern und die Bestrafung der Täter auch bei hoheitlichem Tätigwerden sicherstellen. Vor diesem Hintergrund zeigt die Arbeit das zwischen (Völkerstraf-) Recht und Politik bestehende Spannungsverhältnis auf. Zur Einführung in die Thematik wird das Problemfeld Völkerrecht und Strafe erörtert und dadurch die Grundlage für die weitere Betrachtung geschaffen. Im Mittelpunkt der Arbeit steht die zu bejahende Frage, ob auf der Grundlage des Statuts von Rom ein unabhängig, unparteiisch und effektiv arbeitender IStGH errichtet werden kann.

Aus dem Inhalt: Das Spannungsfeld zwischen (Völkerstraf-) Recht und Politik · Die Problematik Völkerrecht und Strafe · Das Statut von Rom vom 17. Juli 1998 und die internationale Strafgerichtsbarkeit · Der IStGH auf der Grundlage des Statuts von Rom als wirksamer Beitrag zur Friedenssicherung und -erhaltung und als unabhängiger sowie effektiver Garant für Gerechtigkeit

Frankfurt/M · Berlin · Bern · Bruxelles · New York · Oxford · Wien
Auslieferung: Verlag Peter Lang AG
Jupiterstr. 15, CH-3000 Bern 15
Telefax (004131) 9402131

*inklusive der in Deutschland gültigen Mehrwertsteuer
Preisänderungen vorbehalten

Homepage http://www.peterlang.de

FSC
www.fsc.org
MIX
Papier | Fördert gute Waldnutzung
FSC® C083411

Kolibri 360 GmbH
Ferdinand-Jühlke-Straße 7
99095 Erfurt, Deutschland
produktsicherheit@kolibri360.de

Druck:
CPI Druckdienstleistungen GmbH
im Auftrag der
Kolibri 360 GmbH
Ferdinand-Jühlke-Str. 7
99095 Erfurt